浙江师范大学儿童文化研究院
红楼书系（第四辑）
儿童发展研究丛书
方卫平 主编

为了儿童的利益

美英学前教育政策比较研究

周小虎 著

山东教育出版社

总 序 / 方卫平

　　这一套由四种著作构成的儿童文化研究书系，系浙江师范大学儿童文化研究院红楼书系第四辑，也是我院"当代儿童发展研究重大课题"招标项目部分课题的最终研究成果。

　　这一招标项目的设计与实施，是浙江师范大学儿童文化研究院学术发展规划中的一项重要工作，其宗旨是借助研究院的专业平台，在科学设计和论证研究课题指南的基础上，面向学术界征集、资助一批关注当代儿童生存和发展重大理论、政策及现实问题的研究成果。2008年6月，在浙江师范大学校方的大力支持下，"当代儿童发展研究重大课题"招标通告刊发于《光明日报》，正式对外接收申报。在项目招标的通告与课题指南中，除自选课题外，共提供了19个经过反复研讨和论证的研究方向与课题。

　　在这一课题招标工作中，我们怀有三个基本的期望。

　　一是围绕着当代儿童发展的核心题旨，将长久以来分散在各个不同学科领域的儿童研究力量集中起来，以加强国内儿童研究界从一个富于统摄性的视野支点来考察、应对当代儿童发展问题的意识与能力。从当前儿童研究事业的发展现状来看，它所亟需推进的工作之一，正是这样一种综合性视野的建构。实际上，从2007年浙江师范大学儿童文化研究院启动《中国儿童文化研究年度报告》系列的编撰工作开始，我们就已将这一研究统合作为研究院工作的重要内容，此次课题的招标设计，也在很大程度上得益于年度报告工作的准备与支持。

二是借助上述研究力量的统合及其呈现，探索和凸显我们一直在思考与关注的儿童学学科建设的问题。鉴于这一考虑，我们在招标课题的指南设计中有意融入了以下问题的思考：作为一个学科的"儿童学"如何可能，它应当包含哪些内容，它与当前中国儿童发展现实的关联又在哪里，或者说，这一学科建设本身将以何种方式促进我们对儿童现实问题的关切和思考？招标课题的指南凸显了这一注重理论与实践相结合的儿童学学科建设方向。

三是突出对于儿童研究的中国化与中国问题的思考。在招标课题的指南中，这一思考又体现在两个方面。一是在全球化背景下，目前中国儿童发展面临的许多问题也是包括东西方发达国家在内的许多地区共同面临的问题。因此，通过吸收和借鉴国外儿童研究前沿性的理论和实践成果，可以为我们应对相近的本土儿童问题提供重要的参考。二是由于中国社会特殊的政治、经济、文化环境，我们的儿童研究又面临着各种特殊的本土问题，比如独生子女问题、流动与留守儿童问题等。这些问题与儿童保护、新媒介环境等普遍的儿童发展问题相互交缠，使得关于后者的思考到了中国的语境，也变得格外复杂起来。在此次重大课题的招标工作中，有关本土儿童研究的思考构成了一个重要且基本的维度，它也落实在了课题指南的整体设计中。

招标公告发出后，我们陆续收到了若干来自高校和其他机构的项目申报书。经过严格的专家评审，最初共有八项申请获得立项。此次出版的四部著作，是其中四项已经完成并通过结题的成果。这四部著作所探讨的研究问题涉及流动儿童教育、儿童网瘾防治、学前教育政策和儿童幸福感研究，均系与当前儿童发展现实密切相关的话题，其作者也大多为相应领域的研究先行者。

周国华的《流动儿童的教育管理与社会支持》一书，以近年来颇受关注的流动儿童群体为研究对象，从学理性的角度探讨这一群体的教育问题及出路。该研究融入了作者与他带领的研究团队亲身搜集的许多有价值的第一手调查访谈资料，这为整个研究工作提供了十分重要的现实依托，也使其理论探讨得以展开在更为坚实的现实基石之上。而我尤其看重的是，作者不仅是以一名高校研究者的专业态度和精神，更是怀着对于流动儿童群体的真诚同情和由衷关切，投入到这项研究工作的研究之中。我以为，这样的精神和情怀，正是今天的儿童研究事业格外需要的。

周小虎的《为了儿童的利益：美英学前教育政策比较研究》一书，其主要的研究内容为美国和英国的学前教育政策，但其重点的研究旨归，则在于通过"他山之石"的经验，来启迪和促发中国本土的学前教育改革与发展。近年来，学前教育在整个儿童教育链条上的重要性及其存在的诸多问题与不足，越来越引起国人的关注。而在发现和改进这些问题、提升本土学前教育质量的过程中，政策的维度不容忽视，甚至可以说，在现阶段，它比许多具体的教育实践更决定着学前教育事业的长远未来。就此而言，《为了儿童的利益：美英学前教育政策比较研究》为国内学前教育政策的规划和思考，提供了一个开阔、前沿的视野和一种及时、有益的借鉴。

章苏静与金科合著的《亲子关系与儿童网瘾防治策略》一书，探究从亲子关系层面来展开儿童网瘾防治的基础与可能、对策与实践等，书中探讨的"儿童网瘾防治"问题，是当前越来越多的家庭共同面临的教育困惑，也与当前网络媒介环境下儿童的生存现实息息相关。与其他层面的方案研究相比，从亲子关系的角度展开的儿童网瘾防治，不是以"堵"和"罚"的方式，而是通过"疏"和"导"的途径来进行。而且，由于这样的疏导在最亲密的亲子关系中展开，其效果也得到了来自亲子情感的支持——毫无疑问，在儿童应对日常生活的各种问题时，这也是一种最有力的情感支持。因此，对于儿童网瘾的防治而言，它应该是一个富于成效并且值得大力普及的取径。

叶映华的《儿童的幸福感：基于社会与自我比较视角的研究》是一部探讨儿童幸福感的研究著作。这显然是一个极具当代性的课题。随着当代家庭物质生活条件的日益提升，儿童的幸福感在儿童的生存发展中愈益受到人们的重视。在实地儿童访谈和实证调查工作的基础上，这部著作提供了考察儿童幸福感的一个重要视角，其研究发现对于我们理解儿童幸福感的形成，以及帮助提升儿童幸福感的指数，具有特殊的理论和实践参考意义。

以上四部著作作为本次重大课题招标的首批成果，从一个侧面展示了当代儿童研究作为一个学术领域的开放性、丰富性及其独特的人文和学术价值。我要感谢这五位研究者。为了我们关切的儿童和儿童研究事业，我们付出着共同的热情和努力，愿这努力的火种有助于将本土儿童研究的思考与想象，带到一个更远的地方。

我也要感谢山东教育出版社，感谢你们为这样一个纯粹的文化学术事业所作的奉献。我相信，在本土儿童研究的发展进程中，这将是一个会被历史记住的姿态。

2014年7月30日

于浙江师范大学红楼

序 / 秦金亮

近几年是中国历史上学前教育发展最快的时期。我国政府对学前教育的发展空前重视，制定和颁布了一系列发展学前教育的政策文件。比如，《国务院关于当前发展学前教育的若干意见》提出了发展学前教育的十点意见。《国家中长期教育改革和发展规划纲要》把学前教育专列一章，提出了到2020年基本普及学前教育的目标。《中国儿童发展纲要（2011-2020年）》指出，儿童期是人生发展的关键期。为儿童提供必要的生存、发展、受保护和参与的机会和条件，最大限度地满足儿童的发展需要，发挥儿童潜能，将为儿童一生的发展奠定重要基础。《中国儿童发展纲要（2011-2020年）》进一步指出，儿童是人类的未来，是社会可持续发展的重要资源，儿童发展是国家经济社会发展与文明进步的重要组成部分，促进儿童发展，对于全面提高中华民族素质、建设人力资源强国具有重要战略意义。

儿童发展在人生发展中的意义是不言而喻的，而早期儿童的教育是关键，如何为早期儿童提供基本和普惠学前教育成为政府的当然使命。履行早期儿童的有质量教育是政府的职责，然而，政府如何发展学前教育？应该承担哪些责任？公共学前教育教育的经费如何投入？诸多问题需要深入研究，需要借鉴别国经验。

我的同事周小虎博士多年来一直从事教育政策和法规的教学和研究工作，主持和参与多项教育政策方面的国家级课题，在教育政策分析领域有一定的学术感觉，形成了对教育政策的政治性与教育性关系的正确感受。他的专著《为了儿童的利益：美英学前教育政策比较研究》系浙江师范大学儿童文化研究院重大招标课题成果，从国际比较的视野出发，对美国和英国的学前教育管理、机构类型等进行了分析，探讨两国政府在学前教育管理过程中的基本做法。该研究认为，改善处境不利儿童的学前教育、促进社区学前教育的发展、注重家长参与和家庭支持、重视完整性的幼小衔接、加强和完善教师教育等是两国学前教育领域改革和发展政策的主要特点。

他山之石，可以攻错。第二次世界大战以来，美、英两国儿童早期教育有了长足发展，从教育政策、法规的制定和实施的视角进行分析，研究两国如何引导早期教育的改革和发展是一项非常有意义的课题。对我国学前教育的改革和发展来说，我们需要研究者根据国情，至少从经济发展水平、历史文化传统、思想意识习惯等条件出发，借鉴国外在学前领域的一些成功做法。即使是国外发展过程出现的问题，我们也可以了解借鉴，避免类似错误。

中国人口众多，儿童受保护、受教育基数很大。应该说，目前中国正举办着世界上规模最大的学前教育，而学前教育政策的分析关系到千家万户，关系到国家利益和公民利益。学前教育政策分析领域正是一片充满希望和挑战的热土，教育政策分析专家和学者理应为此做出更大贡献，同时也需要有志青年学人和其他领域的学者来参与。我也希望周小虎博士及其团队成员能够在此不辍耕耘，收获更多更好的成果。

（作者为杭州幼儿师范学院院长，博士生导师）

目 录

第一章
导论

自20世纪80年代以来，学前教育已经成为世界未来教育的主要目标之一。许多国家都把学前教育作为整个教育的基础，并依据教育学、经济学、心理学、脑神经科学、政策科学和社会学等方面取得的科研成果，尝试新的改革，以促进本国学前教育的发展。进言之，从历史的纵向发展轨迹分析，关注学前教育的改革和发展极具战略意义；从现实的横向发展轨迹分析，世界主要发达国家学在前教育的改革与发展过程中均投入了大量的人力、物力和财力。本研究尝试从美国和英国两国学前教育政策法规的视角，深入探讨两国学前教育改革和发展的历史经验和基本规律，为我国学前教育的改革和发展提供借鉴。

一、问题的由来及提出

21世纪是一个科技与信息不断改良与更新的时代，这个时代对教育的要求也"水涨船高"。这个时代要求教育培养的人不仅应该具备21世纪社会所需的知识和技能，而且必须具备创新精神、主动学习与发展的能力，具备良好的交往能力和合作、自主、自信等社会性人格素质。

上述这些人的基本素养的养成需要由良好的早期儿童阶段的教育来完成，因此学前教育是最终培养身心全面、和谐发展的人才的基础。

早期教育的重要性和奠基作用毋庸置疑，如何更好地促进学前教育的改革和发展是摆在各国政府面前的一个重要任务。学前教育产生和发展的历史告诉我们，为家长服务、为经济发展服务是其最早的目的，但是，根据学前教育发展的自身规律，进行以"为儿童服务"为目的的改革和发展在今天成了一个更有意义的话题。美国和英国学前教育在发展过程中形成了关注对处境不利儿童的学前教育、以社区为基础的早期学前教育、家长参与和支持学前教育和促进幼小衔接等基本价值取向。我们认为，从儿童本位出发、基于学前教育自身发展规律是学前教育改革和发展的正确方向。

二、核心概念

本研究跨越了早期儿童教育领域和教育政策学的专业界限，涉及若干学科和领域，比如经济学、法学、福利学、社会学和政治学等，为阐述方便，在此对若干核心概念做出解释。

（一）儿童

"儿童"的概念有广义和狭义之分。目前人们对广义上的"儿童"应指哪个具体的年龄段认识并不统一，这就决定了广义"儿童"概念的模糊性。同时在对广义"儿童"进行婴儿、幼儿、儿童、少年年龄段划分的时候，各年龄段间仍存在模糊地带。比如，有人从生理和心理发展的角度将儿童年龄段作如下划分：1．婴儿期（1—3岁）；2．幼儿期（3—6、7岁）；3．童年期（6、7岁—11、12岁）；4．少年前期（11、12—14、15岁）；5．少年后期（14、15—18岁）。这里对儿童具体年龄段的划分显然也有模糊性，而非确指。

　　如果从社会发展历史的角度做出若干划分，儿童与国家之间的关系主要是通过国家制定的有关儿童的法律法规来体现的。不同时期的法律法规对儿童这一概念有着不同的解释。

　　国家对儿童年龄的规定反映了不同社会条件下人们对儿童社会属性的认识。在不同的法律文本里关于儿童的年龄有不同的表述。在关于儿童的年龄表述中，儿童的生理年龄被转换为社会年龄，儿童本身所代表的自然性生理要素被涂上了社会文化的制度化色彩。比如1989年《儿童权利公约》规定："为本公约之目的，儿童系指18岁以下的任何人。"1991年《中华人民共和国未成年人保护法》也把未成年人看成是未满18周岁的公民。自此，儿童的年龄向前、向后延伸，由原来的3-6岁扩展到0-18岁，儿童的生理年龄通过法律法规的界定转换成为一个具有社会意涵的社会年龄。

　　从国家对儿童的社会期待来看，从新中国成立初期的"又红又专"，到"有理想、有道德、有文化、有纪律"的四有新人，再到"社会主义事业的建设者和接班人"，国家不断调整着与儿童的关系，建构着国家意义上的儿童发展标准，规划着达成这一标准的儿童发展路径。

　　有关儿童概念的界定在国家政策层面也有不同的表述。在《中华人民共和国未成年人保护法》中，"儿童"这一概念主要是指生理上的未成年人，如"为了保护未成年人的身心健康，保障未成年人的合法权益，促进未成年人在品德、智力、体质等方面全面发展，把他们培养成为社会主义事业的接班人，根据宪法，制定本法"。在《九十年代中国儿童发展规划纲要》中，儿童的概念界定有了一些变化，如"今天的儿童是21世纪的主人，儿童的生存、保护和发展是提高人口素质的基础，是人类未来发展的先决条件"。2001年颁布的《中国儿童发展纲要（2001-2010年）》是我国第一部以儿童为主体、促进儿童发展的国家行动计划。这个纲要对何谓儿童和儿童期有了更详细的说明，如"儿童期是人的生理、心理发展的关键时期"，"为儿童成长提供必要的条件，给予儿童必需的保护、照顾和良好的教育，将为儿童一生的发展奠定重要基础"。

从以上法律法规中我们可以发现，我国专门的儿童保护文献是在20世纪90年代以后才出现的。这些文献主要从生理、心理和社会三个维度入手，对儿童概念作了不同解释。这些旨在保护儿童的法律法规的诞生过程反映了国家、社会不断地调整自己与儿童的关系的过程，体现了一种国家视角下的"儿童政治"。可以说，每一次有关儿童的法律法规的修订与续写都是一个国家不断地对儿童概念以及国家与儿童之间的关系进行再建构的过程。[1]

从美、英两国教育管理体制的差异性的角度考虑，本研究将0-8岁学前儿童的教育政策、法规作为主要的研究内容。但是，在美、英的一些教育政策、法规的实际制定和实施过程中，常常会超过学前儿童这个年龄界限，本研究将不作特别说明。粗线条地勾勒美、英两国儿童教育政策法规的一些基本特点与价值，将为我们清楚地了解和认识两国儿童教育的具体实践提供条件。

（二）早期儿童教育

本研究所指的早期儿童教育的范围包括学前教育、部分义务教育和儿童的特殊教育。由于美、英两国社会发展、文化传统、教育管理

---

[1] 王海英：《从社会史视角看儿童概念的演变》，http://www.cnsece.com. 2008-10-22.

体制等方面的差异性，学前教育、义务教育以及儿童的特殊教育所划分的年龄界限并不一致。以学前教育为例，我们通常认为0-6为学前教育，但是从教育管理体制的角度分析，英国和美国与我国的情况有所不同。英国的义务教育起始年龄是4-5岁（北爱尔兰规定为4岁，大不列颠为5岁），这个阶段本来属于学前的范围，却是义务教育范围的一部分；美国大多数州0-3岁为学前儿童保育阶段，3-4为幼儿教育阶段，义务教育的年龄是从5岁开始。在美英两国学制中的学前教育所指年龄范围有所不同，英国指2-5岁，而美国主要指2.5-5岁的儿童。

如果以教育为中心划分，笔者以为，美、英两国的学前教育是0-5岁；而按照儿童发展状况划分，则是0-6岁。我国学前教育是0-6岁，其中，0-3岁从教育管理体制上归卫生部门负责；3-6岁则属于教育部门，进言之，前一部分属于"看管"，后一部分属于"教育"。所以，各个国家之间还是有些区别，但是大致相同。因此，本研究采用粗线条呈现儿童教育的概念，希望通过研究美、英两国儿童的教育政策、法规找出两国在儿童教育的体制、投入、弱势群体的关照、幼儿园和家长合作、幼小衔接以及师资培养等方面共同的规律，为我国的早期教育提供参考。

（三）教育政策

到目前为止，有关教育政策的界定已经有很多。袁振国认为，对教育政策的不同定义，也就是对教育政策的不同理解，会对政策的结果产生不同的影响。美国学者伊根·古巴（Egon.G.Guba）概括了政策的八种定义：[1]

1. 政策是关于目的或目标的断言。

---

[1] 袁振国：《教育政策学》，139-140页，南京：江苏教育出版社，1998。

2．政策是行政管理机构所做出的积累起来的长期有效的决议，管理机构可以对它权限内的事物进行调节、控制、促进、服务，另一方面，也对决议发生影响。

3．政策是自主行为的导向。

4．政策是一种解决问题或改良问题的策略。

5．政策是一种被核准的行为，它被核准的正规途径是当局通过决议，非正规途径是逐渐形成的惯例。

6．政策是一种行为规范，在实际行动过程中表现出持续的和有规律的特征。

7．政策是政策系统的产品，所有行动累积的结果、决议，在官僚政治中成千上万人的活动。从政策进入议事日程到该政策生效，整个周期的每个环节都在产生着、形成着政策。

8．政策是被当事人体验到的政策制定和政策实施系统的结果。

袁振国说："政策的真正定义是什么？问这样的问题是没有意义的。"并进一步指出："只要政策的提议者能为他们的特殊目的找出一个合理性的依据，那么，这样的政策定义就必须被承认。"[1]

孙绵涛认为，对教育政策的理解建立在对一般政策的理解基础之上。西方学者对教育政策的理解比较宽泛。如霍尔（J.R. Hough）主编的《教育政策——一份国际报告》（*Education Policy——An International Survey*）第一章《概念及理论问题》中提出，政策主要指有确定目标的行为，这种行为进程与模式以及这种进程中的许多相关措施。我国学者对教育政策的理解一般比较确定，指的是有关教育方

---

[1] 袁振国：《教育政策学》，142页，南京：江苏教育出版社，1998。

面的准则性的规定。孙绵涛认为教育政策是国家为完成教育任务、实现教育目标而协调教育的内外关系所做出的一种战略性、准则性的规定。[1]

吴志宏认为,对教育政策最简洁的理解就是"教育行动的准则"。所谓行动准则,实际上就是依据一定标准选择做什么或不做什么。教育政策一般隶属于公共政策,而公共政策主要由政府制定,有人对公共政策下了这样一个定义:"公共政策就是政府选择做什么或不做什么。"[2] 教育政策也可以如此概括:政府在教育领域选择做什么或不做什么。当然政策制定总有一定的目的,并且总是在一定时期有效,所以对教育政策完整的界定应该是:教育政策是政府在一定时期为实现一定教育目的而制定的关于教育事务的行动准则。

成有信等认为,研究政策概念时,我们应该注意把握以下的规定性:制定政策和执行政策是组织责任行为;它是为实现一定的组织目标和任务服务的;它是对该做什么或不该做什么,该怎么做或不该怎么做而立下的规定。基于这样的认识,可以将教育政策定义为:负有教育法律或行政责任的组织及团体为了实现一定时期的教育目标和任务而规定的行为准则。[3]

基于上述分析,我们可对教育政策的概念做出如下界定:教育政策是一种有目的性的、有针对性的、有组织性的动态发展过程,是政党、政府包括一定的附属机构等国家权力机关和政治实体或集团在一定历

[1] 孙绵涛等:《教育政策论——具有中国特色的社会主义教育政策研究》,19页,上海:华中师范大学出版社,2002。
[2] M.G.罗斯金等著,林震译:《政治科学》,370页,北京:华夏出版社,2001。
[3] 成有信等:《教育政治学》,241页,南京:江苏教育出版社,2000。

史时期，为实现一定的教育目标或任务，通过干预、调控和补偿等手段协调和统合教育的内外关系所规定的，以促进教育系统良性运行的行动依据和准则。

（四）教育法规

教育法规是关于教育的法律与规范，有狭义和广义之分。在狭义上，教育法规指由国家立法机关制定的关于教育的规范性文件，即教育法律。在广义上，教育法规指国家立法机关和其他国家机关制定或认可，并以国家强制力保证实施的关于教育的规范性文件的总称。教育法规是整个国家法律体系的一个组成部分，是统治阶级意志在教育方面的体现。本研究使用广义教育法规的概念。

教育法规一般包括国家宪法中的教育条款，国家立法机关按照法律程序通过和颁布的关于教育的法律、法令，有法律授权的中央政府和相关行政部门制定的关于教育的条例、章程、办法、规则等，由地方权力机关和地方政府依法颁行的适用于一定区域的关于教育的规范性文件等。我们认为，学前教育法规是关于学前教育的法律规范，是从事学前教育活动各方面所必须遵守的法律准则，是整个教育法规的一个有机组成部分。

三、研究视角

（一）教育管理

教育管理是国家对教育系统进行组织协调控制的一系列活动。关注教育政策、法规的本质是重视教育管理，或者说教育领导。无论是教育管理还是教育领导，都要通过制度或者媒介来实现管理和领导，而教育政策、法规就是实现教育管理和领导的媒介。客观地讲，从管理的自然属性分析，美、英两国在早期儿童教育的管理方面有大量的经验值得借鉴与思考。在学前教育管理方面，美、英两国颁布了大量教育政策、法规以提升学前教育的质量。美、英两国学前教育满足家长需要、家园合作、幼小衔接、促进儿童发展、保证教育机会均等、关注弱势儿童以及学前师资培养等方面均有值得借鉴的内容。

（二）教育制度

到目前为止，人们对教育制度仍有不同的理解。顾明远主编的《教育大辞典》将教育制度定义为："一个国家各种教育机构的体系，包括学校教育制度（即学制）和管理学校的教育行政机构体系。教育制度是一定社会历史阶段的产物，受一定社会的政治、经济、文化的影响和学生身心发展特点的制约。有的把国家教育制度看作按国家性质确立的教育目的、方针和设施的总称。"[1]

鲁洁、吴康宁认为："教育制度是指一个社会赖以传授知识和文化遗产以及影响个人社会活动和智力增长的那些正式机构或组织的总格局。"[2] 日本学者则认为："教育制度即是教育机关及功能，依据法规并以社会传统和教育观为基础而成立或发展的教育组织。教育制度即教育政策借法规而具体化的设施，也可以说是以教育法令为中心的组织。"[3] 笔者认为，教育制度不是指实体性组织和机构，也不是教育的系统，而是各种教育规范的总称。这些规范既包括正式的教育规范，比如政策、法规等，也包括非正式的教育规范，比如（国际）惯例、

---

[1] 顾明远：《教育大辞典》（第1卷），68页，上海教育出版社，1990。

[2] 鲁洁，吴康宁：《教育社会学》，104页，北京：人民教育出版社，1990。

[3] [日]仲新，池田荣一等著，雷国鼎，徐南号等译：《学校制度》，2-3页，（台湾）中华书局，1972。

传统与习俗等。

教育制度，尤其是学前教育制度，对学前教育的财政政策、办园体制、幼儿入园政策、弱势群体的关照、学前师资培养及管理等各类政策具有非常深远的影响。美、英两国学前教育管理体制不同，所以两国在学前教育投入、办园体制、入园政策、弱势群体的关照以及师资的培养和管理方面既有共同之处，也有不同的特点。在政府财政投入方面，学前教育行政管理体系的层级和横向机构不同，美国学前教育主要是地方自治，分工协作，学前教育的主管部门包括教育部、人类与社会服务部等，学前教育财政经费也就从这两个部门支出；英国的学前教育由教育部、福利部门和卫生部门负责，其政府的幼儿教育经费也主要由这三个渠道分配。

（三）教育改革

"改革"在教育领域普遍使用出现于19世纪，但直到第二次世界大战以后，教育改革问题才引起学术界的高度重视。20世纪70年代出版了一系列相关论著，如特罗（W.C.Trow）的《教育改革的途径》(1971)、汤泽（S.Tonsor）的《教育的传统与改革》(1974)、鲍尔斯和金蒂斯（S.Bowles & H. Gintis）的《资本主义美国的学校教育：教育改革与经济生活的矛盾》(1976) 等。

教育改革属于有计划变革的范畴。袁振国认为："教育改革可以理解为按照某种预期的目标以改进实践的有意识的努力，它包括制定同旧目标无关的新目标、新政策，或赋予过去的教育以新的职能。"[1] 一般来说，教育改革有两个特性。首先，教育改革是对未来的反映。教

---

[1] 袁振国：《教育改革论》，68页，南京：江苏教育出版社，1992。

育改革总是面向未来的行动，它要改进令人不满意的教育现状，因此，从这个意义上说，它包含着对未来的憧憬、对变化环境中新人形象的追求以及对理想教育体制的设计等。其次，教育改革与教育政策的根本变化相关。教育改革较多地体现了政府对教育改变的意志，体现为国家或地方在教育政策上的变化。这是教育改革区别于教育变革与教育革新的重要判定标准之一。教育变革或教育革新更多地是在组织层面使用的概念，如学校变革、教学革新等，教育改革往往是政府以行政命令、政策文件、法律法规等方式推行的一种教育变革，因为教育改革只有与国家政策相一致，才能有效地达成目的。

教育改革的目的就在于去除教育中陈旧的、错误的和有缺陷的东西，以改善教育之现状。但对什么才是教育改革的对象，学术界有不同的认识。有人认为，教育中一切陈旧、不合理的方面都是教育改革的对象，它包括理论和实践两个方面。从理论上看，包括教育思想、教育观念的更新；从实践看，包括教育制度、教育内容、教育方法的改进。还有一种观点侧重于教育实践的变更，认为教育改革的对象主要是教育体制和课程计划两大方面。虽然第二种观点对教育改革的限定十分严格，却为大多数研究文献或国际报告所接受。

美、英两国学前教育改革主要针对当前儿童早期教育过程中出现的问题进行调整，这种调整的动因比较复杂，并非单一因素推进的学前改革，世界政治、经济、文化等宏观背景的变化是一系列主要因素。在社会民主主义的基础上，在肯定自由市场的价值，强调解除管制、地方分权（非核心化）和低税赋等政策为核心价值的"第三条道路"政治哲学影响下，两国的教育，尤其是学前阶段教育较过去有很大变化，这从两国学前教育政策的发展可以清楚地看出。经济的发展和社会进步，市民修养程度的提高，打破代际贫困延续，同样需要大力发展早期儿童教育。因此，学前教育改革的大背景促使学前教育政策不断推陈出新。从历史上看，近半个世纪美、英两个发达国家对学前教育的重视程度超过了以前任何一个时期。这种共性让我们有理由相信，改革和发展学前教育是一个国家发展的重要环节。

四、研究现状

关于学前教育政策的研究成果较多，尤其是关于美国和英国学前教育政策和法规方面，但是从比较的视角对美、英两国学前教育政策进行系统研究的成果并不多见。

（一）国内研究现状

在学前教育政府职能方面，有学者指出："教育属于第三部门，学校及其他教育机构是介于政府和企业之间的非盈利性社会组织，教育产品是非垄断性的公共物品，可以通过政府和非盈利性机构两种资源配置机制向社会提供，为此，市场应当有限介入，政府应当保持它的调节功能……教育这种公共物品不可能完全转化为私有物品并单纯依赖市场来提供，应为单纯依赖市场不可能完全平衡供求关系，因此市场对教育的介入只能是有条件、有限制的，政府对学校的监控功能不应当因为市场的介入而有所削弱。"[1]

在普及学前教育方面，有学者认为学前教育直接关系到千家万户、广大人民群众的需要，目前存在与经济、社会和教育发展不相适应的矛盾，指出我国学前教育发展的方向和目标，提出发展农村学前教育

---

[1] 刘淑华：《教育分权内涵再探》，载《高等教育研究》，2008（11）。

是主要任务之一。[1] 也有学者提出,普及和提高在相当长的一个时期内仍将是我国幼儿教育的时代性主题。[2]

在农村学前教育的研究方面,有关于农村学前教育办学体制的探讨。有学者提出,"公办园为示范,民办园为主体"的政策导向弱化了政府在学前教育中的责任,农村公办园的数量急剧减少,给农村的学前教育发展带来困难。[3] 也有对贫困农村地区普及学前教育面临的问题的研究,有学者提出了解决目前农村学前教育问题的措施:转变思想,提高人们对学前教育的认识;加大政府对学前教育的主导责任;加大对学前教育的经费投入,完善经费保障机制;加强农村幼儿师资队伍建设等。[4] 在幼儿财政体制的设计方面,有学者认为,虽然幼儿教育投入体制的改革所涉数额不大,但因为事关社会福利体系重构这样的重大问题,必须界定好政府的责任,对财政投入领域的改革进行系统化的制度设计。[5] 政府办园、企业办园、街道办园和集体办园之所以在改制过程中出现问题,是因为经费方面无法确定具体来源,所以应从体制改起,明确政府在幼儿园改制过程中的具体责任,理顺财政投入体系,推动幼儿园改制。有学者认为,投入是幼儿教育发展的关键,正确认识政府投入与家长投入的关系是解决当前幼儿教育发展面临的主要问题。政府应该把幼儿教育作为社会公共事业,避免盲目地将其

---

[1] 庞丽娟:《加快学前教育的发展与普及》,载《教育研究》,2009(5)。

[2] 冯晓霞:《普及与提高:我国幼儿教育的时代性主题》,载《观察与思潮》,2003(3)。

[3] 邓丽:《农村学前教育办学体制问题及改革建议》,西南大学2010届硕士学位论文。

[4] 马春伟:《贫困农村地区普及学前教育面临的问题与对策研究》,西南大学2012届硕士学位论文。

[5] 曾晓东:《幼儿教育的财政投入体制改革在教育发展中的职能》,载《幼儿教育》,2003(10)。

推向市场，以使幼儿教育在和谐社会建设过程中得到发展。鼓吹幼儿教育走向市场的最终结果是幼儿教育质量不断下降。[1]

关于幼儿园与家长、社区合作方面，有学者对国内高校附属幼儿园利用家长促进幼儿教育的开展发表看法。高校家长素质较高，幼儿园应该充分挖掘家长的教育资源，采取家长学校、家长会、亲子活动、家长论文评比、专家咨询和家长助教等形式，促进家长参与幼儿园教育活动。[2]

有学者对英国幼儿园利用家庭和社区合作共育进行了研究。英国幼儿园通过选用不同的形式与家长合作，保证了家长了解幼儿园教育和孩子发展水平的知情权、社区资源使用的许可权、积资助教的参与权、反映幼儿园问题的投诉权，创建了幼儿园与家庭、社区共育的高级平台。[3]

关于幼儿教师职前培养体系的研究，主要集中在职前教育课程和职前实习制度方面。[4] 英国幼儿教师的培养与小学教师的培养相同，所接受的培训课程也与小学教师相似，即普通教育课程、职业教育课程和教学实习。有学者对幼儿教师教育进行了专门论述，主要介绍了英国幼儿教师培训课程的总目标。[5] 有学者分析了英国高等院校学前教育实习的重要性，总结了当代英国高等院校中幼儿教师教育实习的主

[1] 虞永平：《试论政府在幼儿教育发展中的作用》，载《学前教育研究》，2006（1）。

[2] 李玉莲，张文芳：《用陈鹤琴幼儿教育思想指导家园共育》，载《学前教育研究》，2006（3）。

[3] 李生兰：《英国幼儿园与家庭、社区合作共育的特点及启示》，载《学前教育研究》，2004（03）。

[4] 刘存刚：《学前比较教育》，98页，北京：科学出版社，2007。

[5] 冯晓霞：《世界教育大系》（幼儿教育卷），228页，长春：吉林教育出版社，2000。

要特点，分析了英国幼儿教师的实习体制对我国的借鉴意义。[1]

关于英国幼儿教师任用和在职进修制度的研究主要集中在任用资格、入职培训和在职进修方面。有学者从全球视角对世界各国的幼儿教育师资进行讨论，分析了英国幼儿教师资格证书制度和在职进修的鼓励措施；有学者分析了1998年以来英国实行的"入职与档案"制度，认为这一制度主要是为新任教师实施的，目的在于促进新任教师的专业发展。[2]

关于英国教师专业化发展集中在以下几个方面：教师专业化发展的理念及内涵、教师专业发展的特点、教师专业发展的内容及措施；[3]英国教师不同从业阶段专业发展的模式及内容，英国教师专业发展的特征。[4]有学者提出了优秀幼儿教师专业标准，包括：教师要对学生及其学习负责；要精通他们所教的学科，并且知道如何将这些学科知识传授给学生；要组织、管理和监督学生的学习；要对自己的教育教学实践进行系统反思，并能在实践经验中学习，获得提高；要成为学习型组织中的成员。[5]

（二）国外研究现状

在政府职能的研究方面，有学者认为，政府最重要的作用是"保护我们的自由"，这就需要权力的集中，而"对自由最大的威胁是权力

［1］胡福贞：《当代英国高等院校学前教育专业实习的特点与启示》，载《学前教育研究》，2009（09）。

［2］曹能秀：《学前比较教育》，126页，上海：华东师范大学出版社，2009。

［3］石少岩，丁邦平：《试论英国教师专业发展的理念、现状与变革》，载《外国教育研究》，2007（07）。

［4］李宝荣：《试析英国教师专业发展的模式及特征》，载《基础教育参考》，2005（10）。

［5］易凌云：《美国优秀幼儿教师专业标准及其启示》，载《学前教育研究》，2008（10）。

的集中"，所以，首先，"政府的职责范围必须具有限度"；其次，"第二个大原则是政府的权力必须分散"，"政府永远做不到像个人行动那样的多样化和差异的行动"，如果政府通过权力机器将一切都规范化了，那么"在上述过程中，政府会用停滞代替进步，它会以统一的平庸状态来代替使明天的后进超过今天的中游的那个试验所必需的多样性"。[1] 也有学者认为，"普遍的国家教育只是一种把人塑造得雷同的发明"。可见该学者是反对国家举办教育的，特别是对义务教育以后的高等教育的受教育者的选拔方式，但是他认为基础教育部分国家还是存在干涉的理由。"尽管信息和教育能出售给特定的人，但那些既不占有信息也未受过教育的人却往往不知道得到信息和接受教育会对他们有什么益处……孩子们还不是有责任的公民，从而也就不能假定他们知道自己需要的是什么东西。而且孩子们也没有用以获取知识的财产……一个民主政府，除非选举人和受通知的人都受过教育，否则这样政府就是不能成功的。"在教育内容上，有的学者不同意由政府统一安排教育的内容，认为教育应该有多样性，统一标准有可能被一些别有用心的权力所利用。正是那种高度集权化的且由政府支配的教育制度，将控制人们心智的巨大权力置于权力机构的操控之中，虽然人们有极为强硬的理由支持政府资助教育的做法，至少是政府资助普通教育的做法，但是这并不意味着这种教育也应当由政府来管理，更不意味着政府应当对这种教育享有垄断权。[2] 强调举办和资助分离是其基本观点。

---

[1] 密尔顿·弗里德曼著，张瑞玉译：《资本主义与自由》，序言，北京：商务印书馆，2009。

[2] 哈耶克：《自由宪章》，554页，北京：中国社会科学出版社，1999。

在普及学前教育方面，美国联邦政府的《美国2000年教育战略》（*American 2000 : An Education Strategy*）的核心思想是：美国所有的适龄儿童在进入小学时都要做好"入学准备"。为此，国家要保证所有幼儿都能享受到优质的学前教育。[1] 英国政府认为，儿童贫困是最严重的社会排斥，是最大的不公。只有消除社会贫困，才能确保儿童健康地成长，使幼儿在未来社会中把握更加平等的发展机会。[2]

在幼儿教师培养方面，英国制定了相关法律保证合格幼儿教师的培养。1918年《费舍法案》通过法律方式保障英国幼儿能满足需求，同时通过国家财政支持园本建设，尤其是加强对幼儿教师专业化的培养。此外，除英国教育部门对本国幼儿教师进行培训和评估之外，各种非盈利社会组织和教育基金会也积极参与幼儿教师队伍建设，通过社会的力量对幼儿教师整体素质加以提升，并予以监督。美国的幼儿教育协会（National Association for the Education of Young Children，NAEYC）针对全国的幼儿教育职业准备标准，把促进幼儿教育发展与学习，构建同家庭、社区的关系，对支持幼儿及其家庭的措施进行观察，建立档案，开展评估，开展教与学的活动的知识和能力，成为一名专业人士等条件作为幼儿教师教育的核心标准，并倡导广泛的幼儿普通知识标准。此外，美国政府还单独设立总统直管的教育执行机构和专项资金，通过提高幼儿教师的地位和待遇来促进学前教育高质量普及，推动美国教育公平。

关于幼儿教师专业标准方面，有学者提出美国幼儿教师各个不同

[1] Kendal,E. Reform and Early Childhood Education: Making Teacher Preparation Professional and Relevant. Viewpoints[ED/OL]. *ERIC Document Reproduction Services* No. ED369516.

[2] OECD. *Early Child Education and Care Policy in the United Kingdom: Country Note*, 2000[ED/OL]. http://www.oecd.org/unitedkingdom/2535034.pdf.2013-3-21.

阶段的专业标准，并在此基础上分析了我国幼儿教师专业标准在制定、实施、评价等方面需要注意的地方，为我国标准的制定和实施提出了三点借鉴意见，提出了基于标准的幼儿教师专业发展的三个建议，分别从宏观（政府）、中观（幼儿园）和微观（教师）层面论述了实现幼儿教师专业发展的途径。[1]

五、研究方法

（一）文献法

广泛查阅、研究国内外文献资料，充分掌握已有的美、英两国儿童早期教育政策法规，了解国内外儿童教育政策法规的最新前沿动态，并列、分析和比较美、英两国儿童教育政策法规。

（二）历史法和比较法

在对美、英两国历史上的儿童教育政策法规进行梳理和分析的基础上，利用比较的方法分析两国的儿童教育政策法规的同质性和差异性，为我国的儿童教育政策法规的制定和实施提供本土化借鉴。

（三）案例法

在对美国和英国学前教育政策的研究中，选取了一些典型案例。比如，家长参与和家庭支持、社区学前教育的发展等教育政策的分析，选取了代表性案例，增加了对理论学习的理解。

六、研究意义

"儿童是祖国的花朵，儿童是祖国的未来"等耳熟能详的话语表述

---

[1] 王亚凤：《美国幼儿教师专业标准研究》，华东师范大学2011届硕士学位论文。

的是对儿童的关注，而对儿童的关注应该是全方位的关注，儿童教育政策在关注儿童这个问题上发挥着关键性作用，在构建和谐社会的大背景下，教育和谐离不开儿童教育政策的制定和实施。而考察别国的儿童教育政策的历史发展，有效避免教育失误并合理借鉴其成功经验将是理论工作者的当然任务。由此，以美、英两国学前教育政策法规的比较作为研究对象有着十分重要的意义。

理论意义：（1）丰富学前教育政策，梳理美、英两国关于学前教育政策法规文献，分析政策法规制定与实施的历史条件；（2）丰富学前教育政策分析的理论，为学前教育理论建设和发展增加内容。

实践意义：（1）通过对美、英两国学前教育政策法规异同点的分析，为我国学前教育政策的制定和实施过程中有效避免教育失误、借鉴成功经验提供现实指导原则。（2）为教育政策制定提供参考。学前教育政策系统的和谐是保证教育系统的稳定和社会整体和谐的基础，也是整个教育系统的有机组成部分。本课题的研究将为教育和谐提供理论与实践指导。

第二章

美国学前教育的发展

　　美国是美利坚合众国的简称，是由50个州和华盛顿哥伦比亚特区组成的联邦共和立宪制国家。美国联邦宪法规定司法、立法、行政三权分立，由总统负责掌管行政大权。教育权力主要由各州掌握，其教育行政的特色是地方分权。按照美国宪法的规定，联邦政府没有直接指挥和统制各州教育的权力，教育是地方事业，应由地方自治机关负责办理，联邦政府只能居于辅助的地位。

第一节　美国的学前教育管理

一、性质、地位与功能

　　美国学前一年教育称为幼儿园（kindergarten）教育，属于其学制系统中重义务教育的一环，实行免费。同时，面向处境不利的学前儿童群体的"提前开端"学前教育项目由美国政府负责经费投入，进入"提前开端"项目中心的3–5岁儿童也接受免费教育。

美国和英国学前教育在学制系统中的地位较为相似，都将5-6岁学前教育纳入学制系统。美国是典型的联邦制国家，联邦政府无权干涉各州和地方包括学前教育在内的教育自主权，因而各州和地方学前教育事业发展及其实际性质、地位的情况千差万别，不能一概而论。但是全美比较统一的是将招收5-6岁儿童的学前一年的幼儿园教育纳入美国学制系统，并作为初等教育和义务教育的起始阶段。

（一）为儿童的身心和学习做准备

学前儿童早期教育是儿童个体一生发展的重要奠基阶段，因此，这个阶段是促进儿童身心健康发展、为一生的学习和发展做准备的关键时期。当前美国学前教育的功能定位与基本宗旨除了满足家长尤其是母亲就业需要外，还包括对促进儿童身心健康发展的诉求。美国本国及其他国家的大量相关研究结果，使美国上下越来越意识到学前教育对于幼儿身心健康发展的重要意义乃至对个体终身发展的长远影响。因此，通过使所有美国儿童都能够接受高质量的、发展适宜性的学前教育，以促使其身心全面发展和综合能力的培养与提高，为一生的学习和发展做准备，成为美国学前教育的重要功能定位和基本宗旨之一。

（二）以大型项目促进教育公平

少数种族和民族儿童、贫困家庭儿童以及残疾儿童构成了美国弱势儿童群体，而这些弱势儿童群体的处境，特别是其受教育权实现的状况越来越引起美国政府的关注，因为这不仅是教育问题，也是关系到美国社会公平、平等人权实现的重要方面。向贫困宣战、重点辅助弱势儿童的学前教育权利成为当前美国联邦政府学前教育最为重要的宗旨与目标。由此，美国学前教育的重要功能之一即通过保证弱势儿童群体的学前教育机会和质量帮助他们获得起点的公平，帮助其家庭对抗贫困与不公，进而从整体上促进全美所有儿童的学前教育与社会公平。同时，美国联邦政府直接启动并运作了诸如"提前开端""不让一个儿童落后"和"早期提前开端"等大型早期儿童教育项目，数十年来为许多美国儿童提供了平等享受学前教育权利的机会，保障了教育起点的公平。

（三）为入学做准备

完成幼小衔接是学前教育阶段的主要功能之一。这主要指提高儿童读写水平，为入学或义务教育的普及做好准备。尽管从20世纪50年代到80年代，美国经历了多次教育改革，但是其教育质量特别是基础教育质量直至90年代仍不尽如人意，尤其是美国儿童的阅读、数学等核心课程成绩持续下滑。由此追溯其根本原因，人们逐渐把注意力聚焦于儿童早期教育阶段。因此，加强学前期基本阅读、数学兴趣与能力的培养和习惯养成就成为美国学前教育的一项重要目标。美国国会在《2000年目标：美国教育法》中提出"要使所有美国儿童都为入学做好准备"。

二、管理体制

美国各州颁布的州宪法及各项法规是该州教育行政的最高准则，美国宪法确立地方分权的原则，州的教育法规政策的制定和实施，是通过立法、行政和司法三个部门来实现的。教育作为各州的专管事项之一，50个州各有独立的教育体系，各州政府根据本州法律制定教育方针、发展规划和政策措施，并自主地付诸实施并进行各种教育改革。

美国教育属于地方分权制，联邦政府具有广泛影响，州政府负有主要责任，地方政府承担具体责任，由此形成以州为主体，联邦、州、地方共同负责的教育管理体制。州一级教育行政机构长官掌管教育行政大权。大部分州都自行制定关于教育的法律、规章和司法意见，涉及实施意见的各个方面，如财政责任、职责范围、机构设施、组织机构、行政管理、教师政策等。在早期教育领域，联邦政府的责任在于从宏观上提出早教政策，并协助州政府根据地方需求将政策贯彻落实。

20世纪60年代以来，早教成为美国教育系统中发展较快的部分。1969年，美国政府成立了由文化部领导的"儿童成长局"，专门负责管理1-5岁儿童的教育工作，加强对全国早期教育的宏观调控。各州、地方共同负责设立、维持和管理幼儿教育机构。1979年美国成立联邦教育部，扩大了原先教育总署的职责，但仍以不干涉各州地方管理早期教育的权限和责任为前提。

美国的幼儿教育机构是由教育部门和福利部门两个行政系统来管理的，不同的学前教育机构由不同行政系统管理。幼儿园隶属于教育部门；日托中心由社会福利部门管辖；保育学校的情况比较复杂，有的是由教育部门管理，有的是由福利部门管理。

（一）各州享有充分的学前教育发展自主权

美国各州自主管理当地学前教育事务，各地区差异较大，主要表现在四个方面。第一，没有全国范围内统一适用的学前教育基本法律，联邦政府层面没有对各州学前教育系统的统一要求和标准，因而除了个别年龄段（如学前一年）学前教育基本相仿外，各州学前教育存在多方面差异。第二，联邦层面没有负责学前教育事业发展的专职部门，教育部门仅关注特定范围内的学前教育事务。如美国联邦教育关注包含小学范畴内的学前一年教育阶段，而人类健康与服务部的工作重点只是针对弱势群体的"提前开端"项目。第三，即使是国会通过了有关学前教育的联邦层面的法律，如《不让一个儿童落后法》等，对各州也不具有真正意义上的强制力，更多的是通过项目合作、奖励拨款、竞争机制等方式间接地促进各个州政府的相应实施和推进。

（二）中央政府学前教育职能重在扶持弱势

无论从联邦教育主管部门的职责范围、学前教育相关法律与政策的基本宗旨和主要内容，还是从近年来联邦政府在学前教育领域的实际作为来看，美国联邦政府均将其职能重点放在了扶助弱势儿童群体、更加有效地保障弱势儿童群体的学前教育权利、确保所有儿童都能够接受高质量的学前教育上。20世纪60年代以来，联邦政府持续大力推进"提前开端"项目，宗旨非常鲜明，即通过促进学前儿童的认知能力发展，使不同儿童都能为未来的学校生活做好准备。1994年，克林顿政府还特别把"提前开端"项目的教育对象从原来的主要面向4-5岁学前儿童向下延伸至来自贫困家庭的2岁儿童。根据《不让一个儿童落后法》，当前美国教育发展的重要目标和基本原则之一是充分促进弱势儿童群体的教育和发展，不让一个儿童落后。

三、财政投入模式

美国学前教育经费分为联邦和州两个层级。联邦政府学前教育经费补助主要以3-5岁低收入家庭的或有特殊需求的幼儿为对象，负责的主管部门主要有健康与人力服务部和教育部。近十几年来，州政府高度重视学前教育，大幅度提高了在学前教育领域的投资，但是各州补助的项目与优先顺序有较大差异。部分州倾向于有高额补助、已经获得合格认证的学前教育机构，以提高学前教育机构的质量。从学前教育经费的来源上看，公立学校的幼儿教育机构可以获得联邦政府的拨款、地方政府的赞助，这是其经费的主要来源。对私立学前教育机构来说，经费一般来自民间机构、私人基金会或慈善团体等，从政府得到的资助则较少。

（一）政府财政投入为主，家庭与社会投入为辅

从美国学前教育的分担模式分析，美国政府、社会和市场共同创建和支付该国的学前教育体系。具体来说，政府财政投入、家长缴费和其他社会资源共同承担了学前教育开支。在美国的学前教育（包括儿童早期保育和教育）系统中，联邦和州是重要的构成要素，其中联邦层面主要有健康与人力服务部门（Department of Health and Human Service，DHHS）和教育部（Department of Education，DE）。根据2004年度经济合作与发展组织对各级教育机构经费支出公私负担比例的统计，公共投入占美国学前教育机构（3岁及3岁以上儿童）经费总开支中的比例为75.4%。[1] 其中，联邦部分主要是通过"提前开端"项目和儿童保育发展基金（Child Care Development Fund，CCDF）参与其中，其财政投入对象主要是残疾儿童和双亲总收入低于各州规定的最低收入的85%的低收入家庭儿童。[2] 同时，联邦政府也补助州政府适当经费和其他项目，比如食物补助方案等。州政府所承担的基本教育经费主要通过托儿所项目（Pre-K programs）帮助处境不利或弱势的4岁幼儿做好入学准备（仅有三个州覆盖了所有幼儿）。

美国联邦政府对学前教育机构的财政支持不局限于公立机构，同

[1] Education at aglance 2007[EB/OL]http://www.oecd.org/edu/highereducationandadultlearning/40701218.pdf2013-11-22.
[2] 简楚英：《幼儿教育与保育的行政与政策：欧美澳篇》，188页，上海：华东师范大学出版社，2004。

时也将非公立学前教育机构纳入财政资助范围。儿童营养和妇女、儿童及幼儿特别食品补充项目（The Child Nutrition and the Special Supplemental Food Program for Women, Infants and Children, WIC）就包括对私人提供者的财政支持。该项目由美国农业部主管，为低收入的孕妇、哺乳和非母乳喂养的产后妇女、婴儿以及具有营养风险的5岁以下的儿童提供联邦补助金（Federal Grants），用以帮助他们补充食物、医疗服务和营养教育。获得资助的机构主要包括获得许可的儿童看护中心、学校、家庭看护中心、诊所和商店。具体的操作形式多样，有的提供现金，有的提供食品，有的提供代币券和电子收益卡。[1]

总体来看，有很大一部分资金流入了私人教育机构、贫困和少数民族地区。除了政府投入外，家长缴费也一直是整个学前教育（儿童早期保育和教育）经费投入中主要的构成要素。特别是3岁以下儿童的保育服务，家庭承担绝大多数的服务经费。相关数据表明，家长的支出占到保育总支出的60%，联邦政府的贡献为25%，州政府和地方政府的贡献是15%。[2] 除了政府投入和家庭支出外，一些社会资源也被纳入学前教育的总经费中，特别是一些大的财团和企业。总的来说，家长缴费仍在整个学前教育的经费投入中占有较大比例，但是政府投入已经成为整个学前教育关键且重要的经费保障。

（二）以项目为载体的财政拨付

美国"提前开端"项目是由美国政府启动的全国性、大型的学前

[1] The Special Supplemental Food Program for Women, Infants and Children [EB/OL]. http:// www. fns.usda.gov/wic/aboutwic/mission.htm, 2011-07-10.

[2] United States. [EB/OL]. http://www.oecd.org/edu/preschoolandschool/37423831.pdf2013-1-23.

教育项目，联邦政府以"固定补助金"的方式拨付给"提前开端"项目代理处，主要针对家庭收入低于联邦政府规定贫穷线的3—5岁幼儿，旨在"为低收入家庭的儿童提供学习性的环境，支持他们在语言、读写、数学、科学、社会性和情绪情感、艺术创造、身体运动技能及学习方法等方面的发展，为他们及其家庭提供健康、教育、营养、社会性等基于家庭需要的服务，从而提高他们的认知、社会性和情绪情感的发展，提高入学准备"[1]。

　　该项目的经费主要由联邦政府直接拨付，并由州政府提供配套经费支持。联邦政府对"提前开端"项目的经费支持以固定补助金（Block Grant）的方式实现，这种大额度财政拨款直接投入到提供服务的相关项目或项目代理处，专门用于某一领域。该拨款类似于专项拨款，但是专项拨款的目标更明确，对资金花费的要求更严格。固定补助金的好处就在于允许地方政府就如何花费补助金做出不同方式的尝试，只要目标相同就可以。具体而言，各州执行主席首先根据实际需要做出预算，再向联邦政府提出申请，联邦政府审核后会直接给各服务代理处提供财政拨款。"提前开端"项目还规定除有关决策机构外，任何人无权终止、延缓或者减少提供给"提前开端"项目各机构的资金。也就是说，"提前开端"项目的财政拨款是联邦直接拨付的，跳过了中间的州政府和地方当局，避免了对财政拨款的滥用和挪作他用，保证了经费使用的针对性和有效性。

　　美国"提前开端"项目的经费来源主要是联邦政府拨款，也有部

---

　　[1] Improving Head Start Act of 2007 [EB/OL]. http://www.whsaonline.org/Improving HS Act of 2007/Improving Head Start Act 2007.pdf, 2010–11–07.

分地方政府的补充支持。随着时间的推移，预算在稳步增长，见图2-1。在1965年夏天，"提前开端"项目只有9640万美元的拨款和2000个活动中心。之后，"提前开端"项目不断发展壮大，对其投入也不断增多。[1]自1965年项目实施以来，联邦对该项目的拨款明显增长。

拨款数额　　　　　　　　　（单位：万美元）

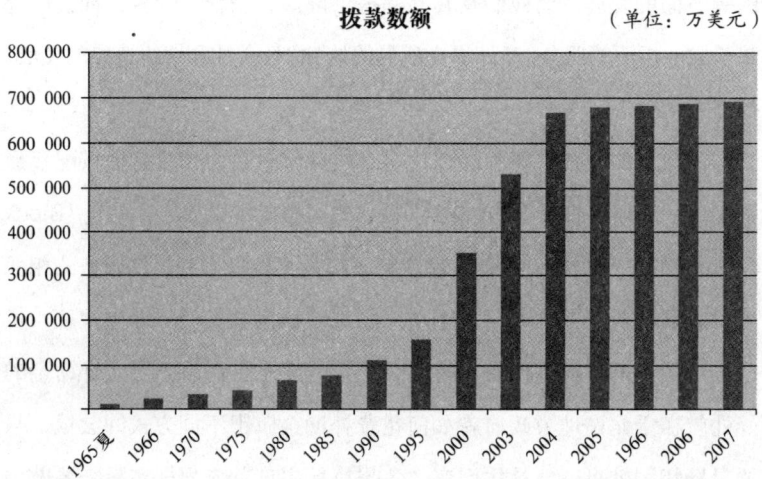

资料来源：美国开端项目办公室 http://www.acf.hhs.gov/programs/ohs/about/fy2008.html

图2-1　美国政府对"提前开端"项目的拨款

美国政府对"提前开端"项目的拨款从1965年的9640万美元上升到2008年的近69亿美元，[2]2010年的预算更是超过了72亿美元。[3]这进一步增加了"提前开端"项目受益儿童的数量，让更多的幼儿从中

［1］Office of Head Start. Head Start Program Fact Sheet: Fiscal Year 2006,Retrieved March 1,2010 [EB/OL]. http://www.acf.hhs.gov/programs/hsb/research/2006.htm, 2010-08-01.

［2］Head Start Program Fact Sheet Fiscal Year 2008 [EB/OL]. http://eclkc.ohs.acf.hhs.gov/hslc/About Head Start/dHeadStartProgr.htm#top, 2010-10-20.

［3］Head Start Program Fact Sheet Fiscal Year 2008 [EB/OL]. http://eclkc.ohs.acf.hhs.gov/hslc/About Head Start/dHeadStartProgr.htm#top, 2010-10-20.

获得发展。美国目前在全国50个州有2637个"提前开端"项目和早期"提前开端"项目授权的服务机构，运作着18 145个"提前开端"项目中心或早期"提前开端"项目中心（不包括居家保姆）和49 038个相应班级。截止到2009年，"提前开端"项目惠及儿童达2700万。[1] 另外，早期"提前开端"项目的预算也有明显增长，项目预算经费从1995年开始的4720万美元到1998年的279 000万美元。联邦政府为入读"提前开端"系统的幼儿的投入为生均7276美元／年。[2]

（三）教育券和税费抵学费

通过教育券和依附性税费等，幼儿家长可以获得学前教育费用的补助。联邦政府通过教育券直接补助幼儿及其家庭的方式实现对私立学前教育机构的财政补助。美国联邦学前教育财政支出的重要组成之一"儿童保育发展基金"即以教育券项目的形式分配各州，面向负担不起儿童保育费的低收入家庭，各州可以灵活分配资金，直接补助给幼儿及其家庭，幼儿家长可以持教育券向经认可的私立机构购买幼儿保育服务，间接实现了促进私立保育机构提高质量与竞争力、对合格私立学前教育机构实行财政资助的目的。

一般来说，家长有25%左右的几率会通过其他渠道获得非正式的保育服务，如依靠其家庭成员。这些弹性机制有利于各州根据具体情况和家庭的不同需求灵活地调配资金的使用，进而能更加有效地利用

[1] Department of Health an Human services. Head Start Program Fact Sheet Fiscal Year 2010 [EB/OL]. http://eclkc.ohs.acf.hhs.gov/hslc/Head Start Program/Head Start Program Factsheets/ fHeadStartProgr. htm, 2011–02–23.

[2] 中国学前教育发展课题组：《中国学前教育发展战略研究》，214页，北京：教育科学出版社，2010。

政府给予低收入家庭资助。

另外，美国还设有依附性看护税费抵扣（The Dependent Care Tax Credit）等税费抵扣体系，为幼儿家长提供学前教育费用补助。依附性看护税费抵扣由美国财政部直接管辖，面向就读付费托幼机构的0–13岁儿童，通常要求孩子父母必须支付儿童学费的60%。独生子女家庭经由依附性看护税费抵扣最多可申请2400美元的补助，双子女或多子女最多可申请4800美元；前者最终将获得税费抵扣的最高额度为720美元，后者为1440美元。[1]和其他方式相比，教育券这种政府补助举措赋予了家长更多自由选择的权利，满足了家庭的个性需求，也间接实现了通过促进竞争来提高学前教育服务质量的目的。

第二节　美国的学前教育机构

一、办学主体

儿童保育中心(Child–Care Center)主要招收从出生到6岁的儿童，以全日制为主，其目的与作用是使父母有机会走出家门去工作，主要特点是按父母经济实力收费。主要有四种不同形式：

少年儿童保育：这种机构的教育对象为出生6周至5岁儿童，特点是这些儿童的父母多数为未成年人，母亲未婚先孕，没有能力抚养幼儿。目的是使少年父母首先能安心完成自己的学业，接着可以接受必要的抚育婴幼儿的技能。

---

[1] OECD. OECD Country Note: Early Childhood Education and Care Policy in the United States of America, July 2000 [EB/OL]. http://www.oecd.org/dataoecd/52/33/2535075.pdf, 2011–07–12.

临时儿童保育：这种机构的教育对象为0~6岁儿童，特点是短时间服务。目的是让父母能在这一段时间内去完成自己想做的事，如购物、健身、约会等。

课后儿童保育：这种机构的教育对象为0~6岁儿童。目的是给予这些儿童课后辅导。

雇员儿童保育：这种机构的教育对象为出生6周至入小学前儿童。目的是给予上班职工的儿女保育服务。

儿童保育中心的前身应该可以追溯到19世纪30年代出现的托儿所。1838年，第一所托儿所建立于波士顿，主要服务是提供安全的环境和卫生足量的食物。[1] 现在美国依旧有托儿所，与儿童保育中心并存。

幼儿学校（Pre-School）主要招收2~4岁儿童，特点是以半日制为主，目的主要是为不外出务工的母亲提供半日的儿童保教服务，为入幼儿园做好准备。各个幼儿学校的具体课程各不相同，主要有情景学习和固定课程学习两种，前者比后者提供了更多主动学习的机会。另有一部分幼儿学校由高等院校开办，类似于中国的实验幼儿园或者附属幼儿园，是研究学前教育活动和方法的"实验田"，也是培养幼师师资力量的基地。幼儿学校和另一个学前教育机构——保育学校（Nursery School）之间的区别不大，这两个提法在历史上都是存在的。

学前教育中心（Pre-School Center）主要招收2.5~5岁儿童，为儿童进入幼儿园和小学一年级准备。有些学前教育中心为家长合作性质，由家长创办并管理，家长即为孩子的保教人员，实行民主办园。有些学前教育中心专门服务于低收入家庭，为其子女在幼儿园提供相

----

[1] [美]林秀锦：《美国的早期保育与教育》，28页，南京：江苏教育出版社，2006。

应的保教服务。有些学前教育中心则由教会出资开办，特点是十分重视儿童基本技能的训练，受部分家长的欢迎。

幼儿园（Kindergarten）的教育经费全部来自联邦政府与地方州政府的专项教育拨款。服务对象为4-6岁儿童，但主要集中在5岁儿童，为他们进入小学一年级打好基础。按照儿童入园年龄的不同，又可分为前幼儿、初级幼儿园、高级幼儿园。针对不同教育对象的教育需求和教育理念的选择，还有专门招收接受过一年以上特殊训练的5-6岁儿童的发展幼儿园，以及采用蒙台梭利教育理论观念设置课程的蒙台梭利幼儿园。

因为幼儿园是国家公立学校教育体系（K-12）的开始，属于义务教育范畴，所以，这也是当今美国学前教育最主要的机构类型，服务于各个层次经济背景家庭的孩子。现今美国的幼儿园经历了一系列的发展，这些发展主要开始于20世纪70年代的普及5岁班幼儿园运动[1]。顾名思义，5岁班幼儿园（kindergarten）主要的教育对象是5岁幼儿，教育的时长通常是一年，共约180天，每天开放2.5至6小时，即为半日制。[2] 它是传统福禄倍尔式幼儿园和公办幼儿园的发展。随着教育改革的深入，幼儿园也不断地在延伸发展，从而相继出现了学前幼儿园和4岁班幼儿园（Pre-Kindergarten）。[3]

小学一至三年级。美国一至三年级的教师和学前班的教师经常会有岗位轮换，因为他们的教师资格证相同，被称为"K-3年级教师资格"。也就是说，小学一至三年级教师和学前班教师的教育技能是相通

---

［1］［美］林秀锦：《美国的早期保育与教育》，7页，南京：江苏教育出版社，2006。

［2］［美］林秀锦：《美国的早期保育与教育》，10页，南京：江苏教育出版社，2006。

［3］［美］林秀锦：《美国的早期保育与教育》，48页，南京：江苏教育出版社，2006。

的，在对待一至三年级的学生时，教师仍然需要想到那些年幼儿童的认知和学习特征。例如，美国一至二年级的教师不太强调学生单词拼写是否正确，反而会鼓励孩子自己创编单词，将其视作一种创造性的表达，这点也和中国的教育理念大相径庭。

日托中心（Day Care Center）招收的教育对象为0-6岁儿童，具有托儿所和学校的双重性质。日托中心作为一种社会福利性机构，为父母外出工作一整天无人照看的儿童提供10-12小时的照顾，有时也提供少量的教育内容。一般来说，日托中心每个班级有16个左右的儿童，开展的活动有自由玩、集体活动、户外活动、野外远足等，前三种是常规性活动，后一种为选择性活动。根据具体服务内容的不同和项目的不同大致可分为六七种不同的具体日托中心，最常见的是家庭日托。

家庭日托（Family Day Care）是由各个家庭开办，在自然状态下，创造出一个安全、健康、融洽的环境，为自家和社区的孩子提供最基本的监护与保育服务，且根据开办家庭的教育背景，为幼儿开展不同水平的教育活动，但重点在于保育。一般情况下，一个家庭只招收4-5名儿童，但儿童年龄并未具体要求，也就是说，大部分为混龄班。为了提高可能参差不齐的保教质量，使家庭日托成为美国学前教育机构中不可或缺的一部分，美国成立了全美家庭儿童保育协会，未来的发展方向是为儿童提供全方位的服务，即除了提供保育服务，还要加强教育方面的服务。

二、机构分类

美国的学前教育机构比较繁杂，这是由于美国没有联邦层面的学前教育制度。从办学体制上看，各州自主办学，公立机构和私立机构相辅相成。

美国对幼儿教育的界定方式和中国区别很大，不仅教育对象的年龄不同，教育机构的划分也很不一样。由于所服务的对象是0—8岁的儿童，美国的早期教育机构既包括对刚出生到3岁婴幼儿的保育和教育，又包括对3-4岁儿童的幼儿园（Preschool）教育以及对5岁儿童的学前班（Kindergarten）教育，还包括对小学一至三年级儿童的学校教育。所涉及的教育机构主要有以下几类：

按办学性质不同分类，可分为公立学前教育机构和私立学前教育机构。公立学前教育机构主要代表是各式幼儿园（Kindergarten），其他包括一部分公立性质的学前教育中心（Pre-school Center）、一部分公立性质的学前幼儿园（Pre-kindergarten）以及一部分公立性质的幼儿学校（Pre-school）等。私立学前教育机构主要集中在为0-4岁幼儿提供早期保育与教育的机构，除去极小部分私立幼儿园外，还包括私立性质的学前教育中心、学前幼儿园、幼儿学校以及各种日托中心（Day Care Center）。

但是，这样的分类方法并不是绝对清晰的。美国任何形式的学前教育机构都可能存在公立与私立两种办学性质，主要是由于资金来源的不同，而正如前面提到的，美国的学前教育现在以及将来一直是自由开放的投资市场，任何个人和机构都有可能向上述学前教育机构投入资金。也就是说，同一个学前教育机构的资金来源会有两个，一个是私人投资，另一个是政府财政支持。正因为如此，我们不能死板地认定某一个学前教育机构是公立的还是私立的，它的性质大多由资金组成比例的多少决定，并会随着时间推移发生变化。从这个意义上讲，相对只为4-5岁幼儿提供教育的公立幼儿园来说，美国拥有更多私立性质的学前教育机构，它们为填补0-3岁幼儿保育空白和弥补公立幼儿园资金与数量不足方面做出了巨大贡献。当然，公立幼儿园的发展更符合教育公平与普及的原则，更契合广大中产阶级的利益，更能为国家的经济发展提供持久动力。还有一点需要说明，并非私立性质就代表着以盈利为目的，大多数私立学前教育机构是由社会团体举办的，应该属于社会福利范畴。

第二种分类方法是根据开放场所的不同，可以分为有固定、专门、中心式的教学地点的学前教育机构和居家式或类似居家式的学前教育机构。前一种基本上表现为学校或幼儿园班级组织，大多教育对象为4-5岁幼儿，有基本规整的教学体系与教职人员，注重保育基础上的教育。幼儿园、学前幼儿园（也有学者将其归为幼儿园延伸的一部分）、幼儿学校、学前教育中心、日托中心一般都属于这类。居家式或类似居家式的学前教育机构主要指一些个人在家庭中或其他非专门教学场所提供托儿服务，教育对象不定但人数很少，故而没有班级组织，没有正式的教职人员，一般为家庭成员担任临时教职人员，基本只注重保育而忽略教育。日托中心的其中一种形式——家庭日托（中心）（Family Day Care Center）是这类突出的代表，其他还有父母协作日托（中心）、临时日托（中心）、小组照顾日托（中心）、上学前放学后日托（中心）及居家式托儿所。

第三种分类方法是根据幼儿在园接受保教的时长来区分，分为半日制和全日制学前教育机构。在美国，半日制学前教育机构占绝大多数，全日制学前教育机构比较少，能够明确是全日制的只有儿童保育中心和一些日托中心。其他学前教育机构普遍是5-6小时的幼儿在园时间，更短的则只有2、3小时。这个特点形成的决定因素应该是美国儿童的父母工作时间比较短，而且上班比较迟，下班又比较早，或者是工作的灵活度很高，总之，他们有充足的时间自己来照料儿童并进行良好的亲子交流。这样的设置不仅能增强父母与孩子间的相互了解和沟通，避免隔代抚育造成的幼儿道德情感养成的缺失，也同样能带给幼儿最大限度的自由玩耍时间和相对完整美好的童年。在这一点上，现今中国的幼儿普遍较为缺乏，属于他们的无忧童年往往被无情地剥夺了，这是无益的。

最后的一种分类方法还原到了美国的学校系统，也就是我们常说的学制。根据日本文部科学省编印的2005年度《教育指标的国际比较》中的相关资料显示 [1]，美国的学前教育机构真正属于学校系统内的部分就是两大类：幼儿园和以保育学校、日托中心为主的其他学前教育机构，而上述学前教育机构的教育对象是3—6岁儿童。但是，我们都明白，严格意义上的学前教育（其实"早期教育"这个称呼似乎范围更广泛）还应当包括0—3岁婴幼儿的保育与适度教育。事实上，美国现行的学前教育机构中，已经有为包含0—3岁婴幼儿提供保教服务的传统儿童保育中心、改良过的日托中心（传统日托中心只招收3—5岁儿童）和近几年推行的婴幼儿保育项目（Infant/Toddler Program）下出现的婴幼儿保育与发展机构[2]，后者为专门针对0—3岁婴幼儿的保教机构，一年开放9个月或者全年开放。但总体来说，对于0—3岁婴幼儿的重视程度远远不够，专门的保教机构较为缺乏，相对的资金投入不足。0—3岁婴幼儿保教是未来发展学前教育的一个方向。

---

[1] 陈永明等：《比较教育行政》，8—10页，上海：华东师范大学出版社，2005。
[2] [美] 林秀锦：《美国的早期保育与教育》，10页，南京：江苏教育出版社，2006。

第三章

英国学前教育的发展

　　英国 [1] 是大不列颠及北爱尔兰联合王国的简称。英国的中央教育
行政权属于议会和内阁，而实际负责教育行政的组织机构是教育技能
部。由于地方教育管理局管理中小学和幼儿园教师，教育技能部不设
置或直接管理学校。教育技能部和地方的教育行政部门的关系，既非
严格的中央集权制，也非绝对的地方分权制，属于中央与地方共同合
作制的类型。英国重视中央和地方教育行政机关的沟通与协调，中央
和地方的权限根据国会立法确定。自从成立中央教育技能部以后，中
央就对地方教育行政具有监督指挥权，教育行政权力有所提高，与地
方处于均衡状态。英格兰、威尔士、北爱尔兰和苏格兰的早期教育性
质与地位并不完全相同。

---

　　[1] 英格兰、威尔士和北爱尔兰的教育体系是相同的，苏格兰则有自己的体系，主要区别
在于不同的学历、资格。

第一节　英国的学前教育管理

学前教育管理是学前教育事业发展的保证。英国政府对学前教育实施的管理，主要指对学前教育的性质、地位与功能、管理体制、财政投入和机构的管理。

一、性质、地位与功能

英国的教育行政体制属于中央和地方合作管理型，国家层面的教育管理行政机构是儿童、学校和家庭部（Department for Children, Schools and Families, DCSF），创新、大学和技能部（Department of Innovation, Universities and Skills, DIUS）。其中，儿童、学校和家庭部负责制定有关儿童和青少年的政策，统筹政府各部门内关于年轻人和家庭的措施，确保年轻一代在安全的环境中成长，接受良好的教育。

英国的地方行政管理机构是地方教育管理机构（Local Education Authorities, LEA）。英国各地方议会都有各自的地方教育管理机构，专门负责管理和划拨学校经费。但由于英国政府更倾向于让学校直接掌控教育经费，因此地方教育管理机构在学校管理中更多地发挥着战略决策者的作用，而非具体运行者的角色。经过十几年的教育改革，英国目前基本形成了中央集权和地方分治相结合的教育行政管理体制。1988年的《教育改革法》在加强中央教育行政集权的同时，对地方教育行政进行了分权，并授权学校自主管理。在学前教育领域，中央政府主管部门为儿童、学校和家庭部以及社会安全部和健康部，地方政府主管部门为地方教育当局、社会福利局和卫生局等。以往，0-3岁儿童的学前保育与教育由社会安全部主管，3-5岁儿童则由教育就业部管辖。

从工党布朗政府开始，英国整合了保育与教育，主要由儿童、学校和家庭部主管，但是其他部门仍然参与早教管理。中央对各地早教的管理通过制定一些重要的教育政策、法规来实现，地方在遵守这些政策、法规的前提下仍有一定的选择和自由。比如，中央的教育就业部门只是制定早教课程的基本方针，地方教育当局等部门可以按照中央的基本方针结合地方特点自主制订课程目标和纲要，作为早教机构设计课程的依据。

英国的中央和地方政府都对早教机构给予了较大力度的财政支持。例如，英国最重要的早教机构——保育学校和保育班的经费或完全来自英国政府和地方当局，或接受公款补助。此外，对于近十余年来发展迅速的学前游戏小组，政府虽未把它作为正式的国家早教机构，但也对其给予资金支持。政府向四分之一的游戏小组提供了补助金，为新建的游戏小组和游戏小组协会直接提供经费。

就其本土英格兰和威尔士地区来看，传统意义上招收5-7岁儿童的幼儿学校或幼儿班，既属于其学制系统的组成部分，又同时构成英国基础教育和义务教育的重要起始阶段。

英国免费学前教育年龄段有两个，一种是属于义务教育范畴的幼儿学校或幼儿班（Infant School/Class），通常附设在小学，招收5-7岁儿童；另一种是3-4岁阶段，该年龄段教育虽然不属于义务教育范畴，但有多种形式的机构提供免费教育。近年来，英国政府出台了多项促进学前教育普及与质量提高的全国性学前教育政策，其中就包括在全国推行3-4岁免费学前教育的政策。目前，英国3-4岁儿童入园率已达99%。[1]

近年来，随着英国政府和民众对学前教育性质、功能和地位的深入认识与观念更新，学前教育在英国学制特别是终身学习框架中的地位与作用正在悄然变化，尽管目前关于英国学前教育在学制系统中的地位与作用尚无法定意义上的重新调整，但是从新工党政府执政以来对学前教育的改革来看，促进不同机构实施不同类型学前教育的融合与贯通，建立有利于零至七八岁英国儿童全面发展与幸福生活的早期教育公共服务体系，并将该阶段教育作为英国公民终身学习的起点与重要基础，已经成为当前英国对学前教育性质、地位的新共识。

二、管理体制

英国的学前教育管理体制总体上属于中央与地方政府均权型的学前教育管理体制。

（一）早期教育权限明晰

中央与地方政府的早期教育权限定位清楚、明了，两者在早期教育的行政管理方面密切合作。中央政府负责制定学前教育政策、制度，统一学前课程标准，通过督导机构监察地方教育当局和教育机构，并对其进行领导和管理，负责公立教育经费包括"确保开端"等学前教育项目的财政投入，负责批准地方当局的教育预算、机构设置与教育规划，设专职督学对学前教育进行独立督导。地方当局对提供学前教

---

［1］ASSET MANAGEMENT STRATEGY. https://www.education.gov.uk/publications/eOrderingDownload/DCSF_AMS_2007.pdf [EB/OL]. 2013-2-28.

育学校提供经费支持，分配中央政府对保育教育供应者的拨款，协调和支持当地的学前教育供应者，为家长的保育选择提供信息服务，协调学前教育领域的员工培训以及实施当地所制订的保育计划等。

（二）学前教育权力上移

在布莱尔工党政府之前，英国早期教育的权力主要集中在地方教育当局，20世纪90年代以来，英国中央政府逐渐加强对学前教育发展的统一管理，地方当局权力削弱，而中央政府权力强化。

工党政府执政以来，英国政府先后制定并出台了许多项针对学前教育发展的全国性重要政策。从1998年的"国家儿童保育战略"（National Childcare Strategy）、2003年绿皮书[1]《每个儿童都重要：为了儿童而改变》（*Every Child Matters: Change for Children*）、2004年"家长的选择，儿童最好的开端：儿童保育十年战略"（Government's Ten Year Strategy for Childcare, Choice for Parents：the Best Start for Children），到2006年的"早期基础阶段法定框架"（Statutory Framework for the Early Years Foundation Stage），中央政府加强了对学前教育改革和发展的统一领导与管理，开始承担起越来越重

---

[1] 英国政府的施政报告主要是采用绿皮书和白皮书两种，这两种报告是政府在吸收调查委员会建议基础上提出改革设想和政策意向的重要载体，同时也为公众、利益团体提供机会据此提出意见和建议。绿皮书（Green Paper）是由政府发表的一种政策咨询性文件，通常包括几种不同的、可供选择的政策选项。在广泛进行辩论和咨询以后，政府通常将在白皮书中提出确切的建议。

蓝皮书用于官方文件时，主要指英国议会的一种出版物。因为封皮是蓝色，所以称为蓝皮书。开始发行于1681年，至到1836年才公开出售。其名称是《英国议会文书》，是英国政府提交议会两院的一种外交资料和文件。

英国在各项重大教育政策和立法过程中都伴随着政府发表的包括绿皮书和白皮书在内的诸多政策文件。如，1976年教育与科学部出版的黄皮书《英格兰的学校教育：问题与倡议》、1977年皇家督学团发表的教育红皮书、1977年教育与科学部发表的绿皮书《学校中的教育：一份咨询文件》、1985年教育与科学部发表的白皮书《把学校办得更好》等。

要的学前教育责任。

另一方面，自从1988年《教育改革法》以来，英国《儿童保育法》等均对国家教育部在学前教育方面的职责作出了明确规定，为中央政府更多地介入与管理学前教育提供了法律依据。2007年，英国政府对教育主管部门[1]作出重大组织调整，将原有的教育和技能部（Department for Education and Skills, DES）一分为二，新成立的儿童、学校与家庭部（DCSF）的宗旨即加强英国政府对包括学前教育在内的儿童发展与基础教育的行政管理与领导，更有效地促进儿童、学生及其家庭的健康发展。

（三）部门间合作增加

工党政府改革后的早期教育管理的主要特点是单一部门主管、多个部门合作模式。

在中央层面，主要表现为变革和调整教育行政管理机构，加强政策的协调统一。2007年，政府将原有的教育和技能部拆分为两个部门，形成了儿童、学校和家庭部与创新、大学和技能部（DIUS）。在英国教育史上，新成立的儿童、学校和家庭部在负责以往学前教育职能的基础上第一次将影响儿童各个方面的政策整合到一起，从而能够更好

---

[1] 英国教育部成立于1944年，1964年改称为教育和科学部，教育和科学被英国人认为是保持其经济、政治实力的基础。教育和科学部的设置，反映了英国政府打算将教育与科学两块工作结合在一起进行统筹考虑的思想。教育和科学部的名称持续了28年之后，1992年又更名为教育部。三年之后，为了适应知识经济的发展，为使学校培养的人才更好地适应社会现实要求，英国政府认为教育应当更多地与学生未来的就业联系起来，为此，教育部于1995年更名为教育和就业部。2001年工党大选胜利后，为适应终身学习的需要，将教育和就业部更名为教育和技能部。这一系列变化反映了英国政府的教育焦点已从教育与学生初入社会的一次性连接，调整为教育与学生终身学习、工作、生活的深远连接。六年之后，布朗首相执政，对教育部继续进行重组，将原有的教育和技能部分成儿童、学校和家庭部与创新、大学和技能部，其职能也相应地发生了变化。

地应对每个儿童在学习、健康以及获得幸福上所面临的挑战。在地方层面，英格兰地方教育行政机关原为地方教育局，根据2004年《儿童法案》，"地方教育局"（Local Education Authorities，LEA）逐渐改为"地方当局"（Local Authorities，LA），其职责包括儿童和青年教育、儿童社会服务、儿童健康等，进而建立了一个强有力的管理、报告、统辖、合作和检查程序来确保有效工作和促进儿童的成绩。

除了教育行政机构的变革和调整以外，儿童、学校和家庭部与地方当局不断加强同相关部门的协调合作，共同促进学前教育的健康发展。在中央层面，儿童、学校和家庭部作为主要的教育行政部门就"开端计划"与就业及养老金事务部合作，并同卫生部、财政部等其他部门合作来协调学前教育的相关政策；教育标准局（Office for Standards in Education，Ofsted）则负责英格兰所有托幼机构的注册和督导工作，以确保和提高英国学前保教的质量。在地方层面，2003年绿皮书《每个儿童都重要：为了儿童而改变》、2004年的《儿童法案》和2006年的《儿童保育法》等政策文本和法律明确规定了以地方当局为领导并同健康服务和就业中心等其他相关伙伴合作的协议，从而切实履行法案所规定的其在儿童早期服务方面的职责，而每个地方当局的相关伙伴也必须同地方当局以及其他相关伙伴参与协议的制订，共同合作。由地方当局领导的基于《儿童法案》对相关部门合作这一职责的规定而建立起来的儿童信托（Children's Trust），已成为地方上所有和儿童发展相关的地方机构和其他致力于儿童发展的个体及团体的联合体，从而能够更好地提供服务并应对整合服务变化。

总的来说，儿童、学校和家庭部的建立进一步密切了学校、社会和家庭之间的联系，将影响儿童各个方面的政策统整起来，推动儿童及青少年有关政策的协调发展；地方当局负责包括教育在内的儿童服务，通过设立儿童信托来统整当地的儿童服务，并以制订协议的形式来保证合作的实效。"打破部门间的组织性障碍，并通过建立相应的机制来保障和推动部门间的协作与整合，既有助于充分利用多种资源实现管理目标，提高学前教育管理和服务的效益与效率，更有助于满足学前儿童在教育、保育、健康、安全等诸多方面发展的需要，进一步促进儿童全面、健康的发展。"[1] 当前英国教育行政部门正同健康、就业等部门通力合作，将学前教育融入整个儿童早期服务中去，发挥"整合力量"在儿童发展中的效用。

三、财政投入模式

英国学前教育在20世纪一直缓慢发展。近年来，随着"每个儿童都重要""儿童十年保育战略"等一系列国家政策的出台，"确保开端"计划的实施以及3-4岁儿童免费学前教育的推行，政府财政投入有了大幅度的提升。英国学前教育机构（3岁及以上儿童）总开支的94.9%来自公共资源，只有5.1%来自私人（家庭）资源。[2] 因此，英国早期教育经费来源主要是政府财政的投入，其投入形式主要有三种，即政府间转移支付、专项拨款和税收抵学费。除了政府的财政投入以外，还有社区中心的服务收入、募捐活动的收入和家长的捐赠等。

（一）政府间的转移支付

政府间的转移支付一般是上一级政府对下级政府的补助。在英国

---

[1] 庞丽娟，刘小蕊：《英国学前教育管理体制改革政策及其立法》，载《学前教育研究》，2008（01）。

[2] Starting strong 2 http://www.oecd.org/newsroom/37425999.pdf [EB/OL]. 2013-1-21.

是中央政府经由地方政府实现转移支付。

英国政府对学前教育机构的财政投入，除直接拨款学校附设的托儿所或托儿班的经费由中央财政直接拨付外，主要是通过地方政府对中央财政投入的二次拨付下拨到学前教育机构。中央政府提供给学前教育机构的经费经由儿童、学校和家庭事务部分配给地方当局（2006年的地方政府白皮书引入了一种新的拨款机制，在这一框架下会减少限制性拨款，而"确保开端"项目、儿童早期和保育拨款仍然属于拨款范畴），如用于学龄前儿童至16岁儿童的专用拨款正是经由儿童、学校和家庭事务部分配给地当局的。

对于学校专用拨款，儿童、学校和家庭事务部并不要求地方当局以某一特定的方式来分配这些经费，但《3-4岁儿童免费早期教育供应的实践准则》明确指出，地方当局在分配经费方面必须公正，同时要考虑地方的具体情况，并由地方当局决定每个儿童在每一学期所需的经费数额，向那些免费早期教育供应者发放经费。[1]

学校专用拨款不仅保障了适龄儿童获得免费的早期教育，而且保证了每个免费早期教育供应者（包括公立、私立机构和自愿组织）能够依照基础阶段标准和全国保育标准提供教育服务。学校专用拨款依据每个地方当局在1月份统计的学生人数乘以单位补助金额的总额向地方当局分配经费，使所有的儿童能够以同样的基本费用来获得资助。[2]

这就确保了每个地方当局都可以获得充足的经费来为当地3-4岁

[1] Explanatory Memorandum to the Early Years Foundation Stage (Exemptions From learning and Development Requirements) Regulations 2008 [EB/OL]. http://www.opsi.gov.uk/si/si2008/em/uksiem_20081724_en.pdf,2012-08-17.

[2] Sure Start. A Code of Practice on the Provision of Free Nursery Education Places for Three- and Four-Year-Olds [EB/OL]. http://www.surestart.gov.uk/_doc/P0002205.pdf, 2010-08-16.

的儿童提供部分时段的免费早期教育，而不用考虑家长是否选择进行公立或非公立的学校来获得这一免费权利。充足的经费保障以及科学的拨款方式不但使每个3—4岁的儿童获得了免费教育的权利，也保证了所获教育质量的一致性，达到优质基础上的真正的公平。英国同样也将非公立学前教育机构纳入财政资助范围，凡是符合条件且愿意提供3—4岁儿童免费早期教育的非公立机构都能获得地方当局的拨款。这一拨款通过学校专用拨款形式分配给地方当局，再由地方当局分配给那些提供3—4岁免费早期教育的公立和非公立机构。[1] 私立学前教育机构分担了政府的部分职责，为幼儿提供了公共教育服务，政府对私立机构实施财政资助，保证了不同类型学前教育机构和就读于不同类型学前教育机构的幼儿都能公平地享有幼儿教育财政经费的支持。

（二）专项拨款

英国政府的专项拨款是基于项目的拨款，即中央政府或有关部门下拨的具有专门指定用途或特殊用途的资金，用以资助作为国家优先发展重点的特定服务或活动。专项拨款的使用需要进行单独核算，专款专用，不可以挪作他用，余额需要返还，也不可以结转到其他项目继续使用。

"确保开端"项目是英国1998年针对处境不利儿童的一项学前教育方案，该项目将服务对象首先定位于贫困地区儿童和处境不利儿童，通过提供全面、整合式的优质服务促进儿童和家庭的共同发展，提高幼儿的生活质量。"确保开端"项目拨款由儿童、学校和家庭事务部以限制

---

[1] Explanatory Memorandum to the Early Years Foundation Stage (Exemptions From learning and Development Requirements) Regulations 2008 [EB/OL]. http://www.opsi.gov.uk/si/si2008/em/uk-siem_20081724_en.pdf, 2012-08-17.

性拨款(Ring-Fenced Grant/Specific Grants)的方式分配给地方当局。

　　儿童、学校和家庭事务部会就拨款的结构和主要的资金流向对地方当局作出说明。该项目的主要组织机构是"确保开端项目中心"。目前，英国全国已有"确保开端项目中心"2907个，为220万幼儿及其家庭提供综合性服务。与"提前开端"项目性质类似，其经费投入也由政府拨付，政府不但进行专项拨款，并且逐年增加投入。以"确保开端、早期教育供应和保育"的预算拨款("确保开端"项目经费投入占重要比例)来说，2007—2008年度预算拨款的数额约为17.6亿英镑，是2003—2004年预算拨款数额（约5.3亿英镑）的三倍之多。[1] 值得一提的是，先前由中央直接拨款和管理的英国"确保开端"项目正逐步转化为中央负责拨款、指导和监督，地方当局负责项目的资金分配和管理模式的创新，以更好地满足各地区儿童和家长的需要，而这一调整值得我们思考和借鉴。

　　（三）税费抵学费

　　税费抵学费是一种变相的早期教育投入形式。在英国，家长可以通过儿童抚养税费抵扣（Child Tax Credit）和工作所得税费抵扣（Working Tax Credit）等方式来抵消部分保育费用。抚养儿童税费抵扣始于1999年10月，是一项和收入相关的、为家长（无论工作与否）和仍然在接受全日制教育的青年提供的津贴，主要目的在于鼓励家庭为幼儿购买保育服务并提升保育机构员工的薪金待遇。90%的儿童家庭有资格获得这项抵扣，可获得的具体金额视家庭的具体情况而定。获得工作所得税费抵扣的条件是0-14岁儿童的家长每周工作时间等于或

----

　　[1] Appropriation (No. 2) Act 2007 [EB/OL]. http://www.opsi.gov.uk/acts/acts2007/pdf/ukp-ga_20070010_en.pdf, 2010-08-12.

高于16小时且属于低收入群体。幼儿必须在相关保育机构注册，独生子女家庭能够经由抚养儿童税费抵扣获得每周70英镑的补助，双子女或多子女每周可获得105英镑的补助。真正发放到家长手中的补助金额度会因为抚育孩子的数量、家庭收入、保育开销等方面的不同而有所区别，但如果家庭收入提升，补助金额会相应减少。总体而言，补助金额将控制在注册和保育总费用的70%。年收入低于14 000英镑的独生子女家庭和年收入低于17 000英镑的双子女或多子女家庭获益最大。[1]工作所得税费抵扣中包括了一个专门项目来补助工作父母的保育花费（注册的或取得许可的保育服务）。这一项可为家长提供高达80%的儿童保育费用的补贴。对于家长能够收回的每周保育花费有一定的金额限制，其多少与其所需支付保育费用的幼儿数量有关。具体规定如下：为一名幼儿支付保育费用，可获得的最高税费抵扣是每周175英镑；为两名或更多幼儿支付保育费用，可获得的最高税费抵扣是每周300英镑。[2]

此外，为了提高办学质量，鼓励学校之间开展公平竞争，英国政府于1997年4月起在全国推行"证券计划"（Voucher Scheme）。"证券计划"只是针对4岁的儿童，它实际上是一张票券，一张票其价值相当于1100英镑，地方教育当局将票发给家长，家长把孩子送到哪个学校，就将票交给哪个学校，学校将所收得的所有票券上交地方教育当局，由地方教育当局再上交中央政府，中央政府根据票券的数额，拨款给地方教育当局，再由地方教育当局拨款给学校。

---

[1] Bertram,T.,Pascal,C.. The OECD Thematic Review of Early Childhood Education and Care: Background Report for the United Kingdom [EB/OL]. http://www.oecd.org/dataoecd/48/16/2479205.pdf, 2011-06-12.

[2] Benefits and help for parents going back to work: Directgov-Parents [EB/OL]. http://www.direct.gov.uk/en/Parents/Childcare/DG_4016029,2008-07-12.

第二节　英国学前教育机构

英国的学前教育办学主体在长期的发展过程中，随着社会的发展和满足家长的需求而产生，机构种类较多，类型灵活、多样。

一、办学主体

(一) 幼儿学校 (班)

幼儿学校(班)由教育部门负责。幼儿班主要附设在小学里，招收3-4岁儿童，进行1-2年的学前教育，是英国学前教育机构的主要类型之一；幼儿学校单独设立或者附设在小学里，招收5-7岁儿童，与小学教育合称初等教育，属于义务教育范畴，相当于中国的小学一、二年级，但也有区别，英国的幼儿学校没有明确规定的家庭作业。幼儿学校 (班) 以半日制为主，全日制为辅，半日制分为上午来校来班(9:00-下午1:30) 或下午来校来班 (1:00-3:30)。适龄儿童就近入校入班。其中，幼儿学校的规模普遍十分庞大，每班人数从40名到120名不等，师幼比例达到1：10-1：13。1990年，英国共有幼儿学校1364所，教师3.1万人，入校 (班) 儿童有79.3万名，其中在私立幼儿学校中的儿童占6%。[1]幼儿学校 (班) 无正式课程，日常活动以游戏为主，比较重视从儿童的需要出发设计课程，为儿童提供安全、轻松的环境，为儿童入学作好准备。教师带领幼儿做各种户内、户外游戏及唱歌、跳舞、画图画、讲故事等，同时，教师还指导儿童以泥、沙、木材等为原料做简单的手工作业，并进行一些简单的读、写、算教学。

---

[1] 英国幼儿园管理经验借鉴. http://y.3edu.net/gljy/89061. html[OB/OL]. 2012-12-30.

（二）保育学校（班）

保育学校是独立的幼儿教育机构，招收2–5岁儿童，是学前教育机构的主要类型之一；保育班附设在小学里，招收3–5岁儿童。保育学校（班）的主要任务是对儿童进行保健和教养，不属于义务教育范畴。[1] 保育学校（班）因设立单位性质不同，一般可分为五类：（1）地方当局设立的保育学校；（2）附属于幼儿学校或初等学校的保育班；（3）直接接受教育和科学部补助的学校（需接受教育和科学部的视察和督导）和被认可的独立保育学校；（4）独立保育学校（学校财政独立，不受公款补助）。其中，前两者又被通称为政府和地方当局维持的保育学校（班）（Maintained Nursery and Class），可分为：自治郡保育学校（County Nursery School）、天主教自愿性保育学校（Roman Catholic Voluntary School）、教会自愿性保育学校（Denominational Voluntary School）。最后一类政府独立保育学校又可分为地方教育当局管理的独立中小学附设的独立保育学校、卫生福利部管理的只招收5岁以下幼儿的独立保育学校两大类。

（三）学前游戏小组

学前游戏小组又可称为游戏班，主要由卫生保健部门负责，是英国不同于其他国家特有的特色学前教育机构。

20世纪60年代初期，英国民间一些有识之士在一些大城市和手工业地区设立简易幼儿园，名为"学前游戏小组"。这种游戏小组既设在地区公用房间、学校空余教室或教堂中。也设在农村及没有幼儿学校和幼儿班的地方。由儿童的家长（主要是母亲）为2.5–4岁儿童准备

---

[1] 霍力岩：《学前比较教育学》，100–101页，北京师范大学出版社，1998。

许多玩具、图书、磁带等游戏工具，以及游戏伙伴、游戏空间和时间。

儿童定时前去玩耍，还可将游戏小组的玩具、图书等借回家去玩一两周。小组一般每周开放2-3次或者3-4天，每次2-3小时。游戏小组重视自由游戏，鼓励幼儿参加户外活动，在没有合适场地的情况下，活动也可在室内进行。每个游戏小组平均20-24个儿童，最多不超过40名，由1名负责人和2名助手负责管理，家长可自愿帮助教师管理，师幼比例为1：8左右。管理游戏小组的有从事过儿童工作或受过专门训练的工作人员，也有部分正式合格幼儿教师。

对于学前游戏小组设立的目的和任务，1962年成立的"学前游戏小组协会"这样认为：（1）协助家长了解5岁以下儿童的需要，帮助他们认识自己的工作职责。（2）保证为儿童提供丰富的有促进作用的游戏活动，通过游戏，使儿童得到全面发展。（3）鼓励家长参加游戏小组及其他学前机构的活动。（4）游戏小组应在教育方面帮助儿童及家长。（5）与官方及各级学校合作，建立和发展游戏小组与其他组织的良好关系。（6）探讨如何使每个儿童在班内外取得进步的方法。

我们也可以这样认为，学前游戏小组不仅注重给儿童创设开展各种游戏的机会，启发儿童去探索、发现、交往，也鼓励父母积极参与，增强家长作为教育者的作用。其巨大作用在于为父母、特别是母亲提供交流、学习的机会，使成千上万的家庭能从中获益。父母通过定期参加儿童的游戏，能了解自身的教育价值，提供自信心，在家庭中更好地教育儿童。

游戏小组虽然并非国家正规学前教育机构，但其社会效益和影响很大，一定程度上缓解了正规学前教育机构不足导致的部分社会问题。正因如此，近几年来，学前游戏小组更加重视对工作人员的培训，对机构的管理和监督，有效地提高了学前游戏小组的质量，吸引了越来越多的儿童。据统计，1990年全国注册的学前游戏小组有1.8万个，1996年上升到2万个，服务于80万名5岁以下的儿童。[1] 目前，这种形式不仅得到了英国官方的支持，而且还被世界学前教育组织评价为一种适应现代社会的新的学前教育机构形式。

（四）托儿所

英国的托儿所分为日间托儿所和寄宿托儿所。托儿所在社会福利机关登记立案，主要招收2—5岁儿童，主要以保育为主，依据家庭经济情况收费。托儿所一般招收不超过30个儿童，师幼比大约为1：13。英国的托儿所给人感觉一般是自由而且没有组织性，但这恰好是英国学前教育的特色。

托儿所的教育对象不仅有年龄限制，还有一个优先选择儿童的标准：(1) 高度危险儿童，包括非意外伤害所造成的严重障碍儿童、复杂问题家庭的儿童。(2) 中度危险儿童，包括单一家长的儿童、隔代照顾的儿童、处境不利儿童、家庭文化刺激贫乏的儿童、生理有缺陷的儿童等。

近年来，社会安全和健康部、教育和科学部共同发展联合性的保育托儿机构。目前，全国儿童之家和儿童局也参加与支持这种联合性的托儿机构。另一个方面的发展，便是信息技术已在英国的托儿所里得以广泛应用。每所托儿所的每个班级里都有一台计算机，孩子们可以使用计算机玩许多游戏。信息技术辅助教学由于图、文、声并茂，使孩子学起来轻松愉快，教学效果明显，已被越来越多的学校所采用。

---

[1] 英国幼儿教育介绍http://www.workpermit.com.cn/jiaoyuyufuli/7564. html. 2013-3-18.

（五）日托中心

英国日托中心由卫生部门领导，地方当局、企业单位及私人团体开办，属于社会福利性质。不论是公立的日托中心还是私立的日托中心，都必须接受地方福利部门的定期检查，只有在教师资格、环境设施等方面符合要求以后，才予以注册，允许招生、开班。

日托中心全年开放，主要招收由社会救济部门送来的或因母亲外出工作无人照看的出生8周–5岁的儿童，主要由保姆负责保育照顾。日托中心开放的时间为上午8:00–下午6:00。按儿童年龄进行分班，不同年龄班规模不同，师幼比也不同，在0–3岁年龄班，最多只能有6名儿童，在3–5岁年龄班，最多只能有10名儿童，师幼比从1∶3到1∶4或1∶5。

目前，日托中心在英国是一种为少数幼儿服务的特殊设施，数量并不多，且入园幼儿很少，不及保育学校的十分之一。1980年，有13.1万所日托机构，1991年增长了36%，1993年增加到近33万所，基本上满足了工作的父母及社区的需要。

（六）联合托儿中心

联合托儿中心设立的主要目的是为了父母的工作方便，招收0–5岁儿童，全年开放，每天从上午8:00–下午6:00，父母可根据工作需要，接送孩子。为了使保育与教育能有机地结合起来，使幼儿园、家庭、幼儿三方面都能受益，该机构鼓励父母积极参与中心的活动，并设有父母屋，将父母参与的可能转变成现实。

（七）家庭开办的保育机构

家庭开办的保育机构，也称家庭保育，也是英国学前教育的一大特色之一。只有符合健康、安全标准，经地方社会服务部注册以后的家庭，才能开办保育活动。全年全日开放，由主妇担当教育自己孩子和别人孩子的重任，最多只允许照看3个5岁以下的儿童（包括自己的孩子）。近些年来，国家格外重视对家庭保育的管理，政府资助保育者培训工作，成立国家儿童保姆协会，在儿童法中规定保育者必须注册等，以提高儿童保育者的素质，充分发挥其作用。

（八）学前教育中心

学前教育中心具有多重目的，这些中心朝不同方向发展。每个中心都立志迎合当地的特殊需求以及为幼儿提供最好的照顾与教育，为父母及儿童提供良好的设备。有些还成立妈妈娃娃班、游戏小组和其他一些非正式的托儿班，他们提供看护和养育的服务。工作人员包括一位合格教师、几位受过专业训练的护士，有时还有一位社会工作人员和一位医护人员。

学前教育中心有一种比较有名的组织形式，叫做父母婴儿小组。父母婴儿小组的前身是母亲婴儿小组。后来，由于父亲的参与，母亲婴儿小组发展成为父母婴儿小组，主要为3岁以下儿童服务。大多数婴儿小组每周活动一次，每次两小时，孩子们在一起做游戏，保教工作者和家长（如孕妇、父母、祖父母）或其他对婴儿教育感兴趣的人共同讨论教养子女中的问题，分享彼此的快乐。

除了以上八种主要的学前教育机构，英国还有一些以计时性为主、满足家长随时接送孩子需要的学前教育机构，比如，社区中心婴儿室、4岁幼儿班、学前班、亲子小组（私人或团体举办）、儿童保育中心。

二、机构类型

根据财政来源的不同，英国学前教育机构可分为三种最基本类型：(1)由国家或地方政府等提供经费支持的非营利性公立幼教机构。(2)由民间团体、个人兴办，接受政府财政资助及监督的营利性幼教机构。(3)符合政府办园标准，自筹经费、自行管理的独立营利性幼教机构。前者以3-5岁幼儿为主要服务对象。后两者均以0-3岁幼儿为主要服务对象，并兼顾3-5岁幼儿。后两者因为是营利性机构，家长需要承担大部分的保教费用。从办学性质来说，英国公立与私立的学前教育机构各占一半。公立的学前教育机构主要着眼于3-5岁幼儿的保教，而私立的学前教育机构则主要着眼于填补0-3岁幼儿保教的政府空白。随着政府加大对公立学前教育机构的扶持力度，公私分立的格局愈加明显。

按照学前教育举办部门的不同，英国学前教育机构可分为四种常见类型：[1](1)社会福利部门举办的早教育机构，包括日托中心、托儿所、社区中心婴儿所。(2)教育部门举办的学前教育机构，包括(小学附设)托儿所、幼儿学校(班)。(3)卫生保健部门举办的学前教育机构，包括日托中心、学前游戏小组。(4)私人或团体举办的学前教育机构，包括(教会)托儿所、幼儿学校、学前游戏小组、亲子小组、儿童保育中心。

根据幼儿在园时间的长短，英国学前教育机构可分为主要的四大类：[2](1)寄宿制；(2)全日制；(3)半日制；(4)计时制。除此之外，

---

[1]刘存刚：《学前比较教育》，122-123页，北京：科学出版社，2007。

[2]胡福贞：《当代英国学前教育机构的发展特征》，载《幼儿教育(教育科学版)》，2007(48)。

在地广人稀的乡村，还存在着季节性、流动性的学前教育机构。当然，随着信息技术在教育教学中的普及应用，英国还出现了网络保教服务，能够为不在幼教机构服务区的幼儿及其家长提供丰富、灵活的保育与教育。

根据为学前儿童提供服务的类型差异，英国学前教育机构可分为两个主要类型：（1）传统的为一般幼儿开办的以保育和教育为主的保教机构。（2）发展中的为特殊教育对象服务的专门学前教育机构。后者的发展实则充分体现了当今幼教机构的多样性特征日益突出，这些专门的学前教育机构包括专门照顾残障儿童的特殊教育中心、为超常儿童开办的"天才儿童教育中心"、为家长开办的"亲子中心"以及为准备入学的幼儿开办的"预备班"等。

根据学前教育机构的功能来分，可分为两类：（1）教育型（比如幼儿学校等）；（2）照料型（比如托儿所、社区中心婴儿室、家庭保育等）。

第四章

美国学前教育政策的价值取向（上）

美国联邦政府实施学前教育的行政管理行为较晚，并受到了欧洲的影响。早期学前教育一直是民间行为。在冷战时代，美国出于国家战略考虑将学前教育的管理上升为国家行政管理的一部分，之后开展了对教育包括学前教育在内的教育行政管理活动，其中有对处境不利儿童的教育和社区学前教育等内容。

第一节　美国学前教育政策的发展

19世纪末，美国的经济和科技的发展都在资本主义世界处于领先地位。美国的学前教育起步比较晚，一开始主要是受到欧洲尤其是英国学前教育发展的影响。直到19世纪中期，才有了真正意义上的学前教育机构。虽然美国的学前教育事业起步迟缓，但是一经产生便迅速地发展成长起来，到20世纪初期，美国学前教育已经形成了以公立幼儿园为主体、私立幼儿园和慈善幼儿园多种形式并存的体制。

一、公立幼儿园的产生和发展

从19世纪20年代开始，美国掀起了一场大规模的公立学校运动，建立起一大批由政府开办、公款维持的公立学校。这个时期公立学校产生的原因主要有两个方面：一是工业人口迅速增加，需要受教育的人越来越多，而数量有限的私立学校已不能满足这一要求；二是资产阶级政治生活的需要使教育为选举活动服务。因此，当时提出了这样的口号："受教育应是每个公民的权利。"大力倡导开办公立小学、公立中学和公立师范学校。这场公立学校运动也波及到学前教育。

1873年，在密苏里州的圣路易市建立了美国第一所公立幼儿园，这实际上是在一所公立小学里附设的幼儿园，它的创建者是当时的圣路易市教育局长威廉·哈里斯（William Harris）。哈里斯是公立学校运动积极的支持者，他受到伊丽莎白·皮博迪的影响，从很早就推崇福禄倍儿的教育思想，对学前教育的发展十分关心。他在1873年之前，就向圣路易市的教育委员会提交了一份报告，在报告中要求把学前教育作为学校教育制度的一个组成部分，为此还进行了积极的活动，终于在1873年实现了创办公立幼儿园的设想。第一所幼儿园的建立和成功举办，在美国产生了很大影响，波及全国各地，从而促进了公立幼儿园迅速普及和推广。而把幼儿园教育作为学校教育制度的组成部分这个观点，也逐渐得到了教育界的普遍承认。到1878年，圣路易市已有53所公立幼儿园。到1914年，全国公立幼儿园已有7554所，几乎所有大中城市都建立了公立幼儿园制度，从此学前教育成为公共教育制度的一部分。这种公共教育性质的幼儿园首先是把增进幼儿自身的幸福作为教育的目的，同时也保证学前教育的机会均等。正是由于这一特点，公立幼儿园才在美国各州迅速发展起来，公立幼儿园的建立推动了幼儿园教育在美国的普及。

二、创立和发展的学前教育政策

20世纪50年代之前，美国的幼儿教育并没有引起国家足够的重视，也没有相应的法规和政策加以保障。这个时期的美国学前教育发展是以民间自发、自下而上的形式创办和传播的，推动学前教育改革和发展的不是政府，而是有社会抱负、公民理想的启蒙者、知识精英和教育家。

1957年，苏联发射了第一颗人造地球卫星，美国大为震惊，于1958年颁布《国防教育法》，开始大抓以智力开发为重要目的的教育改革。1957—1965年，美国进行了九年的教育改革，力图改变教育与科技的落后状态。作为教育体系的基础，美国学前教育受到政府和国家的高度重视，其社会地位自此发生了根本性的变化。这一时期美国学前教育改革与发展主要体现在两个方面：一是以"开端计划"为核心的使贫困家庭幼儿教育机会均等的运动；二是为适应"知识爆炸"对教育提出的新调整而进行早期智力开发的研究和实验运动。总之，到20世纪八九十年代，幼儿教育已经成为美国教育系统中最有生气和发展最快的部分之一。

（一）开端计划

"开端计划"是美国政府为实现幼儿教育机会均等的目标而实行的一项重要计划。其理论和现实的依据主要是芝加哥大学心理学教授的理论研究、佩里学前教育研究计划的实验研究和美国参议员哈伦顿的调查报告。

1964年，布鲁姆出版新著《人性的稳定与变化》，论述了环境变化对智力的影响。他研究发现，同样8岁的儿童，在良好环境中成长的与在恶劣环境中成长的智商差达16，这说明为幼年期儿童提供良好的文化环境具有必要性。布鲁姆的研究成果为给所有幼儿以均等教育机会的主张提供了重要的理论根据。

佩里学前教育研究计划（Perry Preschool Program Study）是20世纪60年代由赫斯（High Scope）教育基金会组织，儿童心理学家维卡特领导，探讨学前教育成效的一项长期跟踪研究计划。1962-1965年，维卡特领导课题组在密执安州伊皮西兰特（Ypsilant）一个黑人贫民区招收了123名3-4岁、智商为60-90的黑人儿童做测试。所收儿童随机分为两组，一组为实验组，另一组为对比组。对实验组的儿童进行全面学前教育，并定期家访；对对比组的儿童不采取任何措施，听其自然。被试儿童年满5岁后则安排进入同一幼儿园及学校。此后，对两组孩子持续跟踪至成年，记录他们在各年龄阶段的发展及表现，并且比较异同。分析结果表明：实验组孩子虽然只是多经历了1-2年的学前教育，其后该年龄组的发展却均胜过对比组。例如：（1）智商：实验组儿童4岁时高于对比组的数据为13；5岁时为11；6-7岁时为5。（2）精神发展迟缓比率：实验组为15%；对比组为49%。（3）19岁时进大学（或接受职业教育）比率：实验组为38%；对比组为21%。[1]

在社会道德规范及犯罪率上，实验组也明显优于对比组。此研究结果进一步证实了学前教育在人生中的功效，提高了社会各界对学前教育重要性的认识。

---

[1] 唐淑，何晓霞：《学前教育史》，300页，大连：辽宁师范大学出版社，2001。

1965年，哈伦顿发表《另一个美国：美国的贫困》，指出美国有1/4的人生活在贫困线以下，其中300万人生活在极度贫困线以下，这些人绝大多数是黑人、印第安人和爱斯基摩人，其子女完全得不到适当的早期教育，以致他们不会讲完整的句子，不会握笔，有的连自己的名字都不知道，这些孩子进入小学后很难适应学习环境的要求，因此向这些贫困幼儿提供适当的早期教育机会势在必行。

在上述背景下，约翰逊总统提出"向贫穷开战"的口号，提出解决贫困线以下儿童的教育问题。1965年秋，美国联邦教育署根据1964年国会制定的《经济机会法》，提出"开端计划"（Head Start Program），要求对"处于困境者"家庭的子女进行"补偿教育"。

该计划目标有五个方面：为学前儿童看病治牙，开展为儿童心理发展的服务，为幼儿进入小学做必要的准备，加强对志愿服务人员的培训与使用，开展社会服务与家庭教育。其具体做法是：由联邦财政拨款（当年国会计划拨款9640万美元），将贫困而缺乏文化条件家庭（包括黑人、印第安人、爱斯基摩人以及外来移民的贫困家庭）的4-5岁的幼儿免费收容到公立小学特设的学前班，进行为期数月到一年的保育。保育内容包括：体检、治病、自由游戏、集体活动、户外锻炼、校外活动、文化活动（含手工、绘画、搭积木、听故事、音乐欣赏、传授科学常识）等。为消除他们与其他儿童入学前形成的差异，为入小学做好准备，一般对4岁儿童则进行一年的长期课程教育，对5岁儿童进行为期八周的短期课程教育。

1968年，美国政府制定的"追随到底计划"（Project Follow Through）是"开端计划"的延伸。对象是在"开端计划"中受益的小学低年级学生，其目的是帮助贫苦家庭的儿童在入小学后能继续得到良好的发展。1972年后，"开端计划"要求收纳10%的残疾儿童，并着手进行包括幼儿、家庭和社区在内的综合改革实验及与学前教育机构或小学衔接的实验。

"提前开始计划"实施后受到了人们的高度认可，一系列研究也证明该项目对于提高低收入家庭儿童的入学准备水平、缩小同中产阶级儿童的差距有较好的效果。为了更好地推动和规范该项目，1981年美国联邦政府颁布了《提前开始法》，对"提前开始计划"的拨款数量和款项的使用作出明确的规定，并对该计划的服务对象、服务内容、服务质量的评估以及教师的聘用和培训等各方面提出了具体的要求。

根据1973年统计，全美"开端计划"中心的总数为9400个。平均每个幼儿的费用是：参加一年计划的幼儿每人1800美元，参加季度计划的幼儿每人为922美元。1981年，《提前开始法》规定联邦政府对"提前开始计划"的拨款为10.7亿美元；1990年增加到14亿美元。1995—1998年，每个财政年平均拨款35亿美元以上；1999—2005年，每个财政年拨款数额逐年增至70亿美元；2007年的修订案提出，联邦政府计划在2008年到2010年将拨款数额从73.5亿美元增至80亿美元。到实施以来，"开端计划"的受惠者达830万人以上。[1]

1982年，十多名儿童研究专家的纵向跟踪研究成果表明，"开端计划"促进幼儿的智力、语言、社会情感等方面的发展效果明显。1994年、1998年、2003年、2005年和2007年，美国政府分别对该法案进行了修订以及重新授权，各年修订的内容主要涉及：拓宽"提前开始计划"

---

[1] Department of Health an Human services. Head Start Program Fact Sheet Fiscal Year 2010 [EB/OL]. http://eclkc.ohs.acf.hhs.gov/hslc/Head Start Program/Head Start Program Factsheets/ fHeadStartProgr.htm, 2011-02-23.

的服务对象，提高对教师专业素质的要求和教育质量标准，加强对"提前开始"的管理等。

（二）2000年目标：美国教育法

1989年，美国50个州的州长研究制定了《2000年目标：美国教育法》（*Goals 2000 ：Educate America Act*），提出了六项全国教育目标。克林顿总统上台后把六项全国教育目标增加到了八项，并提交了《2000年目标：美国教育法》草案，该草案于1994年3月正式成为法律，这是美国近十几年来最重要的一部学校教育改革法。八项教育目标中的第一项就与学前教育直接相关，到2000年，所有学前儿童都要做好上学的准备。该目标的具体内容包括以下几点：所有儿童都要接受高质量的、具有发展适应性的学前教育，帮助其做好上学的准备；每个家长都是儿童的第一位教师，需要每天都投入一定的时间来帮助儿童的学习；所有儿童必须获得生长所必需的营养、卫生保健和体育锻炼，以便他们进入小学时具有健全的头脑和强壮的体格。

《2000年目标：美国教育法》是美国政府把教育改革作为提高经济竞争力的关键、进一步加强联邦政府对教育干预的体现，而对教育质量的重视和全国统一的教育标准的建立对学前教育阶段的影响也是显而易见的。

（三）《不让一个儿童落后法》

2001年，美国总统乔治·沃克·布什意识到教育，特别是早期教育、基础教育的重要性，于是掀起了进一步加强儿童的阅读、数学、科学水平，提高教育质量的教育改革。2002年正式通过的《不让一个儿童落后法》（*No Child Left Behind Act*）正是这次改革的集中体现。这项改革确定了这样一个目标："每个儿童都应该接受好的教育，也就是说不允许任何一个儿童在学业上掉队，每个儿童必须会学习。"该法主要是为了消除出身低收入家庭儿童与富裕家庭儿童之间的学业成绩差距。

《不让一个儿童落后法》涉及学前教育方面的主要是"阅读优先项目"，该项目旨在帮助各州和学区在幼儿园提高儿童的早期读写能力，为今后的学业发展奠定基础。"阅读优先项目"的主要内容是：创设一套综合性的、州政府范围内的阅读计划，以确保每一个儿童到三年级时都能够阅读；开展公平起点的家庭读写计划；通过儿童早期阅读项目来辅助"阅读优先项目"，在学前计划和"提前开始计划"中资助阅读学习。为了保证"阅读优先项目"的实施，《不让一个儿童落后法》规定2002年对该项目的拨款从2001年的3亿美元增至9亿美元。此外，2002年对"阅读优先项目"的拨款中专门用于"早期阅读项目"的款额为7500万美元，此后连续五年（2003–2007年），联邦政府每年对这两个项目的拨款数额均与上述额度相当。在公平起点的家庭读写计划中，2002年授权拨款数额为2.6亿美元，在随后的五年内，每个财政年度均保证有如上数额的财政拨款用于此项目。 此外，为提高幼儿园和小学阅读、数学、科学等教师的素质，《不让一个儿童落后法》还为这方面的师资培训和聘任提供了充裕的资金，2002年用于该方面的资金为30亿美元，2003年预算更是高达40亿美元。充足的财政投入，使得美国语言教育、数学教育和科学教育师资的培养和培训质量都有了显著的提高，进而有力地促进了美国数学、科学和语言教学质量的提高。

第二节　改善处境不利儿童的学前教育

儿童的受教育权和发展权是儿童权利的重要组成部分。20世纪50年代以前，美国的学前教育一直没有引起人们的足够重视，也没有相应的法规来加以保障。20世纪中叶以来，科技进步带来了社会生活、社会意识的变化，国家对教育提出了新的要求，作为终身教育起始阶段的学前教育得到了社会的空前关注，学前教育民主化问题也随之被提上了议事日程。促进学前教育民主化是美国制定学前教育政策和发展方针的重要出发点和归宿，这种趋势主要体现在对处境不利儿童的补偿教育上。

一、美国"处境不利儿童"概述

（一）概念的界定

近年来，国内对美国"处境不利儿童"研究颇多，在众多的研究中，大都认为"处境不利儿童"是指那些低收入家庭儿童，但是从更广泛的视角来看，"处境不利儿童"包括两类：第一类是由于成长环境存在问题而造成的处境不利的儿童，例如低收入家庭学前儿童、少数民族学前儿童、新移民家庭学前儿童、单亲家庭学前儿童、未婚母亲家庭学前儿童；另一类是指由于个体发展状况存在问题而造成的特殊需要儿童，例如身体残疾的学前儿童和心理发展出现问题的学前儿童。

（二）美国"处境不利儿童"基本情况

根据美国政府调查后公布的一组数字显示，美国在2007年划分的贫困线标准（FPL：Federal Poverty Level）是：两口之家年收入低于13 690美元；三口之家年收入低于17 170美元；四口之家年收入低于20 650美元。[1] 如果根据这个标准，美国的儿童贫困化问题非常严重。目前，全美有1300万名儿童生活在贫困家庭，约占全美儿童总数的18%。在这近1300万名贫困儿童中，0~6岁学前贫困儿童约有500万名，约占全美0~6岁学前儿童总数的20%（全美目前共有0~6岁学前儿童2 400万名）。[2] 全美38个州中，18 000美元以下家庭每年支出家庭收入的30%用于学前儿童的保育。美国家庭中，用于4岁儿童的保育费，每年在3016美元到9628美元之间。每年支付婴儿保育的费用超过了这些家庭用于食物的费用。每年用于支付婴儿保育的费用超过了医疗费用和用于购买衣物的费用。美国有49个州的家庭供应两个学前儿童保育的费用超过支付房租的费用。[3] 可见，贫困家庭在学前教育方面的负担十分沉重，需要政府和社会给予帮助。

美国是一个移民国家，移民潮造成其人口在语言方面、种族方面及文化方面具有多元性。因此，美国的流动儿童有着多种背景，他（她）们有的是跨区务工人员的孩子，有的来自于暴力家庭，有的是父母工作不稳定和家庭高度贫困，有的则来自军人家庭或者移民家庭。早在1994年，美国的国家统计数据显示，当时就有50万孩子在小学一年级到三年级期间换过三所学校，30%低收入家庭的孩子换过学校。[4] 高度

---

［1］2007 HHS Poverty Guidelines. [N/OL].http://aspe.hhs.gov/POVERTY/07Poverty shtm.2010-3-22.

［2］Low-Income Children in the United States[EB/OL].http://www.nccP.org/Publieations/pdf/text. pdf.2010-3-22.

［3］Statistics on Low-Income Families[N/OL].http://www.secondharvest.org/learn-about-hunger/ fact-sheet/lowin Come-families.html.2011-3-22.

［4］李久军，刘冲：《美国保障流动儿童受教育的经验与启示》，载《基础教育参考》，2007（10）。

流动性对学生学业的影响是较为严重的，比如说，他们一般需要比较长的时间从流动状态转变过来，投入到新的学习，融入到新的班级中去。美国针对不同类型的流动学生分别采取了有针对性的措施，来保障他们接受教育。

直到20世纪70年代初期，美国残疾儿童的教育依然没有得到足够的重视，一半以上的残疾儿童没有受到适当的教育，另有大量残疾儿童没有被鉴别。为了改变这种状况，国会于1975年通过了《全体残疾儿童教育法》，要求各州为所有3–21岁残疾儿童和青少年提供免费的教育和相关服务，并确立了零拒绝、非歧视性评估、适当教育、最少限制环境、适当核查程序和家长参与等六条原则。

在所有适龄学前儿童中，最需要补偿的对象是那些不能充分获得学前教育和保育的学前儿童。"处境不利儿童"是最容易被忽略的一部分教育对象。大量研究表明，由于早期经验和成长环境的限制，"处境不利儿童"从生命历程的最初时期就陷入不利地位。当他们进入教育机构时，已经在竞争中处于劣势，照此发展下去，在将来的人力资源竞争市场上失败的风险将会更高。从个体发展的角度看，"处境不利儿童"与正常学前儿童在发展初期的差距将在发展历程中逐渐扩大，强者越强、弱者越弱，"马太效应"越来越明显。因此，美国历届政府对这几类学前儿童及其家庭在政策上都给予适当倾斜，力图通过教育改变他们的人生发展轨迹，实现"用教育改变社会的不合理"，最终实现社会的公平。

二、立法保证处境不利儿童的权益

美国最早关于学前教育的法律文本是第二次世界大战期间颁布的

《朗哈姆法案》（*Lanham Act*），规定"联邦政府和地方政府拨专款资助与战争有关的工厂设立学前教育机构"。战后，美国政府在1956年通过的《社会安全法案》修正案中，提出了为职业妇女提供托儿服务的方案。1958年，美国政府通过了著名的《国防教育法》，该法案强调"天才教育"，认为教育应该从孩子抓起，对学前教育的发展起到了一定的推动作用。但是这些都没有涉及到对处境不利儿童的教育和保育。

（一）关注贫困儿童早期教育

第二次世界大战结束以来，美国工业得到迅速发展，国家经济水平大大提高，而与此同时国内贫富差距也不断扩大。此外，战后的美国人口急剧膨胀，黑人运动蓬勃发展，下层人民发出民主和受教育机会均等的呼吁。

肯尼迪（Kennedy）总统提出防止成年时的贫困与依赖性，必须从小开始。随后约翰逊（Johnson）总统提出了"向贫穷宣战"的口号，指出不仅要缓解贫困，并且要救治贫困，最重要的是要防止贫困。1965年，美国政府通过了"向贫穷宣战"的《经济机会法》。根据这一法案，当时的联邦教育总署在1965年开展了旨在帮助贫穷学前儿童接受早期保育和教育的"开端计划"，以期实现"教育机会均等"。

"开端计划"作为一个全国性的大型项目，为保证质量而制定统一的执行标准是十分必要的。"开端计划"的目标、内容和管理都在"开端计划执行标准"（Head Start Performance Standards）中作了明确的规定，这有助于保持"开端计划"的宗旨。根据开端计划执行标准，"开端计划的总体目标是要增强低收入家庭儿童的社会竞争力。社会竞争力意味着儿童每天能够有效地应对当前的环境和日后在学校和生活中的责任"。[1] 该目标是通过四个方面的服务来实现的,包括教育服务、健康服务（包括营养与心理健康）、社会服务、家长参与服务。[2] 其中家长参与服务致力于创造家庭和社区之间的合作与协作关系,让家长参与到教育方案的活动中来,作为儿童教育与发展的主要角色发挥影响力,从而增强他们在儿童教育与发展中的作用;提供结合实际、与家庭早期教育相关的知识和经验,使家长能够利用这些经验来教育孩子,改进自身的经济状况,为孩子的发展提供一个有利的环境。

"开端计划"的主要运作方式是授权地方公立和私营的非营利性与营利性机构,为它们提供资助,以为经济上处境不利的儿童及其家庭提供综合性的社会服务。从"开端计划"执行以来,该项目的管理机构与运行机制就一直在发生变化,但不变的是"开端计划"的政策都是由联邦先行计划处（the federal Head Start agency）、地区办公室（regional offices）、地方获权机构（local grantees）和授权办事处（delegate agencies）多个层级的管理执行机构共同制定的。此外还设有专门的审查小组监察各个获权机构如何以一种独特的方式来实现这些标准,为其提供反馈,以确保地方社区创造并执行满足低收入家庭特殊需要的项目。

"开端计划"是美国历史上第一个由联邦政府创办的为低收入家庭的儿童提供学前教育和健康保健服务的综合性计划,其目的是为低收入家庭的儿童提供一个良好的开端,为他们一生的发展打下坚实的基础,从而斩断贫困循环的链条。"开端计划"创造性地把人类社会生态

---

[1] 李晓红:《美国"先行计划"初探》,西南大学2006届硕士学位论文。
[2] 李敏谊:《从"开端计划"到"稳健起步计划":国际社会建设和谐教育的不懈努力》,载《比较教育研究》,2008（4）。

学理论应用于学前教育领域，它以儿童发展为中心，以联邦政府为主导，以科研为支撑，创立了一个包括学前教育、健康保健、家长参与、社区支持为内容的服务模式，探索出一条促进贫困儿童成长与发展的有效途径。从1965年第一个夏季项目开始实施到20世纪末，经过四十多年的曲折发展，"开端计划"已经成为美国历史上规模最大、持续时间最长也最为成功的贫困儿童早期教育和服务项目。它不仅促进了美国贫困儿童早期教育的发展，而且推动了美国学前教育的整体进步和提高，成为美国高质量的学前教育服务项目的典范，在美国学前教育的发展历程上有重要地位。

（二）《全体残疾儿童教育法》

美国特殊教育的发展位于世界前列，这不仅在于它先进的教学技术和对特殊教育的深入研究，更在于其完备的法律保障体系。在正常儿童学前教育普及率只有24%的1975年，美国即颁布了为所有残疾幼儿提供适当和免费的学前教育的法律。《全体残疾儿童教育法》简称"94-142"公法，该法律在美国特殊教育发展的历史上具有很强的代表性和权威性。该法颁布是美国有史以来第一次立法保障所有特殊儿童具有受义务教育的权利，它促使美国的特殊教育从此驶入快车道，将美国整个特殊教育纳入依法治教的轨道，并逐步严格地在全国范围内实施，使得残疾儿童学前教育的发展速度远远领先于正常儿童的学前教育。在各级政府的共同努力下，美国已普及了残疾儿童的免费学前教育。

《全体残疾儿童教育法》内容全面，从宏观的财政经费安排至微观的残疾学生惩戒，都可以找到具体的法律规定。在这一法案中，有关3-5岁残疾幼儿学前教育的法律条款被称为"学前资金计划"（the

Preschool Grants Program）。[1] 因此，在政策层面上，残疾儿童"学前资金计划"的颁布即标志着美国残疾儿童学前教育先行发展政策的正式出台。因为迄今为止，美国政府并没有为所有正常儿童提供系统和免费的学前教育，1975年时的情况更是如此，当时，美国3-4岁幼儿接受学前教育的比例只有24%，且费用主要由家长负担。[2] 在这样的情况下，美国即以法律形式要求各州为所有3-5岁残疾幼儿提供完全公费的教育，可见美国的立法者们确实是把发展残疾幼儿的学前教育放到了绝对优先的位置。不过，1975年《全体残疾儿童教育法》中的"学前资金计划"是鼓励性而不是强制性的，也就是说，各州可以执行也可以不执行，因此，残疾幼儿的公费学前教育仍然没有可靠的法律保障。

后来该法案进行了若干次修订，如1986年的99-457公法对1975年的残疾幼儿学前资金计划进行修订，将3-5岁残疾幼儿的免费教育上升为强制性的，规定任何申请这一计划资金的州都必须服从。1990年的101-476公法，即《残疾人教育法》(*the Individuals with Disabilities Education Act*)，国会后来又多次对《残疾人教育法》进行修订，目前最新的版本是2004年通过的108-446公法：《残疾人教育法2004年修正案》(*Individuals with Disabilities Education Improvement Act of 2004*)，所有修正案都保留了学前资金计划的条款，并进一步完善和加强了这一条款。[3] 同时以下七个精神仍然是这些法律所强调的，即

---

[1] U. S. Congress. Individuals with Disabilities Education Act Amendments of 1997[R]. Washington, DC: U.S. Government Printing Office, 1997. 5.

[2] ASPE. Preschool Enrollment of 3-4 Year-Olds, [EB/OL].www.aspe.hhs.gov/HSP/trends/ea1. pdf.2007-03-28.

[3] National Information Center for Children and Youth with Disabilities. The Education of Children and Youth with Special Needs: What Do the Laws Say？［EB/OL］.www.nichcy.org/pubs/out-print/ nd15txt.htm.2007-03-20.

免费及适当的公立教育、零拒绝、个别化教育计划、最少限制的环境、家长参与、非歧视性评估、合法的程序等。

（三）"普及学前教育"运动

20世纪80年代末，美国的教育改革进入了一个新阶段，这一时期的变化之一是学前教育受到重视，表现为政府主动承担学前教育的义务，推动学前教育普及化运动。"普及学前教育"（Universal Pre-kindergarten）运动的本质是通过立法确定州政府在学前教育中的义务，其核心内容是加强州政府对学前教育的投入，为希望接受学前教育的3岁和4岁幼儿提供免费、非强制的教育。

在美国，政府对3岁和4岁幼儿教育的大规模、持续性的投入早在1965年联邦政府制订并实施"开端计划"时便开始了。"开端计划"与"普及学前教育"运动的区别在于前者经费主要来自于联邦政府，受益的仅仅是贫困幼儿，而后者则强调各州政府应对学前教育投入，并且以让所有适龄幼儿受益为目标。1998年《时代》周刊中朱迪·摩尔斯（Jodie Morse）用这样一段话概括了"普及学前教育"："今天有39个州为至少一种的学前教育方案埋单。虽然公立、免费的学前教育的规模受经费限制，但许多州已经打算普及学前教育了，之所以称之为'普及'是因为这些州要帮助每位希望子女接受学前教育的家长实现梦想。"[1] 全美幼儿保育协会（National Child Care Association, NCCA）将"普及学前教育"定义为：为希望接受学前教育的幼儿提供的适宜的学前教育。杰克（Jack）对"普及"（Universal）一词的解释更为精辟：所

---

[1] Make Pre-Kindergarten Programs Accessible to More Texas Children [EB/OL]. http://www. window.state.tx.us/etexas2001/recommend/ch06/ed15.html.2013-3-22.

有幼儿在自愿的基础上都有机会接受由公共财政支持的学前教育。上述这些言论表达了社会对政府承担普及学前教育责任的期望。

联邦政府在1991年制定并颁布的"美国2000年教育战略"（America 2000：An Education Strategy）中，正式把普及学前教育列为教育改革六大目标之首。进入21世纪后，美国科学研究院（The National Academy of Sciences）的两份研究报告对"普及学前教育"运动在各州持续和深入的发展起到了积极的推动作用。第一份报告是《从神经细胞到社会成员：儿童早期发展的科学》（*From Neurons to Neighborhoods：The Science of Early Childhood Development*），第二份报告是《渴望学习：教育我们的幼儿》（*Eager to learn：Educating Our Preschoolers*）。

20世纪80年代末的教育改革之后，各州纷纷制订"普及学前教育"的立法提案。虽然各州立法提案的名称各不相同，经费分配的方式、管理经费的机构、获益儿童的范围和对教育质量的要求也各不相同，但是它们共同体现了一种趋势，那就是州政府要在联邦投入的基础上对学前教育投入更多的资金，使越来越多的3岁和4岁幼儿享受到免费、非强制并且优质的学前教育。

美国是一个州联邦国家，根据美国宪法的规定，凡宪法中没有明文规定属于联邦政府的权力均属各州政府所有，教育权因此归属各州政府。因为没有一个中央集权的教育管理机关，各州的教育经费、教育政策和教育立法都相互独立。尽管如此，各州在普及学前教育的态度上却空前一致。目前，美国至少有42个州（包括哥伦比亚特区）的政府或多或少地承担了为3岁和4岁儿童提供免费学前教育的责任。此外，各州政府对"幼儿班"投入的经费增长迅速，1988年只有28个州免费提供"幼儿班"教育，年投入总额为19亿美元；而 2000年已有42个州免费提供"幼儿班"教育，年投入总额达20亿美元。在学前教育日益受重视的今天，年投入毋庸置疑会更多。在联邦政府和各州政府的共同努力下，越来越多的美国幼儿获得了政府所提供的免费学前教育。根据全美早期教育研究院（National Institute for Early Education Research，NIEER）发表的《学前教育的州：2005年各州学前教育年鉴》（*The State of Preschool：2005 State Preschool Yearbook*），从2001~2002学年到2004~2005学年，美国接受免费学前教育的幼儿的人数增长16%。许多州正在努力实现所有4岁幼儿都能接受免费学前教育的目标，其中俄克拉荷马州的成果最为引人注目，该州已有90%的4岁幼儿接受免费学前教育；排名第二的乔治亚州接受免费学前教育的4岁幼儿已达70%。[1]

（四）《美国2000年教育目标法》和"幼儿教育五年计划"

1994年，《美国2000年教育目标法》（*Goals 2000:Edueate America Act*）是克林顿政府提出的系统改革教育方案的核心，它通过对州和地方社区的资助确定了联邦政府和地方政府的新的合作方式。《美国2000年教育目标法》批准了1990年美国教育部长起草的"美国2000年教育战略"。在这项法案当中，学前教育是一个重要的方面。学前教育位列六大教育目标的第一项，强调"全体美国儿童上学时都已做好学习的准备；所有的残疾儿童和处境不利儿童都能受到高质量的与其发展相适应的学前教育；每个家长都应成为儿童的第一任教师；要使家长都能接受

---

[1] Barnet t, W. S .,Hust edt , J. T . , Robin, K. B. , & Schulman, K. L . 2005. The St at e of Preschool: 2005 State Preschool Yearbook [EB/OL]. http: //n jeer. org/ yearbook/ , 2006- 08 -09.

这方面的培训，并得到必要的支持；要使儿童能够得到足够的营养和医护，以便保证在入学时拥有健康的身体和大脑"。

由此，以上六个目标就以法律的形式正式成为国家意志，要求政府和社会各界都必须遵照执行。同时，在"美国2000年教育战略"的基础上，《美国2000年教育目标法》还提出了一些新的发展学前教育的内容：培训教师和培训家长。

1998年，美国总统克林顿提出了一项"幼儿教育五年计划"，其中一项重要内容是：增加对"开端计划"的拨款，扩充招收名额，到2002年将招收100万名贫困家庭幼儿，即比1997年增加25%；企业界、基金会、慈善团体等社会各方面也大力资助，促进幼教事业的发展。这项计划被誉为"美国历史上最大的幼儿教育单项投资计划"。这项计划将包括以下七个方面的内容：帮助工薪阶层家庭支付儿童保育费用；到2003年，接受保育补助的儿童数量要在目前的基础上翻一番，达到200万；促进儿童早期学习和身体的健康发展，提高托幼机构教育质量；五年为学校社区合作性的21世纪社区实习中心计划投资8亿美元；建立并扩大为学龄儿童服务的校外服务机构，使每年50万儿童能获得校外服务中心提供的服务；通过减免税收，鼓励企业为雇员提供儿童班与服务。

另外，这项计划还增加了对"先行计划"的投入，加强与扩展了师资培训，设立专项奖学金，资助立志从事学前教育工作的学生等。

（五）《不让一个儿童落后法》和"良好开端、聪明成长"

2001年1月23日，布什政府正式颁布名为《不让一个儿童落后法》(*No Child Left Behind*) 的教育改革蓝图，并提交国会讨论。《不让一个儿童落后法》于次年正式签署生效。它一方面给予社会上处境不利的家庭和学生以资助，并增强他们在选择学校上的主动权；另一方面又通过建立标准、强化考试、回归传统经典来提高教育质量与水平，增强联邦政府在教育政策过程中的权力，强化国家的责任与控制。《不让一个儿童落后法》是小布什总统上任后进行教育改革的宣言书和行动指南，它的基本精神很明确：公立学校必须着力于塑造每一名儿童的头脑和个性，使不同阶层的孩子都接受良好的智力和人格教育，不论他们有什么样的家庭背景，来自哪里，是什么种族，都能获得平等的受教育机会。虽然《不让一个儿童落后法》是一部主要针对中小学阶段学生学习能力发展的法案，但是它的基本精神同样对学前教育的发展产生了重大影响。

根据这一思想，布什政府于2002年4月初发表了一篇关于早期幼儿教育的改革动议，名为《良好的开端，聪明地成长》(*Good Start Grow Smart*)，敦促各州、各地方社区加强幼儿教育项目的建设，确保幼儿接受高质量的教育和看护，为中小学教育奠定良好基础。这项计划主要包括以下三个方面：首先，提高"开端计划"项目的教育质量，继续增加对贫困儿童的资助。其次，联邦政府与州政府合作提高早期教育质量。这项改革动议要求加强联邦政府和各州政府的合作，各州制订新的幼儿教育质量的标准以及关于阅读语言技巧的活动要求，提高幼儿教育的质量。最后，为家长、教师和保育员提供关于早期教育的信息，弥补相关教育研究和早期幼儿教育实践之间的差距，教育部将与家长、幼儿教育研究专家以及幼儿教育项目组织建立广泛的合作，把关于幼儿教育的信息提供给幼儿教育实践者以及广大公众。

(六) "0—5岁教育计划"

奥巴马上台后不久就倡导了一项学前教育计划，即"0—5岁教育计划"(Zero to Five Plan)。根据这项计划的规定，每年由联邦政府拨款100亿美元，资助各州普及学前教育，希望借助该项目使每个儿童"不分贫贱，在幼年时期都能获得平等的教育，在入学前都能得到充分的准备"。同时还设立"早期学习挑战拨款"，促使各州制订和扩大早期教育计划，为全美儿童提供普遍的早期教育，使目前学前启蒙班的学生数量翻两番，同时提高学前启蒙班的教育质量，支持发展更高标准的早期教育质量评价体系，支持幼儿教师培训和专业发展等。尽管美国社会对于奥巴马的早期教育政策存在不少质疑和批评，但这一计划是被很多人认可的。

奥巴马政府提倡确保儿童得到高质量的早期教育和照料机会，聘用有资格的教师，奖励具有专家能力的、有责任心的教师。虽然布什任期内通过《不让一个儿童落后法》为教育和测验投入了很多资源，《不让一个儿童落后法》的整体目标是正确的，但这项法律存在重大的缺陷，就是几乎没有惠及早期教育。此外，在美国，教育是各州事务，联邦政府的教育投入仅占整个政府教育投入的8%，分配给早期教育的就更少了。因此政府建议每年投入100亿美元，用于增加有资格参加"早期先行计划"（Early Head Start）的儿童人数，增加进行学前教育的儿童，提供可支付的和符合质量的儿童照管，以及增进联邦、州和地方政府的协作。[1] 同时，建议增加儿童和家属照管的税收优惠。

三、其他政策对处境不利儿童教育的影响

（一）经济的持续发展

众所周知，美国是两次世界大战的受益国，战后美国的经济得到

［1］郭玉贵：《布什执政八年的教育遗产与奥巴马教育政策走向的推测》. [EB/OL]. http://www.douban.com/grouup/topic/4998748/ 2013-2-20.

迅速发展，但是美国社会分层越来越明显，贫富差距越来越大，处于贫困阶层的公民生活越来越困难。这些家庭的孩子不能得到适当的学前教育，可以说他们从出生开始就处在一个非常不利的发展环境。这直接导致了所谓的入学准备不足的问题。无论是政治家还是普通百姓都希望有一种方法能够打破这种恶性循环。美国学前教育界对学前教育短期与长期效果开展了一系列的研究，似乎找到了一条途径，其中"佩里计划"最有代表性。该计划从20世纪60年代开始实施，经过20多年的跟踪和对比研究发现，接受家访和学前教育的儿童在毕业率、大学入学率、就业率等方面明显高于没有受过学前教育的儿童；同时，在留级率、犯罪率、非婚生育率等方面明显低于没有受过学前教育的儿童。美国社会一直饱受中小学生学习成绩下降、辍学率升高、"中学生母亲"、青少年犯罪等问题的困扰。"佩里计划"的研究结果无疑证明了良好的学前教育不仅可以开发儿童的智力，促进其社会性的发展，更可以为儿童的成长奠定良好的基础，有利于减少以上问题的发生，有利于社会的稳定。这项事业的发展具有很显著的社会效益和经济效益。一项持续了十年并仍在继续的研究，即儿童期不良经验的研究也证明，普遍的、充满压力的儿童期经验和不良经验，是成年期一些问题的根源，包括夭折、疾病和残疾以及病态行为等。这项研究指出，三分之二的受过良好教育的成年人至少经历过一项以上的不良经验，比如虐待、忽视、家庭暴力、酗酒等不良嗜好、精神疾病、父母不和、家庭犯罪等。[1]这项研究指出，对这些学前期的不良经验的预防可以帮助促进个体的良好发展。

---

[1] M. Rebecca Kilburn，Lynn A.Karoly. The Economies of Early Childhood Policy [R]. http://www.rand.org. /Pubs/occasional-papers/2008/RAND-OP227.pdf 29.2012-3-30.

（二）教育民主化

儿童的受教育权和发展权是儿童权利的重要组成部分。20世纪中叶以来，科技进步带来了社会生活、社会意识的变化，又对教育提出了新的挑战，使作为终身教育起始阶段的学前教育得到了社会的空前关注，学前教育民主化问题也随之被提上了议事日程。促进学前教育的民主化是各国制定学前教育政策和发展方针的重要出发点和归宿。这种趋势主要体现在对处境不利儿童的补偿教育上。"处境不利儿童"主要包括残疾儿童、少数民族儿童、贫困家庭儿童、单亲家庭儿童等。

美国的学前教育民主行动走在世界的前列。早在1965年就开始实施旨在为贫穷、环境不利和少数民族儿童提供补偿教育的"先行计划"，使大量处境不利的学前儿童接受教育，试图通过一两年的早期教育改变他们的命运，使他们走上和正常儿童一样的发展道路。"先行计划"作为一项规模庞大的福利、教育行动，效果是明显的、积极的。在美国，虽然种族歧视仍然比较严重，贫富分化也依然是客观事实，但是"先行计划"却给人们留下了一种深刻而美好的印象。

美国近二十年的学前教育政策主要围绕三个方面进行：扩大学前教育的供应范围；提升各个学前教育项目的教育质量；优先满足低收入和有特殊需求幼儿及家庭的需求。我们可以看到，上述三个方面都与教育民主化有直接的关系。

（三）福利政策

效率与公平之间的矛盾从本质来说是相对立的，是不可调和的，将二者之间的矛盾降低到最小化是每个国家所面临的重要问题，美国同样需要解决这个问题。进入20世纪90年代，美国政府在福利政策方面力图在维护低收入者利益、继续给予贫困者必要救助的基础上，尽量减少低收入者对国家福利的依赖。在儿童福利方面，接受政府补助的对象多数是单亲妈妈和她们的幼儿。在美国社会中，中等收入家庭和低收入家庭都是政府补助的对象。对于中等收入的家庭而言，得不到政府资助，也无法负担有品质同时高学费学校的学费，此时他们只能依赖非正式且无规范的保育机构。同时，1996 年美国通过《个人责任与工作机会配合法案》（*personal Responsibility and Work opportunity Reconciliation Act*，PRWAORA），旨在"倡导让儿童在自己的家中接受照顾的精神和减少福利依赖"。这项法案规定："被免除参与工作的人只有那些需要照顾一岁以下儿童的单亲母亲、未成年父母为户主的人，但他们需要接受学校教育和参加与就业有关的教育作为替代。""政府认为即使无法找到儿童照顾者或付不起照顾费用，单亲母亲仍需要工作，这使得有些母亲可能因此陷入配合州政府要求与为子女提供充足照顾时间的两难之中。"[1] 由于经济状况的问题，学前儿童多数被放置在非正式且无规范的保育机构内。

虽然联邦政府规定婴儿出生时，母亲需要停薪留职三个月去照顾婴儿，但是 1993 年《亲职假暨病假条例》（*Family and Medical Leave Act*，FMLA）的规定使得联邦之前的规定失效。根据这项法令的规定，三个月的亲职假不仅不能获得薪水，在人数少于 50 人的公司里，若打算申请育婴假，必须先用掉自己的休假和病假才能使用育婴假。这无疑给申请育婴假人为地设置了障碍。随着美国女权运动的不断兴起以

---

[1] 孙莹：《美国社会救助政策述评》[EB/OL]. http://www.bjpopss.gov.cn/bjpopss/cgjj/ cgjj20040618b.htm.zh.Sun Ying. Review on the American Social Assistant Policy. http://www.bjpopss. gov.cn/bjpopss/cgjj/cgjj20040618b.htm.zh. 2010–12–08.

及社会经济结构的变迁，妇女参加工作越来越多，在就业人员中所占的比例逐年增加。传统的父亲工作、母亲在家照顾孩子的家庭形式已经越来越少，加上居高不下的离婚率，单亲家庭也在增加，这使得对学前儿童的照顾和教育问题成为迫切需要解决的社会问题。

　　除了经济影响，教育、健康、住房提供或税务方面的社会政策也会影响到学前教育及保育的发展。例如，健康政策中的早期筛检（early screening）成为学前教育机构的一个重要服务项目，用以筛选出特殊幼儿或是发展迟缓幼儿；住房政策导致家庭分布按收入或种族区分开来，大大影响到家庭获得学前教育服务的机会。[1]这一系列的社会需求，要求政府必须重视学前教育的发展。

第三节　促进社区学前教育的发展

　　美国的学前教育在发展过程中能充分利用社区的各种社会资源为家庭育儿提供条件，通过规范社区看护中心的审批权等一系列措施为社区学前教育奠定基础。

一、美国社区学前教育的特点

（一）重视社区学前教育

　　受"儿童中心论"思想的影响，美国社会对儿童保护和教育参与意识比较强，社会对学前儿童的支持是全民性的，这为学前儿童社区教育的发展提供了比较好的基础。美国不仅有由政府机构、教育部门、俱乐部、企业、社团等合作参与的社区教育组织管理部门，有专职的

---

　　[1]简楚英：《幼儿教育与保育的行政与政策》，182页，上海：华东师范大学出版社，2005。

社区教育行政管理部门，有专职的社区教育行政人员和社区教育工作者（简称社工），而且社会名流、专家学者、地方绅士、学生家长等都普遍具有关注社区、贡献社区的思想，并提供行之有效的合理化建议。平时学校或者社区组织的各种儿童教育活动，都会引起社区民众的高度关注和广泛支持。在美国，私人捐款设立教育基金、投资兴建社区公共教育设施、建立社区学校已成为一种风尚。

（二）充分利用社区教育资源

社区教育资源是指社区内可供社区教育活动开发和使用的人力、物力与财力等各种要素的总和，如社区内从事各种职业的居民以及工厂、医院、超市、博物馆等公共设施。这些社区资源可以提供幼教机构和组织便利，在教育管理、教育活动的组织、儿童发展与教师成长等方面将产生广泛的社会效益。因此，学前儿童社区教育的发展一定程度上依赖于丰富的社区资源，在这方面美国有许多可以借鉴的成功经验。

一方面，在社区资源方面，美国社会为学前儿童社区教育提供了较为完善的社区教育支持系统。在人力资源方面，如前所述，美国对学前儿童社区教育的参与是全民性的，人力资源充足，而且人力资源的质量也比较高。在物质资源方面，美国是一个经济发达的资本主义国家，生产力水平高，经济实力强，这决定了政府部门对教育可以有比较多的资金投入，突出表现在社区环境设施的建设方面：美国有为儿童免费开放的社区博物馆、展览馆、图书馆、电脑房、公园等。各社区图书馆均设有儿童专属区，书架的高度与儿童的身高都是相匹配的。资料显示，目前全美有8300多所博物馆、艺术馆。[1] 耗巨资修建

---

[1] 杨畅，王涪蓉著：《中美学前儿童社区教育特点比较》，载《考试周刊》，2008（50）。

的规模宏大的博物馆基本上免费向学生开放，有的即使收费费用也很低。教师可以组织儿童到这些公益场所开展各种教育和实践活动。有的博物馆还与一些学校建立固定的联系，甚至把展品送到学校去，周末父母也可以带着孩子免费参观。

另一方面，美国的学前儿童教育人士对社区教育资源利用的意识也比较强，幼儿园平时非常注重邀请社区各行各业的工作者来园介绍自己的工作，也常常带领儿童走出幼儿园到博物馆、艺术馆参观学习，到工厂、医院等各种场所，了解各行各业的工作情况，使儿童认识到自己的家庭和幼儿园都是社区的一部分，而自己所在的社区又是整个城市的一部分，帮助幼儿形成实际的经验。

二、社区学前教育的形式

美国社区的发展相对比较完善，对于学前教育的支持力度也自成体系。

（一）社区图书馆

美国幼儿园教师利用社区图书馆资源进行教育主要体现在以下几个方面：

1. 带领儿童到社区图书馆去参观

社区图书馆均坐落在当地社区的中心，交通十分便捷，有多辆公交车停靠站。除了重大节日以外，每天都向社区居民免费开放。图书馆建筑新颖别致，馆外有美丽的休闲设施。馆内不仅有宁静的阅读区、简易的复印区、有序的借还区、温馨的餐点区、洁净的盥洗区，而且还有独设的儿童部。教师组织儿童来集体参观之前，只需要电话联系一下，到时候就会有工作人员带领参观，并给予详细的介绍。图书馆

"读者至上"的服务理念和丰富多彩的场景资源对幼儿园教师具有极强的吸引力，促使他们提前制订学年教育计划，安排充足的时间，组织儿童去参观，并通过《家长手册》和《家长园地》向家长传递参观图书馆的信息。这既能增强儿童对图书馆的感性认识，激发儿童对学习的满腔热情，又能密切与家庭的共育关系，捍卫家长的知情权利。

2．引领儿童到社区图书馆去学习

社区图书馆一般都有咨询区、图书区、阅读区、游戏区、电脑区和饮水区。馆员受过儿童心理和教育方面的培训，每星期都会在相对固定的时间里，在多功能活动室里，免费为不同年龄阶段的儿童开展阅读活动、音乐活动和游戏活动。教师组织班级儿童来参加这些活动之前，提前联系一下即可。图书馆这些匠心独具的活动对幼儿园教师和儿童具有无穷的吸引力，激发教师设计详细的各周活动计划，并付诸实践，带领儿童进馆学习。这样既拓展了园内和班内的教育活动，增加了儿童"玩中学"和"学中玩"的机会，又强化了儿童的学习热情，巩固了儿童的学习行为。

3．引导家庭到社区图书馆活动

社区图书馆不仅会提前把每月的活动安排发布在馆网上，而且还会用彩纸印刷出来，放在咨询台上，便于人们自由拿取，了解活动信息。幼儿园教师也会把社区图书馆儿童部每月"儿童活动安排表"张贴在《家长园地》里，不仅积极发挥了自身在与家庭、社区合作中的纽带作用，夯实强化了幼儿园和家庭、社区的"金三角"关系，而且还能使家长及时了解图书馆将为不同年龄阶段儿童所举办的各种活动，安排好自己的工作和亲子活动的时间，丰富孩子的文化生活。

（二）社区公园

美国学前教育机构利用社区公园进行教育的主要方式有以下几种：

1. 带领儿童到社区公园去游戏

每个公园都设有儿童游戏场地，安装了走、跑、跳、钻、爬、荡、滑、吊、翻、骑等多种多样的运动器械，安放了大桌子、长椅子等必要的休息设备，从而为教师组织儿童来此游戏创造了极好的条件。学前教育机构可以广泛运用公园中儿童游戏场地上的各种器械开展活动，让儿童在宽松愉悦的氛围中提高运动能力。

2. 引领儿童到社区公园去观察

所有公园都是免费对外开放的，公园内部风景宜人，自然资源丰富，为教师带领儿童到此观察创造了优异的条件。这些学前教育机构通过《家长手册》、班级环境布置、《家长园地》，向家长传递幼儿园利用公园这一社区教育资源的信息，保障了家长的知情权，并在活动前征得家长的同意，维护了家长的决定权。此外，教师把去公园观察融入儿童每周活动和每日生活之中，使外出观察活动变得经常化和日常化。这一举措充分利用了身边得天独厚的自然资源，增强了儿童对周围环境的感性认识，提高了儿童的探究和审美能力。

3. 引导家长参与社区公园活动

每个公园都很开阔，也经常为社区不同年龄的儿童免费举办各种各样的活动。学前教育机构把色彩鲜艳、形象生动的公园活动信息张贴在《家长园地》里，吸引家长去阅读，获取所需要的信息资源，引导家长带领儿童去参与有价值、有趣味的活动。这样不仅充分发挥了自己在家庭与社区联动中的桥梁作用，而且还把对儿童的教育与为儿童及家庭的服务有机地结合起来，促进了儿童更好地发展。

（三）社区教育其他资源

1. 利用社区资源拓展园外活动

引导幼儿到花草树木中发现并形成经验。学前教育机构的教师不仅要能充分利用社区内花草树木这些得天独厚的自然条件开展园外活动，丰富儿童的感性知识，培养儿童的观察能力和审美能力，而且还能适时融入园内生活，强化儿童的直接经验，提高儿童的动手能力和创造能力。

带领幼儿到公园游戏场去玩耍。美国的公园大都是无墙无门、免费开放的，并设有儿童游戏场地（安装了走、跑、跳、钻、爬、滑、吊等多种运动器械）、草坪、亭子、烧烤台和桌椅等多种设施设备，为教师组织园外的体育活动和餐饮活动创造了良好的物质条件。户外场地较小的幼儿园的教师可以有效利用社区的教育资源，与此毗邻的幼儿园的教师也能就近获得所需教育资源。教师既能注重发挥公园游戏场地的健身功能，为儿童运动技能、社交能力的全面发展营造宽松的氛围，又能注意发挥公园的休闲功能，为儿童与教师、儿童与儿童之间的广泛交流搭造了温馨的平台。

到向日葵地里去开展热爱劳动活动。美国各地的高等院校都有自己的农场和实验田，且都向儿童教育机构开放。教师能利用高校农场的资源开展活动，给儿童提供运用多种感官去探索向日葵的机会，这样能够丰富儿童对植物的感性知识，增强儿童手脑并用的能力。

带领儿童到大学校园里去开展游览观赏活动。美国大学没有围墙和大门，行人可自由出入。校园里风景如画，绿树成荫，鲜花盛开，建筑多样，雕塑成群，喷泉涌动，各种不同肤色的师生带着电脑或图书，在草坪上、广场上相互交流或读书，组成了一道亮丽的风景线。教师能利用附近高校的这一独特的人文资源，给儿童提供亲密接触校园文化的机会，既有助于增强儿童的人际关系智能，又有助于提高儿童的自然观察智能和空间智能。

2. 运用社区资源丰富园内活动

幼儿园邀请家长做志愿者。美国很多的学前教育机构不仅能通过《家长园地》和《家长手册》等不同形式，热心向家长介绍他们所需的各种服务，尊重家长的选择权，充分发挥他们在幼儿园一日活动中的多重作用，而且能广泛招聘家长志愿者，充分发挥他们在学前教育机构的日常活动和特殊活动、园内活动和园外活动中的多重作用，保证家长的教育权。此外，及时肯定家长们在人力、物力和财力上所给予的多种帮助，为幼儿园与家长合作创造条件。

幼儿园欢迎社会各界人士来参与指导儿童的特殊活动。教师真诚欢迎社会各界人士来做志愿者，鼓励指导他们成为儿童的良师益友，这既能弥补班级人力资源暂时不足的问题，又能为儿童提供大量的机会，去亲密接触不同职业的工作人员（如教会牧师、消防员、音乐家、大学教授、医生等）和不同国籍的人们，使儿童的社会知识和经验得以丰富，社交技能得以提高。

幼儿园定期对外开放园舍。美国各个幼儿教育机构不仅欢迎家长随时来访，以提高家长的认可率，而且会定期向家长和社区开放，以提高家长和社区居民的知情率。此外，还特别注重安排合适的开放活动时间，以提高家长和居民的参与率。幼儿园正是因为这种友好性和开放性，才被儿童家庭所普遍认可，才被周围的社区广泛知晓。

3. 利用培训资源

美国社区有很多儿童培训资源可以利用，这些培训资源为家长和儿童提供了便利，更重要的是有很多培训资源满足了儿童的学习情趣，为儿童未来的情感发展和学习奠定了心智基础。比如坐落在洛杉矶(Los Angeles) 以东20英里的亚凯迪亚(Arcadia)人口约5万多人，市政建设非常完善，从学校到公园，从图书馆到社区活动中心，从博物馆到社区大学等生活和学习设施完备，社区为满足市民的需要，提供多种课程。其中，包含有2—5岁的幼儿课程（Tot Classes）、小学生的儿童课程（Youth Classes）、中学生的青少年课程（Teen Classes），当然还有成人课程（Adult Classes）。

该社区幼儿课程包括2—3岁的亲子芭蕾舞（Mommy and Me Ballet）、2—3岁和4—5岁的翻滚及准体操（Tumbling and Pre-Gymnastics）、3—4岁的创意舞蹈和儿童爵士舞（Creative Dance and Youth Jazz）、4—6岁的儿童烹饪（Cooking for Tots）、4—5岁的芭蕾和踢踏舞（Ballet and Tap）、4岁以上的棒操（Baton Twirling）、3—4岁和4—5岁的儿童芭蕾舞（Ballet for Children）、3—5岁的夏威夷舞（The Art of Hula Hawaiian Dance）、3—5岁的亲子美术班（Mom and Me Art Class）等等。课程每季度都有，通常一期八周左右，平时和周末也是开课的，既方便全职母亲，又照顾双职工家长。每节课收费几美元不等，时间从半小时到一小时不等。

由此看出，美国托幼机构充分利用社区图书图、展览馆、电脑房、博物馆、公园和其他公共场所，把幼儿园完全融入社区生活之中，实现了利用社区进行学前教育的宗旨。

三、家庭利用社区资源育儿

（一）家长利用社区公园促进孩子身心健康发展

在美国，不论是父母辈的家长还是祖父母辈的家长，也不论是男性家长还是女性家长，都经常带孩子到公园里来玩，充分利用公园中的各种资源促进孩子在体力、认知、语言、社会性、情感和审美方面的和谐发展。

在发展孩子的运动能力方面，每个社区公园都有宽敞、舒适的儿童游戏场地，安装了丰富、牢固的运动器械。家长们能主动、积极地加以利用，以培养孩子对体育活动的兴趣，发展孩子的基本动作，增强孩子的运动能力，提高孩子的健康水平。在发展孩子的认知能力方面，社区公园里面的儿童游戏器械上还蕴藏着多种知识，既有英语知识（如刻着26个英语字母），也有数学知识（如印着1—10的数字，刻着各种几何形状，安放了算盘）。家长经常带孩子来玩，不仅能丰富孩子的知识结构，而且还能发展孩子的多种智能。在发展孩子的语言能力方面，每个社区公园里面都有几个亭子，在草地上、游戏场地旁边安放了长条桌子和椅子，可以方便儿童与儿童或儿童与成人的交谈。

此外，公园里还有烧烤炉、自动饮水机、小售货亭、厕所等公共的便民设施。家长能利用公园的这些生活化和休闲化的环境来发展孩子的语言能力，增强孩子的口头表达的机会。孩子不仅能在游戏活动中愉快地与同伴进行交谈，大胆地表达自己的愿望，而且还能在餐饮活动中轻松地与亲朋好友讲话，自由地表达自己的思想；在发展孩子的社交能力方面，公园里的许多运动器械，可以让几个儿童一起玩耍，这就给儿童提供了与同伴交往的机会，儿童也会因为有着相同的游戏兴趣而成为好朋友。另外，社区公园里也有一些游戏器械，一次只能由一个儿童来玩，因此也就给儿童提供了学习轮流和等待的机会，帮助儿童理解和遵守游戏的规则。在发展孩子的情感能力方面，游戏是孩子最喜欢的活动，在游戏场地中玩耍的孩子始终都会处于积极主动的状态，拥有愉快的情绪体验。这不仅对儿童的身体运动器官的发展具有重要意义，而且还对儿童情感发展产生良好的影响。

在发展孩子的审美能力方面，公园是丰富孩子的美学知识、增加孩子的美感体验、发展孩子的审美能力的重要场所。大自然是发展孩子审美能力的丰富源泉，家长根据季节的特点带孩子进入公园，让孩子真实地感受到大自然和周围世界的美丽芬芳。另外，公园里的各种游戏器械颜色都非常艳丽，这有助于孩子萌发对美的兴趣和爱好，游戏器材上刻着的音符和键盘，能够吸引孩子的注意力，引起孩子对音韵的关注和喜爱，促进孩子美感的发展。还有很多公园里有各种各样的雕塑，这也是帮助儿童感受艺术美的关键渠道。家长引导和鼓励孩子去观看、欣赏不同的雕塑，鼓励孩子用肢体动作表现自己对雕塑作品的理解，以唤起孩子的审美情趣，提高孩子对美的感受能力和创造能力。

（二）家长借助社区图书馆促进孩子身心的和谐发展

社区图书馆内的各个场所、各项活动都是免费向家长开放的。利用儿童部的环境，激发孩子浓厚的学习兴趣。家园式合作环境对孩子的影响是潜移默化的，家长注意通过儿童部的环境，来萌发孩子向往学习的心愿。当家长推着儿童车，带着孩子进图书馆时，首先映入眼帘的便是咨询区、图书区、电脑区、阅读区、游戏区、故事室等，给人一种整齐、宁静的感觉，催生"我要学习"的愿望。家长可以利用图书培养孩子良好的阅读习惯。图书是孩子认识世界的阶梯，家长重视通过各种图书来促进孩子的阅读和成长，家长不仅让孩子自由自主地选择自己喜欢的图书，尊重孩子的选择权，培养孩子鉴别图书的能力，而且还帮助孩子学会正确地阅读图书。孩子在选择图书后，会走到家长身边，这时家长就会和孩子一起坐在地上或者沙发上进行阅读。另外家长还培养孩子把图书归回原位的习惯，孩子基本上都能做到，从哪个书架上拿下的图书，阅读后就会设法把它放到原来的书架上。这既提高了孩子的空间定位能力，也培养了孩子书归原位的良好习惯。

家长还可以利用玩具塑造孩子合群的游戏行为。游戏是孩子最喜欢的活动，而玩具则是游戏的工具，家长重视通过多种玩具让孩子自主地游戏，提高孩子的生理和心理发展水平。利用各种活动，丰富孩子的情感体验。孩子在活动中成长，家长注意通过多种多样的活动来加快孩子成长的步伐。家长往往都能主动上网查看日历，了解儿童部活动的时间、对象和内容。

美国自20世纪60年代中期广泛开展"开端计划"以来，其家园、社区合作的方式和途径逐渐呈现出多样化，主要有以下几种：

第一，以家庭为中心的课程和教学。教学分为三种水平：第一种水平是幼儿园为家长提供教学和服务；第二种水平是帮助家长解决日常的问题和争端；第三种水平是尝试把儿童的课堂教学和家庭的学习联系起来。

第二，家长作为教育资源。美国的许多幼儿园都建立了家长教育资源信息库。在开学初，教师会询问家长是否愿意让儿童共享他们的经历。在征得家长同意后，幼儿园会安排家长来担任义务工作，如指导儿童兴趣小组、向儿童介绍自己的工作、辅助教师的教学活动等。

第三，家长中心。美国的大多数幼儿园都会专门留出一个房间成立家长中心，有些面积不太大的幼儿园则在走廊或教室划出一定空间作为家长活动角。家长中心或家长活动角放有家长必读书籍、孩子的作业、公告牌等。家长可以在这里与教师及孩子们交谈，了解班级情况，召开家长会议。

第四，接送时的相互交流。在美国，教师每天在家长接送孩子时主动与家长交流，了解儿童在家行为以及家庭背景和社会背景，从而更好地理解并教育儿童。如教师一般会要求家长及时说出孩子的悲伤体验或缘由，并设计游戏活动、艺术活动、谈话活动，帮助孩子战胜情感危机。同时，家长也积极与教师交流情况，及时解决教育问题。

第五，利用社区资源。散步、参观、郊游和旅行都是班级活动的重要组成部分，这种参观不仅只有幼儿参加，家长也参与其中。教师会帮助家长认识社区资源在孩子成长中的独特作用，并说明外出活动时可能发生的一些普通小意外，希望家长理解。每次外出活动前，教师都会告知家长参观的时间、地点、目的。在家长签名同意后，教师才带领孩子外出活动。美国还非常注重利用节假日在社区开展各种活动，鼓励家长积极参与，使幼儿园、家长、社区的合作形成良好的氛围，使教育得到最大化的补充、延伸和发展。幼儿园会积极地与周边的大学、专业学者联系，做一些科研活动、实习活动。与高校的密切联系促进了教育质量的有效提高，把理论和实践有效地联系起来.

四、规范社区看护中心的审批权

美国加利福尼亚州儿童看护中心分为幼儿看护中心、婴儿看护中心、学步儿看护中心、学龄儿童看护中心和轻度生病儿童看护中心五种。这些儿童看护中心由加州社会服务部的社区看护许可分部统一管理，但社区看护许可分部又在州内各地设立了发放许可证和管理的代理机构——证书发放区域办公室。这些区域办公室直接审批各儿童看护中心的申请材料，负责各儿童看护中心的登记注册工作。申请开办一所儿童看护中心一般要经历筹划与准备、递交申请材料、情况核实、审批与指导四个程序。

第一步，筹划与准备。申请人申请手册的要求是做好资产、人员卫生安全等人、财、物方面的准备，以及申报材料等文字方面的准备。同时，申请人要向建筑、消防、卫生保健等部门的专业人员请教，或者请他们实地考察，商议在有限的人力和物力条件下，如何使儿童看护中心达到许可的最低标准。

第二步，递交申请材料。申请材料包括申请表格和支持性材料。其中申请表格包括15种：

表1，申请儿童看护中心许可证。该表用来确认申请人和申请许可证的设施类型。内容包括申请人的姓名、地址，设施的名称、地址、种类，办学规模、招收儿童的年龄范围以及开放时间等项目。

表2，申请人信息。该表用来确认申请人的身份。内容包括申请人姓名、对该机构投资的种类和份额、已参与的职业协会或技术协会等项目。

表3，设施责任的委派。审批机构凭此确定儿童看护中心的实际负责人。儿童看护中心的主人若不能在机构运营的过程中一直呆在机构里，那么，他（她）必须委派一位合适的代表，以处理机构里的日常事务。

表4，健康屏障报告。该表要证明持证人或机构的现场负责人身体健康，能有效地履行工作所要求的职责。该表包括两部分，第一部分由持证人或现场负责人填写，内容包括个人的姓名、年龄、工作的种类、时间、职责和服务对象；第二部分由内科医生填写，内容包括对该持证人或现场负责人健康的一般评价、对完成本职工作能力的评价、对

有无影响工作和交往的疾病伤残的鉴定、肺结核检查结果等项。

表5，管理组织。如果申请人是一家公司，审批机构凭此认定该公司内部管理的组织结构，如管理者、董事会成员和公司里任何有10%或更多股份的人；申请者如果是合作伙伴、有限公司或公共机构，他们也必须明确内部管理人员的构成。

表6，人事报告。这是当前儿童看护中心所有人员的名册，包括候补人员、志愿人员、管理人员等。该表要注明专业人员的数量，儿童看护中心运营的所有时间里的人员安排和岗位衔接。

表7，人事记录。该表是受聘员工的个人材料，员工个人填写完毕后，由儿童看护中心自己归档保存。审批机关可自由查取信息，并且儿童看护中心的任何人事变化都要及时上报审批机关备案。人事记录的内容包括员工个人的年龄、住址、职位、在岗时间、以前的工作经历、受教育的情况、修完的课程、专业和技术资格等。填表的员工还必须提供三个可证明其背景、个性和能力的介绍人名单及联系方式。

表8，犯罪记录陈述。按加州法律规定，儿童看护中心的任何人都必须留下指印并公开任何的犯罪记录，包括犯罪的指控和判决。指印可被用来获取填表人可能有过的任何犯罪记录的复印件。如果填表人有犯罪记录，他（她）必须告知过失是什么以及在何时、何地、何种情况下发生的。儿童看护中心的所有员工还要报告是否有虐待儿童的记录或倾向。如有该项记录，也要作陈述，以便审批机关能从儿童虐待中心提取相关信息。

表9，月经营陈述。该表要反映儿童看护中心的所有收入。表的内容包括儿童的数量、平均缴费和看护儿童的总收入，其他经营活动的收入，各种投资和赞助等。

表10，收支表。该表记录了儿童看护中心的所有资产和债务，以便审批机构评估申请人的收支平衡状况。收支表的内容包括机构的资产、负债与结算。

表11，财务信息的发布和证实。该表分三部分，分别由三方填写。第一部分由申请人填写，提供能证明其经济实力的银行或金融机构的信息；第二部分是审批机关填写的，授权申请人所提供的银行或金融机构反馈有关申请人和其儿童看护中心财务信息的邀请函；第三部分是银行或金融机构提供的有关申请人和其儿童看护中心的财务信息，如借贷、支票、存款等。

表12，紧急灾难计划。该计划是由申请人提出的使机构能够处理任何意外事故、保障每一儿童安全和福利的计划。该计划包括紧急事件中任务的指派、各种急救机构的名称和电话号码、机构的紧急出口、儿童临时安置地、水电煤气等用具的开关、第一急救用具箱及搁置点、防火设备及搁置点等。

表13，地震准备检查清单。该表是为预防地震而制订的计划。内容包括活动室和整个机构的潜在危险的消除，如钉牢家具，低置重物和易碎物；协调计划，包括给儿童讲解防震知识和给儿童家长一份防震计划；在地震爆发时儿童看护人员的职责安排和当地的急救设施联络方式等。

表14，设施草图。要绘制出一份室内和室外的空间草图。室内图要标出房间的尺寸、用途、门的开向、卫生间和盥洗池的数量与地点；室外图要标出室外的所有建筑和设施，如跑道、栅栏、花园等。

表15，当地的火检权威信息。任何申请看护尚未学会走路的儿童、残疾或有特殊需要的儿童的看护机构都必须填写此表，向审批机关提

供儿童看护中心所在地负责火检的机构的联系方式，以便审批机关能从该火检机构获得一份防火安全报告。

申请人不仅要填写如上15张表格，还要提供如下12种支持性材料，以作为证明如上填写内容的真实性的凭据。

材料1，伙伴协议、联合条款和组织条款。这些文件让证书发放机构知道儿童看护中心的投资来源和机构各项工作的实际负责人。

材料2，管理人员和现场负责人的任职资格。包括文凭的副本，以及能证明其具有职责所要求的经验的介绍信。

材料3，工种描述。即对每一种工作岗位的描述。内容包括工作的责任和义务、所需的最低资格、特定的证书、许可证、技能要求、监督方式等。

材料4，人事政策。主要是儿童看护中心内部人事管理方面的操作方法和共同性规定，如员工的规模、资格、工作日程、应聘条件、工资待遇等。

材料5，员工的在职培训。申请人必须厘定一份工作人员的在职培训计划，其内容包括接受培训的员工范围和挑选标准、培训的种类、每一种培训的主题和频率等。

材料6，父母手册。包括儿童入学的政策和程序、儿童照料方案的介绍、儿童纪律规章等。

材料7，日间活动时间表。其内容包括儿童的用餐、小吃、午睡、教学活动等环节的具体时间。

材料8，入学协议。其内容包括儿童看护中心的服务范围和种类、缴费和退款政策、活动和规章调整的条件、机构中止的理由等。

材料9，范例菜谱。介绍儿童用餐和小吃的时间，一周的菜谱范例。

材料10，家具和玩具设施的清单。列出为不同年龄的儿童提供的室内外玩具和家具的清单。向保险公司投保的财产清单复印件也可以作为证据。

材料11，财产控制证明。如契约、租赁合同或财产税单的复印件。

材料12，私人供水的细菌学分析。如果饮用水来自一口井或其他的私人水源，必须有当地健康部门、州健康部门或合法实验室的现场水源的细菌学分析报告，以证明水是安全可饮用的。

第三步，情况核实。按美地方当局政策规定，情况核实有两种方式：一是取证，二是专家实地考察。加利福尼亚州主要采用取证的方法验证申请材料的真伪。审批机关会向当地的银行或金融机构索要信息，核实申请机构的财务状况；邀请向儿童看护中心出租房屋设施的人核明出租的事实；请建筑部门提供该机构的建筑、消防、防震和紧急事故的安全证明；请司法机构核实儿童看护中心员工有无犯罪记录；向儿童虐待中心核实员工有无虐待儿童的情况；要卫生保健部门提供该机构卫生保健合格的证明和负责人体检的结果等等。

有的州将取证和专家的实地考察相结合。如要进行实地考察，审批机关先要从申请机构获得与当地卫生检查员、消防检查员、建筑检查员以及公共健康检查员的联系方式。审批机关还要安排与各专家的商谈事宜，邀请各专家到申请办证的机构实地考察，检查验收。

第四步，审批与指导。

如果情况核实的结果表明申请机构符合许可的最低标准，申请许可证的工作就成功了。反之，若审查的结果表明机构尚未达标时，审批专家会提出各种建议，帮助和支持这些机构尽快达到标准。当然，没有达到最低标准的儿童看护中心是不具备营运资质的。

案例：幼儿园在社区的角色

（一）面向社会各界人士开放活动

2008年8月1日，在A幼儿园，看到各班《家长园地》里的"2008—2009学年计划"上写着：8月22日上午11：00—下午1：00对儿童和家长开放。

2008年9月24日，在B幼儿园，看到各班《家长园地》里的"2008—2009学年计划"上写着：9月25日下午5：30—6：30对外开放，我们期待着在晚上5：30—6：30看到你。

2008年10月6日，在C幼儿园，看到中班《家长园地》里的"月简报"上写着：9月18日晚上6：30—7：30向家庭开放，10月16日上午8：30—下午2：30向社区开放，晚上5：30—7：00向家庭开放；大班《家长园地》里的"月简报"上写着：10月16日上午8：30—下午2：30向社区开放，晚上6：30向家庭开放。

2008年10月16日，在C幼儿园，看到中班《家长园地》里的"开放日简报"上写着：10月16日开放活动，欢迎您到中班来；我们研究树叶和昆虫，画画，阅读，玩建筑游戏，探索废物利用，请您加入到我们喜悦的活动中来；看看我们的娃娃家、走廊上的活动照片，提出您的宝贵建议；感谢您的光临。

2009年4月22日，在D幼儿园，看到各班《家长园地》里的"月简报"上都写着：2月22日是"家长日"，下午2：00—4：00开放，家长可以和孩子们一起来看看儿童是怎样度过一天生活的，这是您获得孩子在园第一手资料的最佳时机，也是您和孩子一起在园共度时光的极好机会。

　　2009年4月22日，在E幼儿园，看到各班《家长园地》里的"2009-2010学年计划"上写着：2009年10月22日晚上6:30是秋季开放活动，3-5岁儿童将表演节目，欢迎带上2岁儿童来观看。

（二）鼓励社会各界人士参与教育

　　2008年10月6日，在C幼儿园，看到大班《家长园地》里的"月简报"上写着：教职员工们一直在讨论组织一次家庭旧货出售活动，这既可以集资，也可以对物品进行循环使用，这项活动可能在十月份的某个星期里进行，我们鼓励家长先对旧物进行标价，然后拿来出售。如果您想帮助组织这个活动，请和园长或班级教师联系。看到中班《家长园地》里的"月简报"上写着：家长可以通过观察、做志愿者、当辅导教师等不同方式参与到孩子的班级中来。如作为教室家长，和儿童玩游戏，准备早点，帮助老师在幼儿园厨房和儿童一起烹饪，为儿童阅读或听儿童阅读，记录儿童说的话，帮助缝补衣物，为班级活动拍照、录像，分享您的爱好或谈论您的工作，提供计算机帮助，和教师一起检查需要带回家的作业，打印文件等。请让孩子的教师知道您能分享的活动、爱好和习俗等。

　　2008年11月19日，在A幼儿园，看到中班《家长园地》里的"月简报"上写着：上周一大学教授和我们分享了一本图书。当她来的时候，我们大家都很高兴。问一下你的孩子，这位大学教授在班级里做了哪些事情。大班《家长园地》里的"月简报"上写着：上一周NG学校四年级的学生到我们班级里来了，和儿童一起看图书、讲故事、做游戏，使儿童有机会接触了小学生。

　　2009年4月22日，在E幼儿园，看到中班《家长园地》里贴着的花草图案上写着：请帮助我们集资，使幼儿园的花园变得更加美丽。在"2月份简报"上写着"志愿者的机会"：废物循环使用（在我们的垃圾箱里有一些废旧物品需要家长的帮助，收集起来循环使用。如果您愿意，请在门厅里签名），铲雪（今年冬天我们得到许多志愿者的帮助，非常感谢帮助我们铲去大门口、路上和游戏场地上的积雪的家长；请不要犹豫加入志愿者队伍，在寒冷的冬季帮助我们；请在签名本上记录你志愿的时间）。

（三）社区的信息资源一体化

2009年4月27日，在F幼儿园，看到《家长园地》里除了贴了五所小学学前班注册信息外，还贴着G学校学前班注册前对外开放信息：欢迎来访G学校。4月30日星期四下午5:00—7:00对外开放，开放学前班至八年级的活动、计算机房、课外活动和课后活动。

2008年10月6日，在C幼儿园，看到各班《家长园地》上都贴着H图书馆图文并茂的"10月份儿童活动安排表"：每周星期二、星期三、星期四上午分别为婴儿、幼儿、学前儿童活动安排讲故事、唱歌、合作游戏等活动。

2008年9月8日，在B幼儿园，看到各班《家长园地》上贴着I公园"稻草人"活动信息（橘黄色纸上画着稻草人和汽车）：9月27日星期六上午8:00—下午4:00，将在I公园举行第六届稻草人节日庆祝活动，届时将有赛车表演、稻草人服装比赛、儿童游戏、音乐歌舞、聚餐等活动。

2009年4月27日，在F幼儿园，看到《家长园地》里除了贴着I公园"接触卡车日"活动信息外，还张贴着L广场艺术活动信息（大红纸上印着不同字体）：社区艺术中心将在星期六上午11:00—11:45在L广场为学前儿童举办音乐活动，如学习音乐、舞蹈和乐器，讲配乐故事，做音乐游戏。

第五章

美国学前教育政策的价值取向（下）

美国家长参与到学前教育领域，可以为儿童提供更高质量的学前保教内容；学前机构支持家庭则为家庭保育和教育提供专业性指导。学前教师的发展为学前教育质量的提升奠定了师资基础。

第一节　注重家长参与和家庭支持

家长是子女第一个也是最重要的老师，幼儿保育和教育的每一方面均和家长以及家庭的机动性息息相关。在美国，家长参与子女教育的历史悠久，发展成熟，这与美国特殊的社会文化背景密不可分。首先，美国保育不受联邦政府的控制，州政府在保育方面的支持相对比较薄弱，监督程序也不健全，因此家长需要一种参与方案和政策，希望通过亲身参与来确保子女的利益和良好的发展；其次，由于美国存在种族、信仰、语言、文化等方面的分歧，所以家长希望通过参与方案对幼儿接受的教育施加一定的影响，来确保本种族文化的传承；再次，一些早教方案从自身利益出发，为了节省成本，就会主动地鼓励家长提供教具和其他服务，让家长参与到早教机构的工作中；最后，20世纪60年代中期，"开端计划"作为国家方案的推广是促使家长参与保教的历史性原因，父母参与是这一计划的重要组成部分。从父母的角度出发，其参与早期保育与教育方案的目的主要包括：促进儿童、成人的发展；确保方案传达；实施额外的监督工作；增强方案对儿童的服务。

家庭支持是指美国对家庭保育和教育提供多样化的帮助和指导，为家庭提供支持以促进家长参与子女教育活动的有效性是从20世纪80年代开始的。因为家长毕竟不是教师，对儿童发展、早期教育、儿童保育等方面的知识不专业，也不系统，而儿童的保育和教育是一项专业化和科学化的任务，因此，家长需要教育机构的支持和帮助。

一、家长参与

对于绝大多数的幼儿园而言，家长参与是志愿性的而非强迫性的，幼儿园总是欢迎家长到幼儿园做一些义务活动，而且这些义务活动按照家长的时间排成一个志愿者服务的时间表。家长们的志愿活动主要有让家长担任爱心妈妈、分享一项特殊技能、给儿童讲故事等。还有很多时候是帮助幼儿园做一些卫生清洁工作，比如准备点心、整理厨房、清洗餐具等。家长参与早期保育与教育的形式可以分为两大类：松散式的和较有组织的。松散式的家长参与包括接送时交流、家长布告栏、电话交流、电子邮件或网络等。大多数的幼儿保教员至少都会提供一些机会让家长与教师见面来讨论幼儿的发展问题或者是商量一些改善幼儿教育的策略。这种无组织的家长参与是在比较自然的情况下进行的，因此，教师与家长之间的交流氛围是轻松和愉快的。

较有组织的家长参与是指在这些保教园所内，家长参与是儿童入园的条件之一，家长参与在保教机构运行中并发挥着至关重要的作用。例如，在家长参与的学前幼儿园、学前班或合作性学前幼儿园中，家长是真正的学生，幼儿入读的学前班只不过是附属的实验室，提供给家长学习儿童发展、早期教育的场所而已。所聘请的幼儿教师只是负责教学和示范，不参与校务运作。多数公办园所，例如州学前班都设有家长咨询委员会。该委员会会参与学前班的规划、实施、评估等政策的决策过程。提前开始学前班还设有家长决策委员会，负责政策发展和复审、人事和其他有关的决定。这些家长参与的形式都是有组织的，负责园所的一些重要事务和工作，并且会定期地开展相应的活动来发挥其在机构中的重要作用。对这些保教园所而言，家长参与是园所工作顺利进行必不可少的条件。

　　总之，在美国，家长参与渗透在早期保育与教育的各个领域，其中，"开端计划"始终把家长参与作为其重要的组成部分，第一次明确提出了"让家长与儿童一起参加活动，并为其提供适当社会服务"的构想。在"开端计划"运作中，存在三种父母参与的形式：一是父母作为课堂活动方案中其他环节的志愿者；二是参与方案决策的制订（父母通常在政策委员会或理事会的一个小组委员会中）；三是参与和儿童养育问题有关的教育会议或研讨会。家长无论以何种形式参与"开端计划"，都先要在网上注册。随着"开端计划"的发展，家长参与工作逐步得到了完善，并以促进儿童发展为目的，制订了家长参与的执行标准，于1997年颁布和实施。具体来说，家长参与执行标准涉及以下一些方面：（1）"开端计划"中心帮助家长制订家庭合作目标，并充分利用社区资源为儿童和家长提供服务；（2）帮助家长参与孕产妇教育和服务，为儿童健康发展提供支持；（3）帮助家长参与儿童发展活动，使家长更好地了解和促进儿童发展；（4）帮助家长参与儿童医疗、营养和心理健康服务；（5）帮助家长参加社区服务，发挥家长在社区中的作用，提高他们各方面的能力；（6）帮助家长参加过渡性活动（Transition Activities），使家长更好地帮助儿童度过幼小衔接阶段；（7）帮助家长参与家访（Home Visits）服务，使家长有机会与"开端计划"工作人员和教师交流儿童的有关情况。[1] 由此可见，家长参与执行标准具有以下几个特点：一是重视家长的全面参与。在执行标准中，家长参与是全方位的，从享受怀孕前后的全面服务到参与儿童从"开端计划"到小学的衔接和过渡，家长在整个儿童发展和学习过程中都占有必不可少的地位。"开端计划"鼓励家长参与儿童活动中，并给予必要的指导和培训，使家长成为教育的实施者和受益者。事实证明，这种全面的参与是有效的，体现了儿童教育的民主性和开放性。二是关注家长素质的提高。"开端计划"清楚地认识到家长文化素质的高低直接影响儿童的教育质量，家长素质的提高对儿童的成长起到促进作用，因此，应该注重改善家长的教育理念和教育方式，提高其文化素质。"开端计划"为家长提供了相关的培训、咨询以及其他方面的支持和服务。家长参与到儿童发展中，一方面发挥了其在儿童发展中的重要作用，有利于维护儿童的利益，另一方面在参与"开端计划"决策和教育培训的过程中，家长个人素质也得到了提高，真正实现了儿童和家长的共同成长。三是注重与家庭、社区间的相互联系与合作。执行标准把"开端计划"机构、家庭和社区很好地联系在了一起，注重以社区服务和

[1] U.S. Department of Health and Human Services. Head Start Program Performance Standards and Other Regulations[R]. *Head Start Bureau*, 1997: 125– 146.

资源为依托，为家长和儿童提供高质量的服务。"开端计划"通过各种途径与家庭建立联系，了解家庭的情况和所需要的服务，以便更好地满足家庭的需要。在家长参与的所有服务中，"开端计划"积极寻求社区各方面的服务提供者，与社区组织和机构合作，并努力创建为婴幼儿和家庭服务的健康咨询委员会、专家心理门诊等各种社区组织，最大限度地利用一切资源为儿童和家长服务，共同促进儿童的健康发展。[1]

在给联邦政府健康与人类服务部（DHHS）的报告中，"开端计划"质量与拓展咨询委员会介绍了"两代人方案"的概念，从而使方案既关注到孩子又关注到家长。报告中的案例包括：我们应该付出更大的努力，使"开端计划"中的家长与家长支持方案中的家长在社区中联系起来，提供就业服务、实施家庭读写方案和必要的防止药物滥用。执行标准把家长参与贯彻到了幼儿保育与教育的每一个环节中，使家长与幼教工作者、学前教育机构和幼儿家庭组成一个和谐联动的整体，进而整合社区的教育和文化资源，从宏观上为幼儿发展构建了一个良好的社会环境，有效地实现了促进幼儿身心发展和提高幼儿家长自身素质的两个目标。

二、家庭支持

家庭的主要任务是确保儿童的身心健全发展，为达到此目的，家长必须要掌握较全面的育儿知识。所有的家庭不论其经济地位如何、家长受教育程度如何都需要帮助和支持，只是所需的支持不同而已。家庭支持系统可以被看做一个独立的服务系统，是以家长服务为主的

---

[1] 刘彤，聂懿：《解读美国开端计划家长参与执行标准》，载《学前教育研究》，2008（09）。

系统。在美国，家庭支持系统的活动包括很多形式，比如专家咨询、社交活动、演讲、社会服务、心理咨询转介服务等。其中一个非常成功的家庭支持和家庭亲职教育的计划是"家长即教师"，详情如下："家长即教师"的理念来源于20世纪70年代。当时密苏里州5岁儿童正式入公办学校就读5岁班幼儿园时，幼儿之间的入学准备差异大，为了缩减差异或者是说避免差异的出现，早期教育专家建议从家长入手，设立支持家长的计划，来辅助家长从子女一出生就做促进子女发展的活动。接着，"家长即教师"就为家长提供自怀孕期间至孩子入5岁班幼儿园为止的最全面发展信息。"家长即教师"着眼于通过任何服务均可参与的亲职教育来促进儿童发展和提升学习成果。自1985年，此计划已经扩展至全美50个州和世界其他国家。[1]

家长是子女的第一任教师，家长的教育理念和教育方式对幼儿今后的发展具有很重要的影响。"家长即教师"这项计划将服务对象指向家长，通过各种活动来增进家长有关儿童发展的知识，改进家长的教育理念和教育方式，注重儿童发展过程中的问题解决，这间接地促进了儿童的健康发展，维护了儿童的权益。

除此之外，美国还开展了亲职教育项目来为家庭教育提供支持。亲职教育的形式是多种多样的，其中亲职教育工作坊是最受家长欢迎的一种形式。亲职教育工作坊的时间是为了配合家长的时间而进行安排的，如果亲职教育面临的是上班族人群，亲职教育工作坊就会安排在黄昏、夜间或者周末，场地可能在托儿所、幼儿园、社区中心等。工作坊所聚焦的课题是随时期的变化而变化的，是与时俱进的，不过

---

[1] [美] 林秀锦：《美国的早期保育与教育》，146页，南京：江苏教育出版社，2006。

还是有一些普遍的必须教授的课题，比如婴幼儿发展、脑科学研究、儿童青少年发展、心理卫生、育儿技能和管教子女等。

这里值得一提的是一个新的"21世纪学校"概念，它是被用于早期教育和家长支持的模式。"21世纪学校"提倡一个以社区为本位的模式，连接托儿教育以及利用公办学校提供教育和家长支持方面的服务，其目标是促使儿童自出生至12岁期间最健全地成长和发展。21世纪学校提供多项家长所需要的支持性服务，包括三四岁班幼儿园、托儿服务，少年发展活动以及保健、医护和其他社会服务。

21世纪学校的指导原则包括重视提供家庭支持与强调家长参与子女教育过程；依据家庭收入多寡而订立收费标准，人人均可获得服务；关注儿童身体、社会性、情感和智能的发展；服务质量取决于工作人员的资历、工作人员与儿童的比例、班级大小、工作人员离职率和其他评判标准；为托儿从业人员提供专业培训、交流和进修的机会；非强迫制，各个家庭自行决定是否参与。除此之外，21世纪学校的核心构成要素有以下几个方面：一是为初为父母者提供辅助和支持。为他们提供婴幼儿认知、社会性、语言和肌肉发展方面的知识，并且提供机会让这些家长会面，交流儿童发展方面的知识。二是三四岁班幼儿园。高质量、全日制、全年制的三四岁班幼儿园和托儿所促进了家庭和学校之间的正面、积极的互动，有利于儿童学业顺利地进行。三是课前、课后和假期的学龄儿童托儿服务。多元性、成人监督的活动专为5—12岁的学龄儿童设置，在此安全的环境下，家长可安心地工作或学习。四是健康教育和服务。和社区内的医疗机构合作，提供健康教育和服务，包括保健、营养和健身教育，身体健康服务，有特殊需要儿童的照顾，发展评估，牙科检查和心理健康方面的服务。五是托儿从业人员联络网。为提高当地托儿质量而设立托儿从业人员网，并为他们举办工作坊，提供培训机会，建立相互支持小组发布新闻信等，社区内的家庭托儿从业人员受到特别的关注。六是资讯和转介服务。为家长提供社区内所有的不同托儿服务的选择资讯以及选择高质量托儿、医疗保健和其他社区服务的标准。

家长参与和家庭支持虽然主体不同，前者是家长，后者是早期保育和教育机构，但是两者是融会贯通、相互渗透的。家长在参与的过程中，获得了知识和信息，早期教育机构在给家长提供支持的同时为家长提供了参与儿童活动的机会。家长与幼儿教育机构的最终使命是要促进幼儿的身心健全发展，只有两者相互合作、相互尊重、相互支持才能更有效地完成使命。

三、家长参与和家庭支持的主要形式

（一）家访机制

家庭访问是进行个别家庭教育指导的一种常用的有效方式，简称家访，主要是解决儿童、青少年个别的家庭教育问题。学校的教师和工作人员到学生家里进行访问，一般是与家长沟通儿童的情况，交流感情，密切关系，商讨共同教育儿童、青少年的方式方法。这种指导方法比较灵活机动，便于进行，而且指导得比较具体，更具有针对性。

在美国，家访是美国学前教育机构与儿童家庭建立友好关系的一种重要形式。为了充分发挥家访的独特作用，美国学前教育机构十分重视家访流程的严谨性和系统性。首先，在家访之前，教师要认真做好家访前的准备工作，并准时到达儿童家庭进行访问；其次，在家访过程中，教师要注重与家长谈话环节的互动，注重语气要轻松愉快；

最后，教师还要做好家访的后续工作。

1. 家访的价值

家访有助于教师、家长、儿童的相互理解和共同成长，有助于形成和谐的家园关系。

（1）从教师的角度出发。家访对教师的价值包括两个方面的内容。一是家访有利于教师更真实地了解儿童家长和儿童生活的家庭环境。通过家访，教师可以亲自目睹儿童的生长环境、家长的为人处事以及家长和子女之间的互动，认识到儿童家庭的困难以及家长在教育儿童方面存在的不足，并给予有针对性的指导和帮助。二是家访有利于教师更加了解儿童。在家访过程中，教师能够从家长方面获得有关儿童学习、成长、生活习惯、爱好、兴趣的许多信息，并且还能通过观察发现儿童在家和在园行为方面的不同，从而更加全面地了解每一个儿童的性格和行为，这有利于教师在教学实践过程中采取有针对性的关心和照顾，并根据儿童的兴趣设计教学活动。正如有学者指出的那样，家访不仅能为教师提供有关儿童家庭物质环境的第一手资料，帮助教师了解儿童及其家庭、理解儿童在班级的行为，而且还能推动教师运用家访中的信息去设计更符合儿童兴趣爱好和学习特点的活动，丰富儿童的知识经验。[1]

（2）从家长的角度出发。家访为家长提供了与教师自由交流的机会，家长一方面可以询问子女在园的表现情况、园所的办学宗旨以及园所目前所开展的活动等，另一方面可以将生活中教育子女方面遇到

---

[1] 李生兰：《儿童的乐园：走进21世纪的美国学前教育》，2页，南京：南京师范大学出版社，2011。

的问题告诉教师，共同寻求解决的办法，并与教师沟通子女某种不利行为形成的原因，比如儿童胆小是因为小时候受过惊吓，儿童不爱吃蔬菜是因为家里有人也不吃蔬菜等。家长通过与教师之间的沟通交流能够更加深入地了解儿童保育方面的知识，从而提供给儿童更好的家庭保教，促进儿童健康地成长和发展。除此之外，通过家访能够使家长直接看到教师和孩子之间的互动，感受到教师对孩子的关爱，通过观察教师在与幼儿互动中所采用的语气和方式能够引起家长的自我反省，从而转变其错误的教育方式。

（3）从儿童的角度出发。家访时儿童在自己的家里看见了喜欢的老师，这使得儿童感到尤其兴奋和激动。儿童会很高兴地把自己的房间、玩具、宠物、兄弟姐妹等介绍给教师。家访中教师和父母给予的夸奖还能增强儿童的自豪感，帮助儿童攻克入园难关。特别是入园之前的家访，儿童可以在安全舒适的、有家长陪伴的家庭环境中去认识教师、熟悉教师，能有效缓解他们日后的入园压力和焦虑，帮助他们更快地适应幼儿园生活。

2. 家访的准备工作

为了保证家访的质量，美国学前教育机构的教师在家访前都会注意做好充分的准备工作。首先，教师要向家长说明这次家访的目的。教师可以通过电话、电子邮件、信函、便条等形式向家长解释家访的目的，从而使家长正确认识和对待这次家访。其次，教师需要和家长协商家访的时间和地点。时间和地点是进行家访的关键，教师可以通过电话、电子邮件等方式和家长取得联系，并商定家访的日期和时间。最后，教师需要备齐家访物品，家访的物品是家访的保障。教师可以根据家访的目的，带上家访可能用到的物品，比如儿童参加活动的照片、儿童的作品、照相机、园所的简介等等，这些物品可以为家访的顺利进行提供物质保障。

3．家访的过程

家访的过程也是需要给予充分重视的。一是教师在家访前要穿戴得体，面对家长要彬彬有礼，热情地向家长和幼儿问好。二是教师刚开始可以选择和家长进行闲聊，比如房间的设施、家周围的环境等。三是等初次见面的尴尬感消失的时候，教师就可以从资料入手，与家长进行详谈，教师可以把随身带来的资料、磁带呈现给家长，和他们讨论儿童在园所的表现，向他们描述儿童在园所的一天生活以及儿童所学的技能。当家长在阅读一些材料或者收听磁带、观看录像时，教师可以友好地和儿童游戏，或拿出带来的玩具和儿童一起玩，又或是仔细聆听儿童介绍自己家里的玩具、物品等。四是教师通过观察、提问、倾听来了解家庭的特征、家长的特长和儿童的兴趣，促使家长参与儿童教育；教师还可以把一些游戏、活动、图书引进家庭，使家长能开展亲子游戏、亲子共读等活动。五是教师要注意掌握访问的时间，在15—30分钟内结束家访，最长不能超过一个小时，除非受到了家长的特别邀请。在离开儿童家之前，教师会做好以下几件事：（1）和家长交谈儿童刚才所画、所写的东西，说明这是儿童绘画技能、书写技能发展的表现；（2）给家长留下儿童喜欢的一本书，提示家长读给儿童听；（3）给家长留下学前教育机构的时事通讯，鼓励家长在家里学习和使用；（4）请求家长同意拍一张他们的全家福照片，日后可以贴在班级的家长园地里；（5）邀请家长来园参观访问，参加班级的一些活动，并和儿童分享他们的知识经验。总之，在家访过程中，教师可以运用各种社交技能和策略，达到家访的预期目的。

4. 家访的后续活动

家访结束后，教师可以给家长写一封感谢信。在信中，教师会表达家访给自己留下的美好印象以及所带来的愉快体验，并对家访中的一些事情进行积极的回忆和评价。另外，教师在接下来几周的时间里，会充分利用家庭资源，开展相应的活动，以继续保持与家庭的亲密关系。例如，在家访中，教师发现一位家长有一技之长，在家访后教师就会安排适当的活动，邀请这位家长来和全班儿童分享才能。除此之外，教师会适时地对家访工作进行全面评估，以考察家访怎样有效地加强了教师和家长、儿童之间的联系，自己运用了哪些策略来实现这一目标，今后如何为儿童设计更适宜的活动等。

（二）家长开放政策

美国许多学者对学前教育机构的家长开放政策进行了论述。克里克（Click）认为，"开放政策"就是"允许家长在任何时候来访参观"，"家长在任何时候来访都是受欢迎的"。[1] 博格（Berger）认为，"开放政策是教育机构对待家长的一种态度"，"在一个实施开放政策的学校里，家长任何时候来访参观都是受欢迎的"，而不是要求家长在接到通知后或者预约后才能来访参观。[2] 由此可见，美国学前教育机构面向家长开放的政策，就是学前教育机构的大门天天向家长开放，并且随时欢迎家长来访参观。

1984年，美国幼儿教育协会发布了《学前教育机构的国家研究院

---

[1] Click P. *Administration of schools for young children* [M]. Albany, NY：Delmar，2000：390–394.

[2] Berger. Parents as partners in education: Families and schools working together[M].Upper Saddle River, NJ: *Pearson Education*，2004:161—162,203—204.

认证标准和程序》指出优质机构要符合十条标准。在第三条标准"保教人员和家长的相互作用"中，有一项指标是"学前教育机构的政策应该公开地鼓励家长参与，家长任何时候都能自由地到学前教育机构来访"，"家长是学前教育机构随时都欢迎的参观者"。至此，学前教育机构开始制订家长开放政策，以达到优质机构的标准。2006年，美国幼儿教育协会又发布了新的《国家幼儿教育协会学前教育机构标准和认证指标》，提出优质机构要符合20条标准。在第七条标准"家庭"中，有一项指标是"家长可以在任何时候参观访问学前教育机构的任何地方"。新标准的推行强化了学前教育机构的家长开放政策，保证了学前教育机构质量的不断提高。

1. 家长开放政策的价值

美国学者认为，学前教育机构的家长开放政策有利于教师和家长的共同成长，全面认识和实施家长开放活动，有利于促进教师和家长之间和谐伙伴关系的形成。

（1）从教师的角度出发。家长开放政策是指欢迎家长随时到园所进行参观，借这个机会，教师一方面可以向家长介绍园所的生活以及最近园所开展的主题活动，从而寻求家长的意见和一些必要的支持，比如在教具、资金上的支持，另一方面可以向家长咨询子女在家的生活习惯、饮食习惯等，共同讨论如何帮儿童改掉生活中的一些不良习惯，达到教育共识。总之，家长开放政策是真正将家长看成早期保育与教育的伙伴，共同参与儿童教育，这有助于促使保教人员和家长为了儿童的权益形成良好的合作氛围。

（2）从家长的角度出发。家长开放政策有助于家长更好地了解托幼机构的全貌。通过参观机构，家长或家庭成员有机会观察学前教育机构，观看儿童与同伴、教师、保育员之间的互动，了解儿童一日生活常规安排。家长还能够通过教师了解机构的政策和课程及评估实践等，从而增强家长对机构了解的广度和深度。除此之外，家长开放政策有助于家长提升参与机构活动的意识和行为。家长通过与保教人员的交流，认识到自己在机构中是受欢迎的，而且他们的参与和观点对机构活动的组织、实施具有重要的作用，从而更愿意参与机构活动。

2．家长开放政策的实施

为了真正有效地落实家长开放政策，学前教育机构一定要注意以下几点：一是要做好家长的第一次来访参观，第一印象是十分重要的，保教人员的态度、语气能够很好地传递家长是否受欢迎的讯息。二是保教人员要掌握与家长交流的艺术，能够在互相交流过程中，让家长感觉到特别舒服和亲切，从而愿意听、喜欢听，并且能够主动地与保教员进行沟通交流。除此之外，保教人员还要为家长的参观提供全方位的服务。比如，提供阅读材料、必要的指导、儿童的作品、作息时间表等等。

3．家长开放政策的活动

（1）欢迎家长随时来访、参观。在美国学前教育机构，家长可以随时进入班级和孩子一起活动。例如，在某托幼机构，上午10点，两位妈妈先后来到中班，旁观孩子的游戏活动；在另一个幼儿园，上午11点，一位妈妈坐在小班活动室里，自愿给孩子们讲故事；在某个幼儿园，下午2点，一位爸爸走进大班活动室和孩子们一起吃点心。

为了使家长的随时来访、参观活动卓有成效，学前教育专家建议教师做到如下两点：一是积极鼓励和指导家长。当家长随时来访时，教师要欢迎家长的到来，尊重家长的选择和决定，鼓励家长做志愿者，引导家长以不同的方式参与儿童的活动，当家长访问班级时，教师必须告诉家长参观班级的基本要求和注意事项。二是要正确看待和对待儿童，比如当家长参观时，会出现一些调皮捣蛋的儿童，这时候教师应该想办法使这些儿童平静下来，可以将这些儿童与其他儿童分开，或让其去扮演一些特别的角色。

（2）邀请家长参加一些特别的活动。为了吸引家长到学前教育机构与教师进行更多的交流，各个机构每学期都为家长举行1—2次独特的开放日活动。例如，在某个幼儿园，笔者目睹了制作糕点的开放活动。教师在厨房准备了各种原料、器皿，鼓励家长参与到幼儿的烹调活动中来，然后一起品尝做好的糕点。另一个幼儿园会定期举办阅读表演的开放活动。教师在班级准备了各种纸笔、废旧光盘，引导家长和幼儿一起阅读庆祝圣诞节的图书，用肢体动作表现喜庆的气氛，把废旧光盘装饰成圣诞花环。

为了使专门的家长开放活动达到预期的效果，学前教育专家建议做到以下几点：一是要给家长发送邀请信件，写清时间、地点；二是要做好活动前的准备工作；三是要把握活动的基本要素，虽然不同的学前教育机构活动的内容可能也不同，但是要想举办一个成功的家长开放活动，必须具有以下基本要素：开场白、向家长致欢迎辞；把更多的时间放在对儿童活动的观察和讨论上。此外，托幼机构鼓励家长提供"点心或便餐"，这样可以增强开放活动的效果。

（三）家长志愿者

家长志愿者是义务为学前教育机构提供服务而没有获取报酬的家长。家长心甘情愿地为学前教育机构效劳，家长志愿者是教师和家长沟通和合作的一种独特形式，在美国颇受欢迎。

1. 家长志愿者的前提准备

首先，美国学前教育机构会通过多种途径来广泛招募家长志愿者，比如家长手册、家长会、个别交谈、家长园地、幼儿园的宣传栏等。其次，为了充分发挥家长志愿者的作用，学前教育机构在家长志愿者"上岗"之前，会对他们分层进行培训和指导。园长会对他们进行简单的入园教育，使他们了解园所的设施、职业道德、保教人员、规章制度和职责范围等等。教师还会对他们进行入班教育，这包括指导他们认识个体与团队的关系，帮助他们理解活动的常规和时间，引导他们观察教师和儿童的互动，指引他们掌握各个活动区的规则，引导他们在各项工作中加以选择。

2. 家长志愿者的工作

美国学前机构在给家长志愿者安排工作时，注重从实际出发，通常会考虑他们的兴趣性、独特性和选择性。在给家长安排工作之前，主要是考虑以下几个方面：

（1）家长的职业经验。园长和教师要密切关注家长志愿者的职业背景，全面掌握他们分别从事什么工作，接受过什么培训，这有利于发掘哪些职业经验是学前教育机构发展中紧缺和必要的，从而充分利用资源，将其运用到班级的教学活动中。

（2）家长的特殊才能。教师要了解每个家长所具有的特殊才能，鼓励他们到班级中和儿童一起分享，弥补教师的不足。比如，儿童对架子鼓特别感兴趣，但是教师又不擅长，这时候就可以邀请擅长打架子鼓的家长到班级中做志愿者，教儿童架子鼓。

（3）家长的工作时间。教师要与家长沟通，了解他们的工作时间，从而着力为家长志愿者安排灵活多样的时间表，有利于家长随时都可以抽空来作奉献。

（4）家长的兴趣。教师在为家长设计、安排活动的时候，也要考虑家长的兴趣。因为只有家长对某项活动感兴趣，他才会积极主动、充满热情地去从事这份工作；相反，如果家长对教师安排的工作感到枯燥，就会对自己的志愿服务持否定态度。

（5）家长的活动权限。教师要注重引导家长来做志愿者，并给他们参与各种活动的机会和自主选择活动的权利，让他们自主决定参与活动的程度。他们既可以选择帮教师准备活动材料，也可以选择为儿童阅读图书。

最后，为了考察家长志愿者的使用情况，学前教育工作者会对家长志愿者的工作进行相应的评估。园长重在考评家长志愿者对机构的参与、支持情况，比如，帮助分配器材、收集信息、参与活动等方面的情况；而教师主要是考察家长志愿者对班级情况的参与、加入方式，比如给儿童提供游戏材料、参加儿童的游戏、旁观儿童活动等。学前教育工作人员对家长志愿者的评估不仅注意认可他们的努力，使他们获得成就感，而且还感谢他们的服务，欢迎他们再来。

（四）家庭与托幼机构合作

美国的家长教师协会（Parent Teacher Association，PTA）是一个成立于1897年的非营利组织，致力于组织和支持家长参与对儿童的教育。为实现"强烈声援所有儿童""为家庭与社区提供相关资源"的使命，家长教师协会于20世纪90年代制订了《家长／家庭参与项目的国家标准》（*National Standards for Parent/Family Involvement*

Programs），21世纪初又在一些新研究成果的基础上对原有标准进行了修订，关注的焦点从"学校应该做什么"转变为"家长、学校与社区能共同做什么"，并将标准改为《家庭与学校合作的国家标准》(*National Standards for Family-School Partnerships*)。[1] 美国《家庭与学校合作的国家标准》在实践过程中，对提高家园合作发挥了重要作用。

《家庭与学校合作的国家标准》共包括六个评价项目，每个项目包含若干子项目，每个子项目都有若干评价指标，便于操作。其中的"学校"包括幼儿园。

项目一：欢迎所有家庭参与幼儿园活动

家长是幼儿园教育的积极参与者，理应受到幼儿园的欢迎和尊重。家庭成员的影响与幼儿在幼儿园里的学习和活动密切相关。

1. 营造欢迎的氛围

该子项目主要关注当家长走进幼儿园时是否能感受到幼儿园的魅力，进而产生归属感。评价指标主要包括：（1）发展个人关系；（2）营造对家长友好的氛围；（3）为志愿者提供活动的机会。

2. 建设尊重与包容的幼儿园集体

该子项目主要关注幼儿园的政策与计划是否反映与尊重了社区中幼儿家庭的多样性。评价指标主要包括：（1）尊重所有家庭；（2）消除参与幼儿园活动的经济障碍；（3）确保家长对幼儿园活动的可承受性。

项目二：有效的沟通

家长希望与教师围绕幼儿发展进行经常性的、双向的、有意义的沟通。该项目主要关注幼儿园是否能保证让所有家长都能获悉与其相

---

[1] 秦元东：《美国家庭与学校合作的国家标准及其启示》，载《幼儿教育》，2009（11）。

关的重要信息，是否能为所有家长提供与教师沟通的机会。评价指标主要包括：（1）运用多种沟通方式；（2）调查幼儿家庭，以了解家长关心的问题；（3）为家长提供接触园长的机会；（4）为家长提供有关幼儿发展现状的信息；（5）促进各个幼儿家庭之间的联系。

项目三：支持幼儿发展

家长与教师要不断合作，共同支持幼儿的学习与发展，并且经常为幼儿提供获得知识与能力的机会。具体内容如下。

1．分享幼儿进步的信息

该子项目主要关注家长是否知道他们的孩子在幼儿园中的发展，是否了解幼儿园的发展状况。评价指标主要包括：（1）确保与家长围绕幼儿的进步进行沟通；（2）将幼儿的行为表现与成就标准相联系；（3）利用标准化测验促进幼儿的发展；（4）与家长分享有关幼儿园发展的信息。

2．促进家庭参与

该子项目主要关注家长是否可以成为幼儿学习时的积极参与者。评价指标主要包括：（1）促使家长参与幼儿园活动；（2）发展家长的能力，以促进幼儿发展；（3）为幼儿在家里学习提供支持。

项目四：支持每个幼儿

家长有权利支持自己的孩子，确保孩子受到平等对待并获得成功。具体内容如下：

1．了解幼儿园系统的运转

该子项目主要关注家长是否知道幼儿园与地方政府部门之间的合作关系，是否拥有了解或质疑幼儿园的项目运作、政策制订与活动开展的权利。评价指标主要包括：（1）帮助家长了解幼儿园与地方政府部门之间的合作关系；（2）了解联邦与州政府的法律赋予家长的权利与义务；（3）了解可利用的资源；（4）解决问题与冲突。

2．赋予家长权利

该子项目主要关注家长是否能够为幼儿发展提供适宜支持。评价指标主要包括：（1）发展家长的能力，以便家长能为幼儿提供更有效的支持；（2）为幼儿今后的发展制订规划；（3）顺利实现各教学阶段的过渡；（4）参与相关活动。

项目五：分享权利

家长与教师在涉及影响幼儿及其家庭发展的决策中是平等的伙伴，可以共同制订并实施决策。具体内容如下：

1．强化共同决策中家庭的话语权

该子项目主要关注在幼儿园与社区制订和幼儿相关的决策时，家长是否是完全意义上的平等伙伴。评价指标主要包括：（1）确保家长在所有影响幼儿的决策中都有发言权；（2）关注公平问题；（3）发展家长的领导能力。

2．建立家庭的社会与政治联系

该子项目主要关注是否有一个强有力的、基础广泛的组织，支持家长经常与幼儿园领导、政府官员、社区领导互相沟通，表达意愿。评价指标主要包括：（1）帮助家长和地方政府官员间建立联系；（2）建立一个代表所有家庭的有效的家长参与组织。

项目六：与社区合作

家长、教师和社区工作人员合作，使幼儿、家长和教师相互联系，以拓展学习机会，扩展社区服务范围，提高市民参与度。该项目的目标是在幼儿园与社区之间建立联系，主要关注家庭与幼儿园是否能和社区、商业机构以及高等教育机构等密切合作，以提高幼儿园教育质量，使幼儿、家长及教师享有更多资源，并且建立一个对家庭友好的社区。评价指标主要包括：（1）利用社区资源；（2）组织利用各种外来支持；（3）将幼儿园变成社区活动中心；（4）与社区合作，为幼儿发展提供支持。

总之，在美国家长参与和家长支持历史悠久，而且形式多种多样，除了家访机制、家长开放政策和家长志愿者之外，还有教师—家长会谈、《家长手册》等。家长参与和家庭支持，一方面有利于促进家园合作的发展，达成教育共识；另一方面也对保教机构提出了更高的要求，保教机构的整个办学体系都处在一个透明化的空间，随时准备迎接家长的参观和评估。在美国，家长参与与家庭支持有许多成功、有效的例子，具有代表性的是家长服务工程。

案例：家长服务工程[1]

家长服务工程是全国性非营利性组织，通过培训和技术援助将家庭援助与早期儿童方案结合到一起。

家庭服务工程在加利福尼亚、佐治亚州和佛罗里达州被复制为300多份方案，其目标是通过发展和扩大早期保育机构中的家庭支持和父母参与来促进儿童、家庭及社区的健康与福利。为达到持续的改变，家庭服务工程与实习生共同致力于建立家长、保育者、教师和管理者之间的联合。家庭服务工程是一个地方联盟的全国

---

[1]案例来源：[美]蒙·科克伦著，王海英等译《儿童早期教育体系的政策研究》，南京：江苏教育出版社，2011。

网络和信息共享的儿童发展组织，代表着目前该领域最新的发展水平。

家庭服务工程的理论依据是拥有满足感的家长将使其子女的生活更加充实，在社区中起着更为积极的作用，使家庭更加稳固，所有这些都代表着生活质量的提升。1980年，发起于洛杉矶湾区的儿童保育干预方案以一种文化多元和灵活的方式满足了家庭的需要。家庭服务工程扩大儿童保育中心为家长服务的能力，并支持将儿童保育中心变成家庭保育中心。

这项工程向家长承诺：家长在保育机构得到足够的援助，获得独立支持家庭的能力。譬如，当家长接送孩子时，工作人员就会利用这个机会向家长提供如何养育健康儿童的信息和情感帮助。这种交往能够使家长服务工程的工作人员提前认识到家庭潜在的问题，从而有效地与家长共同解决问题。

在与家长服务工程有关的网站上，全体儿童保育工作人员与家庭服务工程的工作人员一起决定一个家庭是否需要特殊的关注和支持。如果某个家庭确实需要这种关注，那么，这两个团体将会与家长合作发展家庭服务计划。根据这一计划，儿童保育工作者决定将重点放在家长如何能够最好地支持儿童的需要，而家庭服务工程的工作人员则将重点放在满足家长的需要方面。

早期保育机构中的父母参与是家庭服务工程的基本原则，这种参与部分地完成了方案和活动的延展性菜单。

家庭乐趣中心策划的活动鼓励所有家庭成员与儿童一起放松，并体会与其他家庭一起活动的乐趣，扩大社会联络，包括聚餐晚宴、庆祝节日、体育赛事、工艺职业、文化大事记和专门的团体出游等。

成人活动、课堂和工作时间为家长提供自我培训和学习使用技能的机会，如家长午餐会、男子小组、援助团体、休闲购物、家长教育、家庭文化等。

家长休假中心提供免费的晚间或周末儿童保育服务，从而使家长有自己的时间。具体来说，中心可以提供有规律的休息时间表、紧急看护、生病儿童保育或家长保育小屋。

家长基金决定权。家长组成的团体可以决定资金的使用和来源，家长可以获得助学金、奖学金或贷款，并参与筹款活动。

领导活动将家长规划和提议的活动纳入方案中，培养家长作为领导者的技巧，这包括家长的领导力、责任感、董事会议、家长政策委员会、家长联盟和家长会议。

家庭服务工程的一份三年评估报告表明，该方案能够产生长期的积极效果，包括缓解家长的心理压力、促进家长权利的增加以及家庭美满。旧金山地区对家庭服务工程的一次成本效益研究表明，在加利福尼亚州，国家资助下的儿童保育中心中每个接受家庭服务工程服务的家庭，将在危机干预服务中节省415美元。因此，研究人员得出结论认为，长期的救助收益较好。

父母参与其中的家庭服务方式包括许多作为理想框架组成部分的早期特性描述。"两代人"战略所具有的价值十分明确，它不仅可以看到家长发展自身权利的重要性和价值，而且还可以促进其子女健康发展。有兴趣和家长一起工作的工作者被挑选出来，接受培训以开展工作。家长赋权作为过程设计的明确目标，通过共享决策权得以深化。参与方案的家庭在文化、种族和语言背景方面的差异需要得到保育工作人员的尊重，这一点也是方案活动开展的前提。

第二节　加强学前师资培训

　　学前教师的专业素质渗透在整个教学过程中并直接影响幼儿的学习。专业培训是促进幼儿教师专业素质发展的重要途径，能使其更好地理解幼儿成长和发展的复杂性。学前师资培训有利于幼儿的健康、和谐发展。有大量的研究支持受教育水平程度越高的幼儿教师和保育者更具敏感性的保育，更喜欢鼓励孩子的独立性发展，更少苛刻、分裂、消极的保育，更少限制和权威的保育，能够采取适宜发展的活动，能够创设鼓励同伴互动的丰富环境，同时，更注重社会性和语言的刺激等。另一方面，学前师资培训有利于教师的专业成长。接受的专门教育培训水平越高，教师的专业定位和专业忠诚度越高，归属感也越高，认为自己所从事的工作是专业的、高尚的、有价值的。随着专业性的提高，教师的工作成就感和自豪感也会得到提高。除此之外，家长也能够从师资培训中获得明显受益，专门的师资培训能够给家长传播更多、更新的保育知识，使教师更加注重与家长之间的相互尊重、相互合作、相互交流，进一步促进家园合作的持续性发展。由此可见，学前师资培训不管是对儿童、对教师本身，还是对家长而言都有明显的益处，因此，美国十分重视学前教育师资培训，开设了多样化的培训项目，制订了培训标准和认证。美国的学前师资培训发展比较早并且比较成熟和完善，研究其学前师资培训对于发展和完善我国学前师资培训具有很好的借鉴作用。

一、学前师资的培训现状和培训项目

　　由于美国早期教育服务形式和机构的多样性，学前教育师资培训也是多元化的。不同的教育机构或组织对早期教育教师的要求不同，

州与州之间对教师资格认证的标准也不同，因此，早期教育教师的水平差异极大，从高中毕业程度至研究生毕业程度都有。有些幼儿教师拥有儿童发展、早期教育、基础教育或学前教育方面的证书，有些教师在取得其他专业学位的同时进修获取儿童发展证书，更多的幼儿教师是取得了早期教育或儿童发展方面的证书，还有许多教师无任何学位和证书，可见，美国对于幼儿教师从业资格的要求是比较灵活和多元化的。

在美国有两种高等教育机构开办了幼儿保育与教育的师资培训项目：两年制的专科或学院，四年制的学院或大学。它们因自身的办学宗旨、培养标准、服务对象的不同，采取不同的定向培养。比如，集中培训未来从事教育自出生至4岁幼儿师资的学校大多是两年制专科学校或学院以及四年制私立大学或学院。培训未来教育5岁班幼儿园至小学三年级或更高年级的学校是开设有早期教育课程的州立四年制大学或学院，培训5岁以下幼儿师资的不是这类州立大学或学院的主要任务。

（一）两年制学院的培训项目

在美国，两年制的社区学院、初级学院和技术学院都是开设早期教育课程的学院。进入这类学院的程序比较容易，不需要参加任何考试，每个学生可以自由申请入学，自行选择必修与选修的课程，完成一定学分并达到一切要求后即可获得学位毕业，提前完成相应的要求和学分就可以提前毕业。当然，如果想要获得一个两年制学院主修早期教育或儿童发展的副学士学位是有一些硬性规定的，即必须修完一定学分的通识教育课程和规定的主修课程。如果想获得更高的学位，学生从两年制学院毕业后亦可申请转入四年制大学或学院，在两年制学院所修得的低年级学分大多数可以被作为四年制学院或大学的学籍中的部分要求。不同州的两年制学院所开设的早期教育课程在内容和名称上有所不同。

(二) 四年制大学或学院的培训项目

与两年制的专科学院不同，在四年制大学或学院，学生通过完成通识教育和主修课程后即可获得文学士或理学士学位；而主修的相关领域可能包括儿童发展、早期教育、学前教育、基础教育或课程教学。与两年制获取副学士学位一样，提前学完就可提前获得学位，不一定要四年的期限。另外，申请入读四年制大学或学院并不是一件简单的事情，以加利福尼亚州为例，申请入读公校自5岁班幼儿园至十二年级（K–12）师资培训项目须已取得学士学位并且要通过阅读、数学和写作以及其他基本知识的考试。在四年制大学或学院开设的儿童发展课程包括人类发展、语言学习、认知发展、跨文化的儿童发展、家庭沟通、小学数学课程与教学法、小学社会学科课程与教法等等。

美国除了两年制和四年制高等教育培训项目之外，还有一些特殊的培训项目，包括早期特殊教育、教会学校、蒙台梭利学校、华德福学校、早期保教育行政人员和家庭托儿的各类培训和专业发展项目等。早期特殊教育的教师认证是州政府的职责，培训机构主要是四年制州立大学或学院以及少数私立学院。早期特殊教育师资项目是以服务学龄前特殊幼儿及其家长为目的的，其培训目标是让教师候选人通过完成一定的课程取得州政府的认证，获得早期特殊教育教师证书或执照。蒙台梭利和华德福是两大独立的私立学校系统，具有办学自主权以及特殊的办学理念和特色。另外，保教行政人员和家庭托儿提供者的培训也不同于传统的培训。

　　总之，早期教育师资培训项目，无论是二年制、四年制、五年制或其他特殊的培训项目，都不应该局限于自身的培训项目，项目与项目之间应该相互沟通、交流，更重要的是要做好低级向高级的衔接工作，疏通人才输送渠道，更广泛地了解早期教育的政治、经济等多方面的影响因素，满足多样化的需求，促进早期教育教师的专业发展。

二、基于美国幼儿教育协会（NAEYC）标准的项目

　　许多大学遵循全美幼儿教育协会[1]（The National Association for the Education of Young Children，NAEYC）提出的专业培训标准，开始重新设计和关注师资培训的问题，以下呈现一些优良的、创新的早期教育师资专业培训项目。

（一）儿童的发展和早期学习

　　银行街学院（Bank Street College）和密歇根州立大学（Michigan State University）以建立坚实的幼儿发展和早期学习知识基础闻名美国。他们采用多方面的观察和实际工作经验，并强调不同文化背景下的幼儿发展观点，幼儿因此能够获得较为牢固的知识基础。所有的课程设置都是从幼儿的发展为出发点，同时还把教学和学习融入所有的培训项目之中。银行街学院设置三门必修课程，其名称为：儿童发展，行为观察与记录的儿童研究，家庭、儿童和教师间的互动。密歇根州立大学的课程则是侧重于深度研究儿童与家庭生态学。幼儿教育专业

　　　[1] 全美幼儿教育协会（NAEYC）成立于1926年，协会旨在让政府和公众了解幼教事业的重要性，呼吁政府给予幼教更多投入，让所有幼儿都能享受到高水平的早期教育，促进幼教事业的全面发展。

准教师能够在校园实验学校中，学习观察与记录儿童行为和儿童发展的技能。肯特州立大学（Kent State University）也开设了理论和实习课程，帮助准教师获得引导儿童以及与家长协作的技能，学习如何观察、记录、解决和反思所看到的情况及面临的问题，并能将其获得的知识应用于课程设置与评估中。

（二）建构式师资培训

美国的一些师资培训项目采用的是皮亚杰或维果斯基的哲学和建构式的师资教育（constructive professional preparation）。纽约大学和奥本大学（Auburn University）是其中较典型的两个。奥本大学开设了一个研习建构理论的课程，鼓励学生学习并组织儿童发展的知识。档案袋评定也是一种建构式的师资培训模式，档案袋评定就是在一定时期内，教师通过反思和合作而构建和丰富起来的有关师生工作信息的收集，目的在于加深师生之间的了解，促进教师专业发展和学生学习进步。考虑到教学是教师专业发展的主要途径，这种档案袋可以称为"教学档案袋"。纽约大学的培训项目主要集中在将教师发展成为一位专业人员的自我概念的形成上。

（三）多元文化和社区本位的培训

太平洋橡树学院（Pacific Oaks College）和乔治梅森大学（George Mason University）以促进文化多元性、对抗偏见以及把多元文化观点注入幼儿教师专业培训项目中著称。太平洋橡树学院其培训项目是一些反偏见的主题，比如他们将种族、阶级和社会正义等相关议题都渗入到了教师专业的培训课程中。乔治梅森大学也把文化多元性融入所有的课程中，开设的课程都是关注保教环境中如何维护本国文化、语言和如何促进其发展的持续性,其所有的知识性课程和实习都整合了多元文化的内容和经验。同时,美国德克萨斯州的三一大学(Trinity University)从1987—1988年就开始实施"文科教学硕士"方案(Master of Arts in Teaching,MAT),其实习项目也多为注重多元文化和社区本位的培训。

(四)家长和专业人员间的合作

肯塔基大学(University of Kentucky)、南卡罗来纳大学(University of South Carolina)和科罗拉多大学的保德尔校区(University of Colorado, Boulder)的培训课程十分注重家庭和以家庭为中心的保教实践。肯塔基大学强调以家庭为中心的保教实践,加强培训准教师如何在保教各方面与家长合作。科罗拉多大学的保德尔校区则是由残疾儿童家长和大学教师共同设计、开发和评估所开办的课程。[1]

由此可见,不同的培训项目其侧重点不同,有的重视师生关系的发展,有的重视多元文化的维护,有的重视家长与教师的合作。对于某个领域的深入研究使教师在专业领域的知识更精、更细,并且这种具有自身特色的培训项目也满足了教师的多元化需求,为培养高素质的专业人才打下了坚实的基础。

三、学前教育师资培训标准的结构与内容

学前师资培训的目标在于帮助未来和现职的幼儿教师了解并适应幼儿多元化的需求、加强与家长之间的沟通交流以及学会有效地使用测评来改进教学实践和研发课程。由于深知师资质量与幼儿教育质量息息相关,联邦政府与州政府开始强化师资培训标准,掀起了"以标

---

[1] [美] 林秀锦:《美国的早期保育与教育》, 146页, 南京: 江苏教育出版社, 2006。

准为本位"的教育改革运动，教师教育、幼儿教师教育当然也不例外，尤其是随着从出生到8岁的师资需求日益迫切，制订幼教师资培训标准势在必行。全美幼儿教育协会（NAEYC）作为美国最大的幼儿教育中介组织在幼教师资培训方面发挥了至关重要的作用，制订了早期教育专业人员培养标准。这份标准作为美国早期教育师资培养质量控制体系当中的重要组成部分，对美国早期教育产生了积极的影响。

（一）核心标准

全美幼儿教育协会作为美国全国教师教育评估委员会（National Council for the Accreditation for Teacher Education，NCATE）中的一员，专门从事0~8岁幼儿的早期教育研究。为了促进所有幼儿高质量的发展和学习，该协会着重从幼儿教师的任职资格入手。1982年，全美幼儿教育协会尝试为四年制或者五年制的幼儿教师教育设立指导纲要。此后，该组织还为早期教育的副学士学位项目（Associate Degree Program）(1985)和高级学位项目（Advanced Program）(1988)制订了指导纲要。第一个版本的培养标准名为《全美幼儿教育协会幼儿教师教育项目指导纲要》(*NAEYC Guidelines For Early Childhood Teacher Education Programs*）。1994年，全美幼儿教育协会（NAEYC）根据美国早期教育和教师教育的发展状况，开始对第一个版本的培养标准进行大规模的修改。第二个版本的标准仍然延续了之前所用的名称。到了20世纪末（1997年起），随着教育改革所造成的焦点转移和日益迫切的从出生到8岁的师资需求，该协会又对1994年版本的培养标准进行了大规模修改。[1] 经过三次有针对性的修改，全美幼儿教育

---

[1] 刘颖：《NAEYC早期教育专业人员培养标准及启示》，见《2009届首都高校教育学研究生学术论坛论文集》，2009。

协会的三套针对不同水平、不同学历（副学士学位项目、初级证书项目和高级项目）的早期教育师资培养标准分别在2001年、2002年、2003年出台。标准的名称也更名为《全美幼儿教育协会早期教育专业人员培养标准》（NAEYC Standards for Early Childhood Professional Preparation）。

《全美幼儿教育协会早期专业人员培养标准》的颁布为全美幼儿教师的培训起到了规范化的作用，明确提出了合格的早期教育专业人员所要达到的五条核心标准，无论是副学士学位项目、初级证书项目还是高级项目都必须要以这五条核心标准为准则。这五条核心标准包括：

1．能够促进幼儿的发展与学习

要求准幼儿教师能够利用其对幼儿发展特点和学习特征等方面的理解，为幼儿创造一个健康的、相互尊重的和具有挑战性的环境，使幼儿在这种环境下获得健康的发展。其关键因素包括：（1）熟知和了解幼儿的特点和需要。（2）熟知和了解对幼儿发展和学习的多重影响。（3）能够应用有关幼儿发展的知识创建健康的、相互尊重的、支持的和具有挑战性的学习环境。

2．能够建立和家庭及社区的和谐关系

要求准幼儿教师了解并重视幼儿家庭和社区的复杂性、重要性，能够利用这些知识与家庭和社区建立良好的关系。其关键因素包括：（1）熟知并了解家庭与社区的特点。（2）能够利用相互尊重的交往关系，给家庭、社区提供支持，并让他们具有自主权。（3）使家庭和社区参与到幼儿的发展和学习活动中。

3．能够观察、记录和测评

要求准幼儿教师需要理解评价的目的和价值。能够通过系统观察、建立档案和其他有效的评价策略，对幼儿的发展与学习产生积极的影响。其关键因素包括：（1）理解评价的目的、好处和作用。（2）理解并能应用观察、建立档案和其他恰当的评价工具和方法。（3）理解并能实施负责任的评价工作。（4）理解同家庭以及其他幼儿职业人员在评价方面的伙伴关系。

4. 具有教学与学习能力

要求准幼儿教师能够整合家庭和幼儿的知识，协调与家庭和幼儿的关系，整合有效的教与学的知识，整合有关学术科目的设计与实施的知识以及评价经验，从而促进所有幼儿的发展和学习。其关键因素包括：（1）熟知、了解和运用积极主动的关系和支持性的互动。（2）熟知、了解并能应用有效的早期教育教学策略和工具。（3）熟知、了解幼儿学习知识领域中的核心概念和基本学科内容及相关知识。（4）能够融合以上几项技能提供给幼儿丰富的经验，以促进其发展与学习。

5. 成长为一名专业人员

要求准幼儿教师将自己看成早期教育专业中的一员，用专业人员的标准来要求自己。他们要了解和履行职业伦理准则和涉及幼儿教育实践的专业标准。他们应该是持续和协作性的学习者，在其工作中能够表达出有见识的、反思性的和批判性的观点，能够通过整合各方面的知识做出明智的决定，能够维护完善的教育实践和政策。

2009年，全美幼儿教育协会对核心标准进行了第四次修订。第四个标准即"具有教学与学习能力"被细分为两个标准。具体说来，是将第四个标准的核心要素分开，前两项归为新的第四个标准：与家庭和幼儿建立长期的良好关系；后两项归为新的第五个标准：运用普通知识建立有意义的课程。"普通知识准备"包括准幼儿教师的语言和读写的准备、艺术领域的准备、数学的准备、身体锻炼和体育的准备、科学领域的准备、社会研究的准备。强调准幼儿教师对丰富知识的掌握。整个核心标准从五个变为六个。另外，核心标准中强调的"所有儿童"被更改为"每个儿童或每一个儿童"，加强了包容性和多样性的整合。[1]

核心标准中有关"关键因素"的表述，是为了帮助读者了解标准中的最重要部分，是对标准的分层解读。除了"关键因素"，每一条核心标准后面还附有"支持性解释"，试图帮助阅读者了解每个标准制订的原因。这些支持性解释对标准的教育观和价值观进行了阐述和讨论，进一步明确了幼儿教师应该具备怎样的专业能力，增强了标准的可操作性。例如，核心标准一"促进儿童发展和学习"的支持性解释是：在高级培训中所有的候选人都要将自己的教学实践建立在儿童发展的基础之上，对儿童发展知识的掌握和运用是获取初级执照所必需的。学生要了解相关领域不断发展更新的知识和研究，从而有效地加以利用，促进儿童的发展和学习。另外，全美幼儿教育协会所提倡的优秀学生的资质正是通过创设各种学习环境表现出来的，因此要重视创设环境的能力和表现。

（二）层次化标准

2001—2003 年围绕修订后的核心标准，全美幼儿教育协会先后启动了三套幼儿教师教育标准，即初级许可证标准（本科水平）、高级许可证标准（研究生水平）以及副学士学位标准（专科水平）。副学士学位标准是针对社区学院等两年制教育项目，初级许可证标准是针对四年或五年制教育项目，高级许可证标准是面向研究生学院，致力于培

[1] NAEYC.*Standards for Professional Preparation Programs* [EB/OL]. http://www.naeyc.org/files/naeyc/files/2009%20Professional%20Prep%20stdsRevised%204_12.pdf.2013.3-22.

养高级教育专门人才、教育管理人才以及研究人才。其中初级许可证
标准是另外两个标准拟定的基础。

1. 初级许可证标准

全美幼儿教育协会对初级许可证标准的修订是与多个组织共同合
作完成的。2001年10月，初级许可证标准通过全国教师教育评估委员
会（NCATE）的认证，规定所有申请该委员会初级认证的机构都必须
在2005年全面地实施这些标准。[1] 初级许可证标准是针对四年或五年
的教育项目，与1994年的标准相比，同样强调早期教育工作者工作环境
的复杂性和多样性，强调对准备服务于从出生至8岁幼儿的教师的培养。

由于新世纪带来的早期教育基础知识、早期教育内容、早期儿
童人口统计学、教师教育一般标准等一系列变化，初级许可证标准与
1994年的标准相比，调整了侧重点，即初级许可证标准更加强调语言
和文化多样性，融合特殊儿童于普通园所，学科知识，儿童居住的社区，
测评儿童的学习和发展、教学策略和促进儿童发展的途径，学习标准
整合的学习经验。[2] 可见与1994年的指南相比，初级许可证标准增加
了文化多样性、融合性和幼儿学习标准一致等方面的内容，对准幼儿
教师提出了更高的入职要求，将准幼儿教师对不同文化的领悟、尊重
和了解作为专业考核必不可少的项目。

2. 高级许可证标准

2002年，通过早期教育发展和学习重要性的研究，以及对高质量
教师角色重要性的认识，培养超越初级许可证标准、具有更高专业素

---

[1] NAEYC.*NAEYC Standards for Early Childhood Professional Preparation*. Initial Licensure Programs[DB/OL].http://www.NAEYC.org/files/ecada/file/standardsInitialLicensure2001.pdf,2010–08–13/2010–10–13.

[2] [美] 林秀锦：《美国的早期保育与教育》，145页，南京:江苏教育出版社,2006。

质的幼儿教师的任务变得更加迫切。全美幼儿教育协会和全国教师教育评估委员会（NCATE）共同倡导培养具有硕士和博士水平的幼儿教师。因此与这种高水平培养相适应的高级许可证标准便应运而生。2002年7月和10月，高级许可证标准分别通过了全美幼儿教育协会监督委员会和全国教师教育评估委员会（NCATE）的认证。[1]

高级许可证标准面向于研究生院，致力于培养管理型和研究型人才。与2001年的初级许可证标准相比，其不同之处在于高级许可证标准对幼儿教师的专业水平要求更高，即幼儿教师必须表现出较高级、较深入和较专业的能力，必须是完全熟悉和应用初级许可证标准的每一个要求，这是接受高级教育的先决条件。

除此之外，高级许可证标准比初级许可证标准多了两个新的要求。一方面是要求幼儿教师必须掌握"一系列必要的专业工具"，包括以下几个方面：(1) 文化方面的能力。要求幼儿教师要表现出对文化、语言、种族多样性的高水平理解并作出回应。(2) 道德伦理知识的掌握和运用。要求幼儿教师表现出对全美幼儿教育协会道德伦理规范和其他有关专业角色的道德指南的深入理解和深思熟虑的应用。(3) 交际能力。要求幼儿教师拥有特定专业角色所强调的专业化、高水平的语言、写作和技术上的交际能力。(4) 相关理论和研究的掌握。要求幼儿教师表现出对相关专业角色以及项目重点深入和批判性知识的掌握。(5) 识别和运用专业资源的能力。要求幼儿教师表现出识别和运用人、材料和技术资源的高水平技能，履行他们的专业角色并且与这个领域的变化始终齐头并进。

---

[1] NAEYC.*NAEYC Standards for Early Childhood Professional Preparation*. Advanced Programs [DB/OL]. http://www.NAEYC.org/files/ecada/file/standardsAdvancedProg 2003. pdf,2010-08-13/2010-10-13.

（6）探究技能和研究方法知识的掌握。要求幼儿教师利用系统的、专业的知识探究问题，表现出调查、科研等与他们的实践和专业目的相关的能力。（7）合作、教学、顾问技能的掌握。要求幼儿教师在与其他专业人员合作时要表现出灵活、多样的技能。（8）拥护能力。要求幼儿教师能够清楚地表达和掌握那些有利于所有儿童积极发展和学习的公共政策和全面的专业实践。（9）领导能力。要求幼儿教师运用他们的能力和机会设想策略，创造变化，对儿童、家庭、专业产生较好的影响。另一方面是要求准幼儿教师具有一些额外的、特殊专业领域的能力，比如，在对公共政策的支持方面，掌握有关幼儿教师专业化的立法过程等。

3. 副学士学位标准

2002年，联邦政府在《不让一个儿童落后法》中指出，所有公立学校的教师都必须训练有素，并要求幼儿教师至少是有过两年制早期教育经历的教师。国家政府标准截止到2003年底，50%的提前开始学前班的教师至少拥有副学士学位。副学士学位标准在2003年7月获得全美幼儿教育协会监督委员会的认证。副学士学位标准是通过两年制的社区学院、初级学院和技术学院开展的。学生要获得一个两年制学院主修早期教育或儿童发展的副学士学位，还必须修完一定学分的通识教育和规定的主修课程。为了满足学生不同的需求，社区学院提供了各种各样的教育或学位选择，比如，美国社区学院协会（AACC）提出了以下几种学位：艺术学位协会（A.A.）强调艺术、人类和社会科学，其中包括四分之三的通识教育课程；科学教育协会（A.S.）强调实质性的数学和科学，其中包括一半的通识教育课程。[1]

---

[1] NAEYC.*NAEYC Standards for Early Childhood Professional*. Associate Degree Programs [DB/OL]. http://www.NAEYC.org/files/ecada/file/standardsAssocDegProg2003.pdf, 2010-08-13.

可见，副学士学位的培养既重视专业课程的学习，又重视通过学习通识教育课程来训练基本的社会生存能力。

设置副学士学位标准除了要培养未来高质量的一线幼儿教师之外，还有一个重要的目的，就是为学生增加受高等教育的机会，参与副学士标准的学生在两年制学院所修的低年级学分大多数可以成为四年制学院或大学学籍中完成学士学位的部分要求的学分。一个优秀的具有副学士学位的教师必须要表现出以下几种能力：自我评估和自我倡议的能力；掌握和运用来自通识教育的基础技能的能力；写作和口语交流的能力；将先前的学习经验与新知识整合的能力；识别和运用专业资源的能力。[1] 总之，这三套幼儿教师教育标准是在围绕统一核心标准的前提下，根据从业人员的不同层次、不同水平所制订的，它们之间是相互衔接、相互融合的。

四、学前师资培训的认证

美国没有一个单独的系统来提供早期保育与教育服务，因而对于幼儿教师入职资格的认证方式也随着州和教育系统的不同而不同，没有一个统一的标准。不仅各个州的职业准备条件不同，即使在同一个州内，也会因教师类型的不同而变化。根据2003年摩根的报告，从管理体制上来看，美国幼儿教育和保育机构主要可分为三个相互独立的系统，各个系统对于幼儿教师的资格标准和认证方式具有一些不同的规定。

（一）"开端计划"教师的资格认证

"开端计划"是美国联邦政府迄今为止规模最大的早期儿童发展项

---

[1] [美]林秀锦：《美国的早期保育与教育》，146页，南京:江苏教育出版社,2006。

目，被誉为美国学前教育的"国家实验室"，对美国幼儿教育产生了十分重要的影响。"开端计划"是美国联邦政府对处境不利儿童进行的教育补偿，以追求教育公平、改善人群代际恶性循环为目标的早期儿童项目。

联邦"开端计划"管理局设立了"开端计划"教师的资格认证，建立了自己的专业学位和证书——儿童发展协会证书（the Child Development Associate，CDA）。这是一项全国性的以实际表现为本位的方案，考查的是学生的技能而非理论知识。获得此认证相当于在两年制的大学中修到9—12个学分。此方案是和两年制专科学校或学院相互衔接的，获得学分可以代表一部分副学士学位学分，为学生进一步申请副学士学位提供了便利。儿童发展协会证书的能力目标包括六个：①为儿童建立和保持一个安全、健康的学习环境；②提高儿童身体和心智能力；③支持儿童的社会性和情绪情感发展，并提供积极正面的引导；④和学生家庭建立良好互助的关系；⑤确保一个运作得当、适应参与者需要的保教项目；⑥保持专业精神，信守专业承诺。另外，要想获得儿童发展协会证书，申请者必须符合以下条件：18周岁以上；获得高中或同等学历；有480个小时的幼儿教育工作经验；5年内完成120个小时的幼儿早期教育课程。儿童发展协会证书是一种个别化的、网络在线教学的方案，所以随时接受报名，并且每一位登录报名的学生都可以获得一位导师的指导、支持和反馈。若有需要也可以申请奖学金补助。有48个州的保教员接受儿童发展协会的认证，将其视为师资培训的资格之一，另外，有18个州接受儿童发展协会为担任保教园所所长颁发的资格证书。由于"开端计划"是国家规划的，因此教师资格认证也是全国统一的。

（二）公立学校系统教师资格认证

这主要指由州政府投资赞助的幼儿园，公立学校系统一般由州教育部门负责管理，包括入小学前一年。公立幼儿园面向所有适龄孩子，尽管大部分幼儿园是公立小学的一部分，但是父母仍可以选择将孩子送入私立幼儿园。

公立系统对教师的要求比较高，至少需要具备学士学位并要持有临时教师资格证。公立系统的认证由州立教育部门来进行并颁发教师资格证书。这种教师许可证一般与小学教师属于同一系统。另外，在公立学校系统中，幼儿园和学前班教师必须获得所在州的认证并获得州一级的教师许可证。美国幼儿园教师资格证书发放的统一标准是：申请者除修完必修的专业课程和实践学习外，必须参加名为普瑞克斯（Praxis）的一项教师资格考试。针对幼儿园教师的普瑞克斯考试由三部分组成：基本技能、教学基本原理、早期教育。其中基本技能又分为阅读、数学和写作。1986年的《卡内基报告》将教师资格分为三级：一是持有教师执照的教师，二是持有资格证书的教师，三是持有高级资格证书的教师。教师执照由各州政府颁发，资格证书和高级资格证书由全国教学专业标准委员会（National Board for Professional Teaching Stands，NBPTS）颁发。同年《霍姆斯报告》也提出了三级教师标准，包括初任教师、专业教师和终身教师。目前，为了促进教师的不断发展，许多州已经取消了终身教师制，并要求教师资格证书每隔一定的年限进行重新认证。因而很多州在这些报告的基础上，基本将教师资格证书分为初级教师资格证书（Initial Certificate）、二级证书（Secondary Certificate）、高级资格证书（Advanced

Certificate）。[1] 相对于其他两个系统来说，公立学校系统对幼儿教师的入职要求最高，也最规范。然而，公立学前和儿童保育资格认证不是全国统一的，因为它们是由50个州分别制订的。

（三）"服务购买"系统，包括私立的中心机构和家庭

这个系统中的资金来源主要是私立性质的服务者，如私人企业、大型的公司等一些盈利性机构或者是教堂、慈善部门等非盈利性机构，一般由社会福利机构负责管理。由于资金来源多样化，同时受许可证和资金标准的支配，私立系统包括许多教育形式和教育服务机构：全天中心、半天托儿所、学校、家庭儿童看护中心以及小组家庭服务者。

在可得数据的基础上，我们可以对私人中心和家庭儿童保育资格认证进行如下概括：私人儿童保育中心的教师资格很少超过早期儿童或儿童发展协会的准学士学位。一些州仍然对私人中心的主要教师不作正式职前培训的要求。家庭儿童保育的提供者几乎从不要求职前培训。在过去的20年中，很多州增加了关于年度培训持续时间的管理要求。这些教师一般通过当地儿童保育资源、相关机构或社区学院提供的讲习班的形式获得教育经验，同时他们也可能获得全国家庭儿童保育协会或者儿童发展协会的资格认证。[2]

私立性质的早期教育服务机构是多样化的，规模有大有小，对于教师的入职要求也根据机构自身的要求而变化。总体来说，私立机构对于教师的资格标准较低，有的对教师根本没有要求，还有许多教师是孩子的母亲，经过短暂的培训便成了志愿者。随着对学前教育质量

---

[1] 成丽媛：《美国幼儿教师资格及其认证方式简介》，载《学前教育研究》，2007（12）。
[2] [美] 蒙·科克伦著，王海英等译：《儿童早期教育体系的政策研究》，4页，南京：江苏教育出版社，2011。

的要求不断提高，对于私立系统的幼儿教师的要求也有逐步提高的趋势。目前，私立机构中幼儿教师的学历从高中学历到四年制本科学位或硕士学位（一年或两年，post-bachelor's）不等。

综上所述，这三个系统相互独立、自成体系，依据自身的特点，对教师提出了不同的要求和标准，在这三个系统中，对教师要求按从高到低的排序分别是：公立学校系统、"提前开端"计划、私立系统。在过去十年中，美国早期保育与教育系统三个部门正在进行的培训有不断上升的趋势。纽约的一项研究记录着这些变化。比如，2003 年的要求规定，"开端计划"中至少有一半的教师必须拥有早期儿童或者相关领域的准学士学位，其他的教育必须拥有儿童发展协会证书或者相当的资格。早期"开端计划"的教师必须在受雇一年之内获得婴幼儿儿童发展协会证书。州学前计划要求教师的教学证书不再是临时性的五年（要求学士学位），而是必须快速转变成永久性的硕士学位。州立学期计划教室里的助教（系统）已经建立了三个水平的结构，要求两年后有 6 个大学学分，四年后有 18 个大学学分。私立儿童保育中心对教师和指导者的要求在过去 20 年不断提高，最近这些要求包括获得儿童发展方面 9 个大学学分，或准学士学位，或儿童发展协会证书。[1]

五、学前师资培训的特点

（一）立法确保师资培训的实施

美国 2002 年颁布的《不让一个儿童落后法》明确提出：建议各州学前教育师资在 2006 年之前达到学士学位水平；2008 年颁布的《高等教育机会法》强调了学前教育师资培养的重要性，并指出要加强与确

---

[1] [美] 蒙·科克伦著，王海英等译：《儿童早期教育体系的政策研究》，4页，南京：江苏教育出版社，2011。

保不同阶段学前教育师资培养的实施。法律的制约既保证了各州有效地开展学前教育教师培训，也保障了学前教师教育培训项目资金的来源。另外，美国还通过制订严格的要求和目标来保障学前师资培训的质量。

（二）专业评估学前师资培训的质量

全美幼儿教育协会制订了早期教育从业人员的准备标准，并围绕核心标准设计了三种层次性的职前标准：初级许可证标准、高级许可证标准、副学士学位标准。这三套职前标准分别从知识、技能等方面对幼教候选人提出了明确的要求。美国州际新教师评估与支持联合会（the Interstate New Teacher Assessment and Support Consortium，INGASC）也对新教师入职培训提出了十条资格标准。

（三）教师培训和资格认证相结合

教师培训只有和教师资格认证有效结合，才能确保学前教师培训的有效性和质量。教师资格认证制度是美国法定的职业准入制度，对想要从事幼教这一职业的人来说，必须取得如下进阶式学前教育教师资格证书，方能进入并从事这一职业：幼教执照—教师资格证—初级、中级资格证—国家高级教师资格证。

（四）促进学前教师专业发展

幼儿教师利用"进阶式"的培训，以递进方式促进学前教育教师的专业发展。在美国，幼儿教师的教育主要通过师范教育进行，培养机构类型包括研究生学院、四年制学院和大学、两年制社区学院、早期教育学院等。针对于不同层次的培养方式，全美幼儿教育协会设置了三套"进阶式"标准与其相互呼应。三个阶段的培训与不同的标准相结合，采取"进阶执照"模式，贯穿于教师专业生涯。

第六章

英国学前教育政策的价值取向（上）

英国资本主义工业生产需要大量劳动工人，妇女们参与工业生产活动，催生了学前教育的产生。学前教育产生之初并没有得到足够的重视，直到20世纪50年代才逐渐得到了有效发展。政府从改善处境不利儿童学前教育状况和加强社区学前教育发展入手，从满足需求和普惠的角度促进了学前教育的改革和发展。

第一节　英国学前教育政策的发展

英国是世界上最早建立资本主义制度的国家，也是最早产生近代学前教育机构的国家。英国近代学前教育机构的建立和发展经历了一个从无到有、从幼稚到成熟的逐步形成和推广的过程。

一、萌芽时期的学前教育政策

17、18世纪，随着英国资本主义生产的发展，越来越多的妇女投身于工业生产劳动。由于妇女们整日劳动，她们的孩子得不到应有的照顾，健康状况很差。父母为谋生而去工厂做工，而幼儿则被置于门窗紧闭、黑暗的屋子里，无人照管，任凭他们哭喊、抽泣和遭受饥饿。黑暗、恐惧和孤独的煎熬，使得这些孩子的身心健康受到极大的损害。在这样的环境下，幼儿的死亡率很高。据当时英国帕普尔镇和教区的人口统计表记载："1795年至1796年的一年间，该地区死亡者达2394人，其中2岁以下儿童死亡人数为1074人，2-5岁死亡人数为384人。"[1] 也就是说，在死亡人数中婴幼儿占了半数以上。由于上述情况的存在，幼儿救济和保育成了当时人们普遍关注的社会问题，于是相继出现了一些由教会和慈善团体创办的孤儿院、救济院等机构。与此同时，英国政府也感觉到，为了保持社会秩序的稳定，对贫民幼儿的救济管理必须给予充分重视。因此，英国政府于1697年颁布了《国内贫民救济法》，其中除了规定一般的救济措施外，还提出了设置"纺织学校"和"贫穷儿童劳动学校"的政策设计。

"纺织学校"计划规定：对年收入不足40先令的家庭中6-14岁的男女儿童全部实施免费义务教育，而4-6岁的儿童可以自由入学。儿童每天最多进行十个小时的纺纱作业。"贫穷儿童劳动学校"计划是教育家约翰·洛克制定的，其中规定：在每一个教区内设立一所"劳动学校"，教区中所有受救济的贫民的3-14岁儿童必须进入这种学校。这项政策有两个好处：第一，可以为母亲和儿童带来双重利益。对母亲来说，可以腾出照料子女的时间去参加工作；对儿童来说，可以在良好的学校秩序中学习劳动的技能，养成劳动的习惯。第二，儿童进入这种学校后，父母不再领取救济金，这样教区每年可以从孩子身上

---

[1] 唐淑，何晓霞：《学前教育史》，354页，大连：辽宁师范大学出版社，2001。

少付给工人60英镑的补助金，从而大大减少了国家的花费，同时又可以靠孩子们自己的劳动维持学校的支出。

上述两个计划尽管在执行过程中并没有完全实施，但是非常有意义，尤其是对学前教育制度的建立奠定了基础。因为上述两个计划明确提出了要对3-7岁的幼儿实施有组织的教育的要求，在一定程度上对以后独立设置幼儿学前教育机构起到了先导作用。

二、创立和发展的学前教育政策

英国的现代学前教育发展步伐缓慢。其原因一方面是英国重视家庭教育的习俗根深蒂固，儿童早期教育最初是为了参加工作的贫困家庭的母亲设置的，专门以劳动民众的子女为对象，上层社会并不重视，另一方面主要是政府认识不足。20世纪上半期主要是民间组织承担学前教育的任务，政府只是在闲置的人力和物力上给予协助。20世纪下半期尤其是60年代，世界竞争加剧，政府才开始真正重视儿童早期教育事业的发展。

（一）第二次世界大战前的学前教育政策

英国1870年颁布的《初等教育法》以及随后颁布的若干法令，确立了对儿童从5岁开始进行免费义务教育的制度。不仅5岁以上的幼儿基本入学，未到年龄的儿童也跟随其兄姐大量涌入小学。1900年，3-5岁幼儿的在校率高达43.1%。19世纪末，英国义务教育年限不断延长，小学负担过重。而5岁以下幼儿仍源源不断涌入小学，其结果不仅超出了小学的接受能力，也严重影响了5岁以下在校幼儿的身心健康。这种情况引起了政府部门的高度关注。1905年，教育委员会规定：地方教育行政当局开办的学校有权拒绝5岁以下的儿童入学。这样，就使得5

岁以下幼儿保教问题成为多方瞩目的社会问题，为了解决这一社会问题，一种新颖的幼儿保教机构——保育学校应运而生。

1. 1918年《费舍教育法》

1918年，英国国会通过了《费舍教育法》（*Fisher Act*）。这是以当时的文教大臣费舍的名字命名的初等教育法。该项法案的目的是在英国建立完整的国家教育行政系统，并初步确立一个包括幼儿教育、初等教育、中等教育和各种职业教育在内的学制。法案要求将小学分为5-7岁（幼儿部）和7-11岁两个阶段，此外正式承认保育学校属于国民学校制度的一部分，将保育学校的设立和援助委托给地方教育行政部门处理。规定除伙食费和医疗费外，保育学校实行免费入学，并决定对13所保育学校实行国库补助。但是由于第一次世界大战后经济危机的影响，在很长一段时期，有关保育学校的规定执行较差，没有实现政策目标。

2. 1933年《哈多报告》

1924年，上台执政的英国首届工党内阁任命以哈多爵士（Sir Hadow）为主席的调查委员会对英国初等教育进行调查。该委员会1933年发表的《关于幼儿学校及保育学校的报告》（简称《哈多报告》）是推动幼儿教育理论和实践发展的重要文献。报告指出：（1）良好的家庭是5岁以下儿童的最佳环境，同时，保育学校对城市儿童的发展也有重要作用。建议将保育学校定义为"国民教育制度中理想的附属机构"，提倡大力增设保育学校、幼儿学校和幼儿部附设的保育班。（2）5岁并不是区分儿童重要发展阶段的界限，建议成立以7岁以下幼儿为对象的独立的幼儿学校。（3）幼儿学校的教师也应遵循保育学校的原理，即注重对6岁以下儿童开展户外体育、游戏等自然性活动，进行会话、唱歌、舞蹈、手工、图画等表现能力的训练。对于6岁以上的幼儿进行读、写、算的正规教育。《多哈报告》肯定了保育学校和保育班的成绩，并大力提倡开设新的保育学校或保育班，意味着对7岁以下幼儿实行一贯教育。

（二）第二次世界大战后的学前教育政策

第二次世界大战后，英国政府才真正意识到儿童早期教育的重要性，颁布一系列教育法律，以政府行为来发展儿童早期教育。如果说在此之前英国的儿童早期教育主要是民间慈善事业，政府只是偶尔参与，那么在此之后英国政府越来越意识到发展儿童早期教育是政府义不容辞的职责，无论投资力度还是监督指导力度都大大增强，儿童早期教育机构与学校教育系统联系起来，走上健康、稳步发展的道路。

1. 1944年的《巴特勒法案》

1944年，丘吉尔联合政府通过了一个重要的教育改革法令，即《巴特勒法案》（Butler Act）。该法案以当时教育委员会主席巴特勒的名字命名，法令规定初等教育由三种学校实行：（1）为2–5岁的儿童设立保育学校（这一年龄不属于义务教育之内）。（2）为5–7岁儿童设立幼儿学校。（3）有的地方如果设立5–11岁的初等学校，则可以在校内附设保育班（Nursery class），招收3–5岁的儿童。《巴特勒法案》把保育学校或保育班的设置规定为地方教育行政当局不可推卸的义务，但未能将保育学校和幼儿学校连贯起来的思想形成制度。幼儿学校仍作为义务教育的最初阶段而包括在初等教育之中，幼儿教育以5岁为界限被区别对待。

2. 1966年《普洛登报告》

1966年，教育咨询委员会主席普洛登女士发表了一篇报告书。普洛登报告（*Plowden Report*）在第九条"为义务教育前的幼儿提供教育设施"中，呼吁大力发展英国的幼儿教育，尤其是在教育不发达的地区。该报告提出建议：(1)幼儿教育应该以20人为一组，组成一个"保育集体"，1–3个保育集体组成一个"保育中心"。它可以与保育所或者儿童中心的诊疗所结合起来。所有保育集体每60人应配备1名有资格的教师，每10人至少配有一名修完两年培训课程的保育助理来担任每天的保育工作。每周保育五天，分上午部和下午部。(2) 在公立保育机构得到扩充之前，地方教育当局有权对非盈利保育团体进行援助，以资鼓励。(3) 最理想的是将包括保育集体在内的一切幼儿保护服务机构都统一在各个收容儿童的设施及小学校的领导之下，同时，在制订新的地区计划和对老区重新规划时，也应充分考虑到幼儿教育。

3. 1972年的《教育白皮书》

1972年12月，教育科学大臣撒切尔发表《教育白皮书》，提出将"扩大幼儿教育"定为内阁将要实行的思想教育政策之一。白皮书[1]肯定了普洛登报告中具有实践意义的建议，并制订了实施计划，计划十年内实现幼儿教育全部免费，并扩大5岁以下儿童的教育。为此，《教育白皮书》提出以下要求：第一，要调动各方面的积极性。除政府外，还要依靠地方教育行政当局的周密规划，以及自由团体、教师和家长的大力协助。第二，确保有相当数量的教师队伍。必须在进一步改革大学幼儿教师培训课程的同时，对非正式教师进行特别培训。第三,政府为实现上述计划提供必要的经费援助。5岁以下幼儿的经费是:

---

[1] 白皮书（Write Paper）是由政府部门发布的包含有详细立法建议的文件，同时也是政府以法案的形式向议会提出其政策建议的最后一个阶段。有些时候可能是一种特别的"带有绿边"的白皮书，这表明政府已听取争论，对原有方案进行修改。当一个白皮书发表后，教育大臣作为提出立法动议的政府部门的代表，通常要在议会就该政策建议进行陈述。

1971-1972年约为4200万英镑，到1981-1982年增加到1亿2千万英镑。1972年教育白皮书发表后，英国的学前教育有了一定发展。1978年3岁儿童入托已占15%，4岁儿童入托占53%，但尚未达到白皮书规划的50%与90%的指标。[1]

英国的学前教育事业在《普洛登报告》和《教育白皮书》的推进下有了很大的发展。到1978年，3岁幼儿接受保育教育的已占该年龄组的15%，4岁幼儿达到53%，半日制保育学校和保育班约占全部保育设施的四分之三。[2] 1980年《教育法》宣布："年满2周岁的儿童可以进入公立幼儿园，年满3周岁的儿童可以进入幼儿班，地方教育当局有权提供幼儿教育设施，虽然法律不强求他们这样做。"

三、工党政府的学前教育政策[3]

英国学前教育面临的亟待解决的问题，是妇女就业率大幅攀升、贫富差距扩大与"社会排斥"现象日益加剧，以及教育改革对早期儿童教育改革提出的新需求与新挑战。布莱尔政府从执政伊始，便大刀阔斧地推进学前教育改革，先后出台并实施了多项学前教育改革政策，应对学前教育发展、教育改革乃至社会改革与发展的多元需求与严峻挑战。在布莱尔时期建设新型福利国家的大背景下，学前教育改革已经远远超出其本身的意义和价值，而是与英国社会政治经济改革，特别是积极福利制度改革、就业政策与家庭政策变革等一系列改革举措密切相关，成为保障和促进上述各方面社会改革顺利推行必不可少的

---

[1] 唐淑，何晓霞：《学前教育史》，354页，大连：辽宁师范大学出版社，2001。
[2] 唐淑，何晓霞：《学前教育史》，354页，大连：辽宁师范大学出版社，2001。
[3] 此部分基本内容发表于《外国中小学教育》2011年第2期，发表时有删减。

重要一环，并由此成为英国社会改革与教育改革的焦点。同时，布莱尔、布朗政府的学前教育改革政策对英国学前教育改革与发展也起到了极为重要的推进作用。

（一）"确保开端"计划

"确保开端"（Sure Start）计划是布莱尔政府大力发展学前教育过程中最先推行的一项改革举措，它以消除"社会排斥"、促进教育公平为宗旨，以实现儿童全面发展为目标，以"确保开端地方项目"（Sure Start Local Programmes）为实体依托，以跨部门合作为途径，以弱势儿童群体为政策倾斜对象。自1998年至今，"确保开端"计划在英国持续推行，目标人群已由最初的贫困儿童及其家庭，扩展到全体儿童及其家庭的全面发展与受益。实践证明，"确保开端"计划对近十年英国学前教育的改革与发展起到了非常积极的促进与示范作用。

"确保开端"计划有四项主要目标：一是促进儿童社会性与情感的发展；二是培养和促进儿童的学习能力；三是促进儿童身体的健康发展；四是加强家庭与社区的联系与合作。"确保开端地方项目"即在此目标下由政府发起，社区和儿童家长共同参与，主要针对4岁以下婴幼儿，特别是弱势儿童群体及其家庭，以促进婴幼儿身体、智力与社会性等多方面的发展。该项目包含五项核心服务：对儿童获得高质量的游戏、学习和保育的支持；对家长开展家庭保教的全方位支持；外出服务和家访——包括对新生婴儿出生2个月内的家访；提供基础性社区保健服务，包括儿童健康与发展咨询；对有特殊需要的儿童及其父母的支持。

近年来，布莱尔政府不断增加对"确保开端地方项目"的财政投入，2005-2006财政年度用于该项目的预算拨款已达11.58亿英镑，是

2001~2002财政年度的6.5倍。政府投入的不断增加与该项目取得的良好效果和示范效应密不可分。英国教育与技术部2005年11月发布的题为《"确保开端地方项目"对儿童与家庭的早期影响》（*Early Impacts of Sure Start Local Programmes on Children and Families*）的调查报告显示，"确保开端"计划已经充分显示出对绝大多数儿童及其家庭的积极作用，参与该项目的儿童在社会性与情感方面均有良好发展，拥有较好的社会技能，表现出较强的学习能力，同时，参与该项目的家长也在教养子女方面有很大进步，特别是该项目有效地促进了处境不利儿童的发展及其家庭的变化。"确保开端"计划已经成为英国学前教育改革的一面旗帜，同时，它又是一项学前教育改革政策，它所承载和反映出的是布莱尔政府根除贫困、促进社会公平的远大政治抱负。

（二）《每个儿童都重要：为了儿童而改变》

英国在1944年就开始实行12年义务教育制度。随着时代的发展，政府不断推行教育民主政策和"儿童中心主义"的原则，在关注每个孩子成长方面做了大量的工作。但是，在2000年，一位来自非洲国家科特迪瓦的女孩维多利亚被其监护人虐待致死，使全英国震惊。其后的调查报告表明，在事前先后有12个服务部门分别了解到一些维多利亚受虐的情况，其中包括四个社会福利部门、两家医院和两个儿童保护组织，但由于部门之间没有沟通，因此没人意识到维多利亚受虐的严重程度。因此，导致这一惨剧发生的原因，是不同的政府部门在保护孩子方面未能有效地协调合作，及时交换信息，工作人员责任心不够强，一线工作人员人手偏紧，管理不善以及缺乏有效的培训等。报告指出，保护孩子的政策不能与确保孩子健康成长的政策脱节。

根据调查报告，英国政府在2003年发表了《每个儿童都重要：为了儿童而改变》（*Every Child Matters: Change for Children*）绿皮书，提出了"每个儿童都重要"这一理念，布莱尔首相撰写了前言。绿皮书指出，仅仅降低儿童面临的危险是不够的，贯彻"每个儿童都重要"这一理念，意味着要使每个儿童自身的潜能都能得到最大的发挥，每个儿童都能获得最好的发展机会，保障应与机会相伴，保护儿童应成为所有公立、私立与志愿机构的根本要素。因此，全社会都应致力帮助儿童达至健康发展的五个指标，即健康、安全、快乐和成功、作出积极贡献、获得经济保障。绿皮书论述了四个重点：（1）关注对孩子发挥关键影响的因素：家庭成员与监护人；（2）确保能在孩子到达危机关头前进行必要的干预，不让孩子从保护网中掉落；（3）需要处理潜在的、根本的问题：责任心不强以及整合协调的欠缺；（4）确保从事儿童教育及福利工作的人员备受尊重、得到回报、接受培训。

2004年，英国政府进一步制定了新的《儿童法》（*Children's Act 2004*），将"每个儿童都重要"这一理念写进了法律，使之成为全社会必须履行的法律责任。这也成为所有英国学校最根本的办学理念，它强调了要更加关注每一位学生的需要。英国的许多教育用语，都与这一理念相关。

我们分析《每个儿童都重要：为了儿童而改变》绿皮书中的关键词，能更好地理解"每位孩子都重要"这一理念的实质。

信息库（Information hub）：为使绿皮书的具体要求得到落实，而且在落实过程中能得到有效追踪，英国要求地方政府为当地青少年建立信息库。信息库的基本信息包括：姓名，出生日期；就读的学校；就诊的诊所和医生；与教育部门、社会福利部门、警方和志愿部门接触的记录；当孩子与多个部门有接触时，说明主要负责处理问题的部门。

儿童、青年与家庭事务大臣（Minister for Children, Young People and Families）：为避免因为部门之间沟通不畅而导致儿童及青少年的利益被漠视，英国政府从中央到地方都设立了新职位，全面负责儿童及青少年的工作。儿童、青年与家庭事务大臣设在教育技能部，负责政府教育及与儿童、青少年的成长相关的各项政策的协调。

儿童服务主管（Director of Children's Service）：这一职位设在地方政府，同时主管地方的儿童教育和福利两方面的工作。

专责儿童事务的政务委员（a Lead Council Member for Children）：这一职务设在地方政务会，负责监督政府儿童教育福利政策的制订及落实情况。

"确保开端"儿童中心（Sure Start Children's Centre）："确保开端"计划（Sure Start Programme）是由工党政府在1997年提出、1998年开始实施的一项教育工程，其目的是结合早期教育、儿童养护及家庭援助，为所有儿童的发展提供一个良好的开端。《每个儿童都重要：为了儿童而改变》绿皮书提出了增设"确保开端"儿童中心的目标，并将其功能扩展至就业指导、健康服务等方面。

延展学校（Extended Schools）：在提出"每个孩子都重要"这一理念的同时，英国政府还提出了"延展学校"方案，用以帮助学校充分发挥作用，为青少年在课外时间提供多种服务。政府要求每间中学每天从8时至18时都向学生开放，成立为没法在家吃早餐的孩子提供早餐的早餐俱乐部，让孩子们在学校里一起做功课的功课俱乐部，还要在放学后组织各种活动如体育运动等。政府还要求学校为社区服务，设施定期向社区开放，并用作成人学习中心，为家长及社区其他成员提供学习课程。

儿童和青少年心理健康服务（Child and Adolescent Mental Health Services，CAMHS）：绿皮书提出政府将增设儿童和青少年心理健康服务中心，并增加投入，在2006年要能够在所有的地区都提供综合性的心理健康服务。

（三）儿童保育十年战略

"儿童保育十年战略"（A Ten-year Strategy for Childcare）是在"每个儿童都重要"的规划基础上，对其中的关键部分——早期儿童教育与保育问题而制定的专门而深入的战略规划。该政策对21世纪第一个十年内英国早期儿童教育发展的宗旨、原则、核心目标等做出了阐释与规划，是指导21世纪初英国学前教育发展的基本政策。2004年12月，由英国财政部、教育与技术部和劳工部等联合发布的《家长的选择与儿童最好的开端：儿童保育十年战略》（*Choice for Parents, the Best Start for Children: A Ten- Year Strategy for Childcare*）是该政策出台的标志性文本。

"儿童保育十年战略"的制定缘自英国政府充分认识到早期儿童教育对个体与社会发展的重要性，还缘自家长在面对事业与家庭双重责任时所面临的巨大挑战与要求。"英国政府有责任帮助幼儿及其家长应对这种挑战，有责任确保所有幼儿都能有良好开端。"该政策的主要意图即明确并加强政府在发展早期儿童教育与保育、促进家庭生活与工作间平衡以及财政投入中的责任，以此促进英国早期儿童教育发展、社会安定与经济繁荣。该政策中与此紧密联系的基本原则有三个方面：一是确保每个儿童的生活与发展都有尽可能好的开端；二是在应对就业模式转变需求的过程中，确保家长就业并在其职业生涯中取得持续进展；三是确保家庭在其平衡工作与家庭生活过程中做出自由选择的合法性。

"儿童保育十年战略"提出了英国早期儿童教育与保育改革发展的多项核心目标：（1）自2007年4月开始，将母亲带薪产假延长至9个月，此后远期目标则为1年；（2）为家长提供更多的财政援助，从2005年4月始，增加"儿童保育个人所得税"减免额度，每个孩子175英镑，同时将3—4岁儿童免费早期儿童教育服务时间从2006年起延长至每年38周，长远的目标是每周20小时；（3）到2010年，每个社区均要有"确保开端"儿童中心，提供整合的早期儿童教育、保育和家庭服务活动。在该政策中，上述几项核心目标均有具体的推进措施与达标期限，对政策的细化、落实及其评价都极为重要。

（四）"早期奠基阶段"规划

"早期奠基阶段"（Early Years Foundation Stage）是英国政府2005年开始推行的一项重要的早期儿童教育改革政策。该政策通过整合0—3岁早期保教框架、"基础阶段"规划以及8岁以下日间看护国家标准三方面政策及其实践，力图在英国建立一个从出生就开始的统一、连续而灵活的早期教育系统，旨在促进儿童早期的全方位发展与学习，改进所有儿童的生活质量，并使处境不利儿童在高质量的保育和教育中获益更多，以此缩小弱势儿童与一般儿童之间的差距。其主要内容和举措包括如下三方面：一是整合0—3岁保教、3—5岁奠基阶段以及0—8岁儿童保育，使之成为一个连续的儿童早期发展和学习体系；二是依法对早期儿童保教机构和个人实行强制注册，加强指导和监管，保证所有儿童在不同机构中都能获得高质量的早期教育；三是制订学前教育发展领域目标，包括身体、社会与情感发展，交往、语言和认读能力，问题解决、推理与计算能力，对世界的认识、理解与创造性发展等。"早期奠基阶段"规划这一政策的提出是建立在几项系统科学研究基础之上的，包括学前教育有效供给的追踪研究和优质高效的早期教育的研究。

这些研究结果均表明：接受早期教育与保育的儿童在上学时有更好的表现，特别是在数学和语言方面比没接受过早期教育的儿童有着明显优势，并且越早开始接受高质量的早期教育，对促进儿童的智力发育及为入学做好准备的效果越显著。该政策的出台，一方面集中反映了布莱尔政府对此前出台并已取得实效的学前教育政策的肯定与强化；另一方面也显示出新工党从国家利益出发对学前教育性质、地位与重要性认识的进一步深化。可以说，该规划既是对以往相关政策措施的进一步深化与系统化，同时也进一步勾勒出了英国学前教育未来改革与发展的行动框架。

（五）"国家儿童照料战略"

1996年，新工党政府制定政策要求所有4岁儿童就读一年的学前教育。1998年3月，英国政府推出了"国家儿童照料战略"（The National Childcare Strategy），该战略的主要目标是扩大就业、改善早期教育服务质量和为家庭提供更广泛的支持，主要内容包括扩大照料服务、提供基金、改善为从出生到3岁儿童提供的早期教育服务的质量等，使得家长能放心地就业，以此促进经济发展。

1999年，为了确保每个儿童都有一个良好的开端，保证家庭有一个较好的未来，建立强有力且比较安全的社区，使人们得到较好质量的儿童保育、早期学习和家庭资助,英国政府发起了"确保开端"计划,旨在改善儿童及其家庭的健康和福利状况,使其做好入学准备。其目标有五个方面。一是促进社会性和情感发展:通过增进亲子依恋,来加强家庭的维系。同时对儿童的情感和行为困难给予鉴定,并提供相应的支持;二是促进健康发展:通过父母对孩子的抚育来促进儿童出生前后的健康;三是促进儿童学习能力发展:通过提供高质量的环境和儿童教养来促进早期学习,还提供刺激性适宜的、愉快的游戏,并对有特殊需要的孩子提供早期鉴定和支持;四是加强家庭和社会建设:家庭参与社区建设中,以保证计划的延续,同时也创造摆脱贫困的途径;五是增加生产操作能力。

从2003年1月起,英国几乎所有的4岁儿童、88%的3岁儿童,能够受到某种形式的免费早期教育。至2003年12月,524个"确保开端地方计划"全部得到认可和投入运行,提供了范围广泛的社区卫生和家庭服务。从2004年4月起,如果其父母认为需要,所有的3岁儿童都能够获得免费的部分时间学习。

2002年,英国政府制定了"2006教育计划",规定2002-2006年英国幼儿教育的目标是:(1)让所有3-4岁的儿童都能接受幼儿园的早期教育;(2)制定"全国幼儿保健策略",确保每一位父母都能获得幼儿保健机构的帮助,使幼儿保健与早期教育、学校教育和家庭教育相互补充;(3)建立社区幼儿园,延长幼儿园学习时间,确保更多的家长,尤其是单亲家庭的家长有时间工作,为儿童提供范围更广泛的服务;(4)制定"确保开端"方案,为生活在弱势地区的未来父母和有不满4岁小孩的家庭提供更多更好的服务。

第二节　改善处境不利儿童的教育

在处境不利儿童方面，英国主要从解决社会弱势群体儿童和残障儿童的起点公平两个方面着手。毫无疑问，要解决起点公平的问题，是一个相当棘手的问题。因为这其中涉及的领域已经不仅仅是教育问题，还包括诸如福利、医疗、卫生等方面。同样的，残障儿童的起点问题也是社会文明发展过程中必须要着力解决的问题。尽管解决处境不利儿童的学前教育问题可谓任重道远，但是英国政府在解决这个问题过程中还是做了很多富有建设性的工作。

一、强调起点公平的早期教育

起点公平是改善处境不利儿童的教育一个至关重要的问题。英国政府，尤其新工党政府执政以来，一直致力于解决起点公平的问题。

（一）消除社会排斥，建构全纳社会

我们知道，在早期儿童教育史上，欧文的幼儿学校是世界上最早的学前教育机构，这也使英国成为世界上最早尝试幼儿教育的国家。这一切都是由于受到工业革命的推动。18世纪60年代，英国率先进行了工业革命，工业革命大大推动了生产力的发展。资本家为了追求利润的最大化，大量雇佣低工资的女工和童工，由此产生了幼儿照看的问题。首先是幼儿的安全和健康问题。由于父母早出晚归，没有时间和精力照顾自己的孩子，同时生活极端贫困的劳苦大众的幼小子女得不到必需的营养，因此导致婴幼儿大量死亡。恩格斯在《英国工人阶级状况》一书中曾用具体数字揭露了一些触目惊心的事实："像曼彻斯

特这个地方……工人的孩子有57%以上不到5岁就死掉。在其他工业城市，每万人死亡者中5岁以下者，利兹市占5286人，普累斯顿占947人。死亡数字之所以这样高，主要是由于工人阶级的幼儿死亡率高。"[1]

工业革命要求童工具有一定的科学文化知识，让童工掌握一定的科学文化知识已成当务之急，当时英国就把基础教育阶段的知识下放到幼儿教育阶段。其次，父母亲工作时间很长，使幼小的孩子无人管教，受到社会上坏人的诱惑，道德变坏，产生严重的社会问题。到了19世纪，英国的学前教育发生了新的变化。一方面，为上流社会孩子服务的幼儿园和早教机构办学条件好，师资力量雄厚，但这样的早期教育机构数量极少，只能满足少数上流社会孩子的需要，另一方面，收容广大劳苦大众孩子的幼儿学校数量不足，办学条件差，在校儿童数量太多，十分拥挤，教育质量低，造成占儿童绝大多数的劳动人民的孩子得不到很好的学前教育。20世纪以来，英国的学前教育虽有所发展，但发展较为缓慢。据1971年统计，5岁以下儿童的入园率仅占同龄儿童的35%。1980年，入园儿童只占2—5岁学前儿童的18%。[2]

上述情况使英国面临一系列越来越严重的社会问题，比如在校女学生未婚先孕的情况屡见不鲜，少年妈妈数量与日俱增，跃居欧洲国家的首位。这种"大孩子"抚养"小孩子"的家庭模式带来严重的学前教育问题，使幼小儿童得不到很好的保育和教育，将被排斥在主流社会之外；青少年犯罪现象也日益增多，这严重地扰乱了社会治安；越来越多的人成年后在读写和数学方面缺乏相应的技能，找不到工作，

---

[1] 唐淑，何晓霞：《学前教育史》，354页，大连：辽宁师范大学出版社，2001。
[2] 周采：《外国学前教育史》，216页，北京：北京师范大学出版社，2006。

而失业问题也会导致一定的社会排斥；由于父母受教育水平较低，并且缺乏经济来源，孩子不能很好地接受较高质量的学前教育，从而产生了文盲—贫困—文盲的恶性循环；在贫困线上下挣扎的家庭因经济和语言等问题而被排斥在社会主流之外，造成愈来愈严重的社会排斥现象。这为整个英国社会的发展带来了诸多障碍。为了防止社会排斥，重建社区，增强家庭和社区的力量，减少犯罪，同时为了加强儿童入学前的准备，英国政府开展了一系列的行动计划，"确保开端"项目就是其中之一。[1]

1997年工党重新执政以来，布莱尔政府提出了不同于"新自由主义"完全依赖于市场的"第三条道路"。在"第三条道路"理论框架下，既强调市场对于经济发展的主要推动作用以及市场机制在提高成本效率方面的优势，同时又注意到在市场竞争中适应性较差、贫穷人群增加、社会道德和公民责任感失衡、公立部门调节作用下降的弊端，在提出以高技能、高收入优势与低技能、低成本人力经济相抗衡策略的同时，也提出了以"全纳教育"（inclusive education）促进"全纳社会"（inclusive society）发展的理念。这一理念认为要促进和维持高技能、高收入的经济和生活水准，就必须让每一个人提高适应能力，在就业市场中立于不败之地，从而成为市场经济发展中的受益者而不是被淘汰者。

为此，布莱尔在执政伊始就将教育放在了首要位置，宣称"教育是工党政府的激情所在"，反复强调他所领导的政府的工作重点是"教育、教育、教育"。[2] 在教育政策中，除了延续"新自由主义"提高质

---

[1] 潘月娟：《家庭幼儿园社区教育三结合》，载《山东教育》，2002（1）。

[2] 王璐：《每个孩子都重要:英国全面关注处境不利儿童的健康发展》，载《比较教育研究》，2005（10）。

量、扩大家长选择的改革之外，明确教育追求的目标是把所有人而不是少数人培养成才，与扬弃福利国家的理念相联系，倡导不承担责任就没有权利享有积极的福利政策。通过"全纳教育"实现"全纳社会"的意义即在于此。它不同于以往单纯向贫穷者直接提供社会福利救助，而是通过各种教育和培训计划从根本上改善他们的适应能力和技能，使他们共享社会发展的成果。

近年来，英国政府提出了若干项针对处境不利地区和处境不利儿童的教育、培训和全方位服务计划，其中2003年颁发的绿皮书《每个儿童都重要：为了儿童而改变》和2004年颁发的《儿童法》将这些计划进一步系统化和合法化，并且集中体现了"全纳教育"的思想，强调每个孩子都不能被忽视，缩小处境不利儿童与其他儿童的差距。

依照联合国的界定，英国将所有18岁以下的人口都称为儿童，这一界定决定了儿童发展对象和内容的广泛性。在《每个儿童都重要：为了儿童而改变》绿皮书中，英国政府提出了儿童健康发展的五项指标，见表6-1。

这五项指标的主要特点是：第一，不同于自由主义只强调机会平等的平等观念，"全纳教育"的理念更加注重结果的平等。自由主义平等观的积极意义在于，它承认个人能力和努力程度的差异，鼓励竞争、努力并发挥自己的才能，这的确是社会进步的动力所在，但是它却忽视了人们的能力、努力程度和抱负水平与其家庭背景呈现明显相关。因此，自由主义的平等观可能使已经处于优势社会地位的人们在已有的基础上获取更多的优势，而处于劣势社会地位的人则日益陷入

表6-1　　　　　　　　　　　儿童健康发展结果指标

五项指标	具体内容
1. 健康 （Being healthy）	身体健康；心理和情绪健康；性健康；不吸食违禁药品；家长、看护者及家庭成员促进的选择
2. 安全地生活 （Staying safe）	没有不良对待、轻视、暴力、性的伤害；避免事故性致伤和致死；不受欺负和歧视的伤害；避免校内外的犯罪和反社会行为；安全、稳定并得到照顾；家长、看护者和家庭成员提供安全稳定的家庭环境
3. 快乐或愉悦与取得成绩 （Enjoying and achieving）	为上学做好准备；不缺课和喜欢学校；达到小学阶段国家教育标准；取得个人和社会性方面的发展，并且喜好业余生活；达到中学阶段国家标准；家长、看护者和家庭成员支持学习
4. 做出积极贡献 （Making a positive contribution）	投入到决策和对社区、环境的支持中；在校内外致力于守法和正面的行为；发展积极的人际关系；不欺负和歧视他人；发展自信，成功应对生活中的重大变化和挑战；发展进取行为；家长、看护者和家庭成员促进积极的行为
5. 获得良好的经济状况 （Achieving economic well-being）	离开学校后致力于继续教育、就业和培训；为就业做好准备；在体面的家庭和社区中生活；能够获得交通便利的物质货物；在脱离了低收入的家庭中生活；家长、看护者和家庭成员支持经济上的积极性

劣势。[1] "全纳教育"的平等观试图弥补这一缺陷，强调每个孩子都不能被忽视，这五方面的结果在每个儿童身上都能得到体现和实现，缩小处境不利儿童与其他儿童在这五项结果方面的差距。第二，把儿童的身心健康和安全放在首位，这体现了英国政府充分意识到了处境不利儿童常常面临的主要问题（包括家庭和环境给儿童造成的心理和情

---

[1] 许庆豫：《教育发展论：理论评介与个案分析》，188页，福州：福建教育出版社，2001。

绪问题，例如父母离异、家庭暴力导致被忽视、缺乏照顾和关爱；处境不利儿童更容易陷入各种行为问题，例如吸食违禁药品、不良性行为等），把健康和安全作为其他方面的基础。第三，在教育方面特别突出对于学校生活的喜爱和愉悦，不仅仅包括学业上的进步，同时包括快乐地成长。近年来，英国各地中小学逃学现象严重，厌烦学校、对学校失去兴趣的学生数量增加，因此英国政府将出勤和喜欢学校作为重要的结果指标。第四，对于儿童发展的理解不是单方面的，不仅包括近期的发展，同时包括以经济能力为标志的未来成人生活的质量保证，不仅包括自身的幸福，同时强调公民的责任，为社会和社区作出积极贡献，鼓励以正面教育为主。

（二）从源头上解决处境不利儿童的早期教育

英国在弱势儿童认定方面的一个主要变化是过去更多地强调从种族歧视和多元文化的单一视角进行分类，随着"全纳社会"理论研究的深入，对于处境不利儿童的认定更加细致，范围更加广泛，从多角度体现全纳的理念。2003年颁发的绿皮书《每个儿童都重要：为了儿童而改变》对于弱势和处境不利儿童主要从家庭背景、行为、特殊需求、身体和智力状况等因素来认定，并且提出建立儿童数据库。

1. 针对贫困儿童的"确保开端"计划

由于近年来英国经济持续稳定，失业率降低，生活在绝对贫困、相对贫困和失业家庭的儿童在减少。相关研究发现，学龄前受教育状况和其他心理生理健康状况对于一个儿童进入学校后的成绩和发展状况具有至关重要的影响，因此这项计划着眼于从零岁开始对处境不利儿童给予照顾。首先，政府希望从怀孕开始就向母亲提供服务，将健康、家庭支持、儿童关怀、教育整合起来，使所有的儿童在生命最初的关键时期获得最好的开端。其次，在社区建立儿童中心，为4岁以下生活在贫困中的41万儿童提供服务。根据调查，英国有39%的4岁以下儿童生活在20%被剥夺程度最为严重的地区，另外29%的贫困儿童分布于英国各地。"确保开端"计划指出，政府计划到2008年，所有生活在20%被剥夺程度最为严重地区的孩子和家长可以进入到儿童中心，全国将要建立2500个"确保开端"中心，在全国处境不利社区形成一个儿童中心网。[1] 在儿童中心，儿童可以在母亲的协助下与其他孩子进行交流，接受早期教育，目的是使儿童在政府的资助下获得高质量的早期教育和一系列儿童关怀服务，这些儿童中心可以由公立或私立机构以及志愿者团体开办。最后，在2000年11月，发起成立一个儿童基金会，以帮助那些处境不利的儿童和青年。这项计划的目的是对那些处于社会排斥危险的儿童和青年作出早期确认，保证他们获得实现潜能所需要的帮助和支持。

2. 针对被照顾儿童和离异家庭儿童的措施

已经有很多案例表明，家庭环境不利对于孩子有很多负面的影响。根据资料显示，英国的离婚率在欧洲是最高的，在1200万儿童中大约有300万儿童经历过家长离异，父母离异对孩子的伤害往往是深远的。到2004年3月31日为止，英国共有6.1万名由于各种原因无法在正常家庭中生活而被社会福利机构照顾的儿童，这样的儿童比他的同伴更有可能在学习成绩上处于较差的位置。例如，在2003年第十一年级被

---

[1] The sure start journey: a summary of evidentce[EB/OL]. https://www.education.gov.uk/publications/eOrderingDownload/FINAL%20The%20Sure%20Start%20Journey.pdf.2013-1-26.

照顾儿童中，53%通过了至少一门普通中等教育证书考试或国家职业资格证书考试，而其他儿童则有95%达到了这一标准。到2004年3月1日为止，共有2.63万名儿童注册为受保护儿童（Child Protection Registers），比2003年减少了1%，比1994年减少了25%。在2003年2月普查周中，大约22.67万名儿童获得了社会服务机构的帮助。[1]

对于那些由于各种原因无法在正常家庭中生活而被社会福利机构照顾的儿童，政府希望通过改善支持水平来提高抚养照顾者的质量和数量，向这些孩子的收养、抚养和照顾者提供最低限度的津贴。需要改进的工作包括：对于收养、照顾者提供相应的支持和服务；对于被照顾儿童提供家庭以外的服务；对于达到年龄、脱离照顾的青少年所提供连续性的支持；提高被照顾儿童的教育成绩。政府希望对于需求中的儿童在教育、健康和社会照顾方面有一个协调的、连续性的机制，以便适应和研究儿童和青年的需求而开展各种确定、评估、计划和干预工作。对于离异家庭儿童，政府于2004年7月颁布《家长离异：孩子的需求和家长的责任》绿皮书，鼓励和支持离异家长在处理与其子女联系和居住等问题时多方面合作，使离异家长更好地履行对子女的责任和义务。

在英国，各种各样的残障儿童至少有40万－70万人，其中心理、行为和情绪方面失调的比例较高。2000年的数字显示，在5－15岁儿童中，10%具有心理方面的问题，行为失调儿童的比例为5.3%，略高于情绪失调儿童4.3%的比例。到2004年1月，17%的学生具有特殊需

---

[1] The Scottish government.http://www.scotland.gov.uk/Publications/2012/02/7586/11.2013–1–26.

要，比2001年的19%有所下降。[1]《每个儿童都重要：为了儿童而改变》有关特殊需求儿童的内容主要包括两个方面：（1）增加对于"儿童和青少年心理健康服务中心（Child and Adolescent Mental Health Services，CAMHS）"的投入水平，到2006年追加300万英镑，目标是到2006年在所有地区提供综合性的心理健康服务。（2）促进服务的整合和问责，保证所有儿童和青年能够获得他们需要的支持和服务，使每个具有特殊需求的儿童实现自己的潜能并且在学校和社区生活中充分发挥自己的作用。

（三）强化早期教育是时代发展的要求

在知识经济不断向纵深发展、国际竞争日趋激烈的当代社会，国家对人的素质提出更高的要求。因此，世界各国纷纷把提升国民整体素质、培养造就卓越创新型人才作为国家教育改革和发展的战略重点，而且各国不约而同越来越关注儿童早期教育的改革和发展。

工党1997年在大选中获胜以后，提出要把英国建成一个科技先进、经济繁荣的社会。英国教育大臣克拉克（Clarke Charles）认为政府的首选目标仍然是提高教育标准，因为财富的创造可以通过知识技能和人们的进取心来取得。所以英国政府希望通过教育政策的改革来提供高质量的公共服务，以帮助儿童具有最大可能的好的人生开端，以便在他们结束正规教育时，就有了对学习以及在世界上取得成功的强烈欲望和能力。[2]

---

［1］王璐：《每个孩子都重要：英国全面关注处境不利儿童的健康发展》，载《比较教育研究》，2005（10）。

［2］张树德：《新世纪英国学前教育发展的"希望工程"——良好开端工程述评》，载《外国教育研究》，2004（3）。

英国政府出台的《新机遇：为了未来的机会均等》(*New Opportunities: Fair Chances for the Future*)（以下称《新机遇》）白皮书，强调了重视儿童早期教育的迫切性和重要性。

儿童早期的学习和生活体验对其一生的教育和发展都具有重要意义。为尽早开发儿童潜能，为未来儿童身心发展打下良好基础，《新机遇》白皮书基于前期儿童规划相关优先发展战略提出了"提升英国所有儿童早期生活和教育环境质量，为儿童一生发展提供最好的开端经验，不断缩小不同背景儿童之间的差距，以全方位支持儿童发展"的未来战略目标。在该战略目标指导下，《新机遇》提出了儿童早期发展的战略任务：改善儿童健康和福利；向家庭提供更有效的援助，减轻养育子女的压力；提供高质量的早期学习和儿童保育服务。

为改善儿童健康和福利，英国政府将在2015年前出台并实施新的"儿童健康战略"；启动"新型胎教计划"，帮助准父母尽早理解婴幼儿身心发展规律，加强胎教指导；2010年，已经确保在英格兰每个社区都有一家政府创立的"确保开端儿童中心"，所有3岁、4岁幼儿享受每周15小时免费的早期教育，并向2岁幼儿延伸；通过开展"智能父亲"(Think Fathers)运动，提高父亲进行幼儿教育的意识，并向其提供工作指导；在未来3—5年内初步实施幼儿免费校餐计划。[1]

相关研究表明，家长对儿童教育的志趣对16周岁以前学生学业成绩的影响度是社会经济环境影响的五倍。这意味着，在儿童早期发展中，帮助家长加强与其孩子之间的关系和沟通，对儿童未来发展具有积极意义。对此，《新机遇》中指出，在未来儿童发展战略中将延长家长产

---

[1] 杨晓斐，武学超：《英国政府全方位支持儿童早期教育》，载《上海教育》，2010。

假，实施为期12个月的母亲产假和9个月的产期薪金，以及13周的父亲带薪产假，并将产假薪水提高一倍，给予有婴儿家长灵活工作的权力，同时也为家长提供更充足的时间加强与孩子的亲子关系。

为提供高质量的早期学习和儿童保育服务，《新机遇》把战略重点放在扩大低收入家庭儿童接受早期教育机会和提高早期教育质量两个方面。为确保处境不利家庭儿童接受良好教育和保育，英国政府将通过实施"工作税费减免"和"国家最低薪金"等优惠政策以及"确保开端儿童中心"计划，向中低收入家庭提供儿童保育和早期教育财政支持；通过"放飞开端"（Flying Start）等项目向英国社会所有处境不利家庭的年满2周岁的儿童提供免费教育和保育机会，并将在未来十年内分阶段实施：第一阶段目标将涵盖15%的处境最不利儿童，每年向这些儿童提供23 000个免费机会，到2020年将对处境不利儿童全部实施免费教育和保育，并向每一个2周岁处境不利儿童提供每周10小时、每年38周的最"卓越"的免费保育和早期学习机会，3周岁之后将自动调至每周15小时。[1] 另外，在未来几年，英国政府还将在全国投资新建一批"儿童中心"，为3-5岁儿童特别是处境不利儿童提供免费的、优质的保育和早期教育机会，以便家长合理安置工作与儿童家庭教育之间的关系。

相关研究结果显示，早期接受过优质保育的儿童在英语和数学学科上的表现明显优于未接受过早期优质保育的儿童，因此，儿童早期接受高质量的保育服务和教育对其未来学业成绩提升具有重要意义。

----

[1] 杨晓斐，武学超：《英国政府全方位支持儿童早期教育》，载《上海教育》，2010（17）。

为提高所有儿童保育和早期教育质量以及平等性，英国政府在《新机遇》中引入"早期基础阶段标准教育体系"（The Early Years Foundation Stage），使所有不同背景的儿童都有资格接受统一的早期教育与保育项目，所有儿童在进入小学之前都应具备无差别的知识和技能基础，从而确保不同背景儿童接受平等的、优质的、免费的保育和早期教育。

为提高儿童早期教育和保育质量，《新机遇》还把加强教师队伍建设作为未来优先发展战略，要求所有保育和早期教育的工作人员都应具备国家认可的教师资格。到2015年，所有保育和早期教育实践工作者必须达到"A水平"资格；到2015年，所有保育机构必须至少有一名具有硕士学位的教师，在处境最不利地区必须达到2名以上。《新机遇》还将启动"儿童保育十年战略"发展规划，每年将精选一批最优秀的硕士毕业生进入国家幼儿教育领域工作；将认真贯彻落实"2020年儿童与青年人教师队伍战略"，计划到2015年所有全日制保育和幼儿教育机构必须成为"研究生主导"（Graduate-led）机构。[1]

二、保证特殊儿童的受教育权

一个国家的教育政策与法规极大地影响着教育的质量和发展水平。英国政府以促进全纳教育作为本国教育发展的原则与目标之一，旨在消除教育实践中的歧视和排斥人的现象。通过制定教育法案与政策，积极促进全纳教育的发展，对全纳教育的发展进行指导与规范，并从法律和制度上予以保障。

英国政府建立了全纳教育目标，促进了特殊儿童受教育的权利的

---

[1]杨晓斐，武学超：《英国政府全方位支持儿童早期教育》，载《上海教育》，2010（17）。

实现。这正如1978年《沃诺克报告》（*Warnock Report*）中所指出的：
"对于有最严重缺陷的儿童，人们必然要提出以下这些问题：为什么要
教育这样的儿童？他们可以教育吗？花费如此多的精力和费用而收效
甚微，谁能证明这样做是合理的？这类问题必须正视，而且必须回答。
在我们看来教育是一种善行，而且是一种人类特有的善行，是所有人
都享有的权利。因此，教育对有严重缺陷的儿童——仅仅因为他们是
人——负有一种明确的义务。"英国全纳教育专家巴顿（Button）认为，
全纳教育首先提出了人的受教育权利的问题。全纳是一种权利，是优
于其他方面的权利。[1] 消除教育实践中的歧视和排斥人的现象，保证
所有人受教育的权利是全纳教育实践的前提和基础，为此，英国首先
在法律和制度上给予有力保障。

（一）1976年的教育法案

普遍接受教育是英国教育制度的公共政策目标。1870年的《初等
教育法》（*The Elementary Education Act*）标志着英国国家义务教育的
开始，并建立了学校委员会。1880年实行强制入学，1890年初等教育
实行免费教育。1944年的《教育法》预示着有必要在战后向所有的人
提供教育。[2]

在英国国家教育制度中，地方教育局、家长和学生的义务和权利
分明。地方教育局有责任制订某些教育规定并有义务为他人服务。他
们有责任为5～19岁的儿童提供合适的和充分的教育，并且还有为5岁
以下被确认有特殊教育需求的儿童提供教育的责任。家长有责任确保

---

[1] Felicity Armstrong, Derrick Armstrong and Len Barton, Inclusive Education: Policy, Contexts and Comparative Perspectives[M].London:David Fulton Publishers, Great Britain. 2000.45.

[2] 瞿葆奎：《英国教育改革》，764页，北京：人民教育出版社，1993。

儿童入学直到16岁，之后如果儿童选择离开学校，那么他们就可以离开学校。到19岁，如果家长和儿童希望一直在学校学习和生活的话，那么地方教育局必须提供适当的全日制教育。

英国早在1976年的《教育法》（即法案第十条）就明确支持把特殊儿童安置在普通学校接受教育的做法。这是英国教育立法中第一次明确给予特殊儿童进入普通学校接受教育的权利，并以立法的形式予以保障。英国努力去实施普遍接受教育的政策，在这些政策中包含了那些被排斥的某些群体的儿童，尤其是特殊儿童。[1] 在那个时期，强制入学的要求、扩大对所有人的公共教育的观点是一种历史性的转变。当然，提出特殊儿童接受教育重要性的观点是逐渐被认可的。

（二）1978年的《沃诺克报告》

1921年以前，在英格兰和威尔士只有五种类型的特殊儿童可以接受教育。

1934年以前，这种教育仅仅是在特殊学校和特殊班级中得到的。1944年的教育法确立了初等教育、中等教育和继续教育的模式，即文法学校（grammer school）、技术学校（technical school）及中等现代学校（secondary modernschool）。在这一时期，英格兰和威尔士确定了11种特殊儿童的类型，这些儿童大多是在隔离的特殊学校接受教育。1970年的《残疾儿童教育法》把教育这些特殊儿童的责任由地方健康机构转移到了地方教育机构。据估计，那个时期仅有2%的特殊学校为特殊儿童提供教育。特殊学校的学生数在50—100人之间，学生年

---

[１] Cole, T. *Apart or Apart? Integration and the Growth of British Special Education*[M].Milton Keynes: Open University Press.1989.28.

龄在2—19岁之间，这样的学校被称为"全龄"学校（all-age）。对于那些"有学习问题"（learning problems）的儿童则被认为是缓慢的学习者，他们除了在主流学校接受教育外，还可以得到补习班（remedial class或withdrawal group）的支持与帮助。

1973年，英国政府资助的调查委员会成立，并着手评估特殊儿童的教育状况。沃诺克夫人任调查委员会主席，随后的《沃诺克报告》（*Report of the Warnock Committee*）于1978年出版。《沃诺克报告》的发表对许多国家的教育实践产生了直接的影响。《沃诺克报告》考虑到儿童的特殊教育需求，指出主流学校应在最大范围内对特殊儿童给予适合他们的教育。该报告从安置场所的一体化、社会一体化（教育功能的一体化）等不同的一体化形式详细阐述了这个概念。沃诺克夫人引进"特殊教育需求"这样的概念，以反对使用"残疾"的说法。该报告得到了专家和政策制定者的广泛拥护，并为1981年的《教育法》奠定了基础。

（三）1981年的《教育法》

在英国，从隔离式教育、一体化教育再向全纳教育的发展过程中，1981年的《教育法》具有里程碑式的意义。该法正式认可"特殊教育需求"的概念，并以此取代旧的残疾分类的方法；取消了一度曾受法律保护的有关特殊学校的旧的规定，引入了对特殊教育需要的评估与鉴定；该法还详细制订了家长参与特殊儿童教育的具体权利和程序。但是，1981年的《教育法》在随后的实施过程中也逐渐暴露出其弊端，如对特殊教育需求缺乏清晰的认识，地方教育当局与学校权责不分明，对地方教育当局与学校缺乏有效的激励措施和保证制度等。

（四）1988年《教育改革法》的贡献

该教育法案有增加中央政府的教育职权等三个主要目标。1988年《教育改革法》的贡献有两个方面。一是对那些没有能力学习全部国家课程的特殊儿童作了例外的规定，即在特殊情况或条件下，根据国务大臣制定的条款，在国家课程要求的范围内可以进行删除或修改，对特殊儿童学习国家课程的灵活性作明确而具体的规定；二是该法颁布了新教师任职条例，强调对新教师的培养必须由原来只重视普通教育能力向重视培养特殊教育能力转变，这为英国全纳教育的未来发展提供了合格师资的保证。

（五）1993年的教育法案

在以往法案的基础上，1993年的教育法案更强调所有学校制订特殊教育政策的重要性，并建立一个鉴别与促进特殊儿童教育的工作系统。该法案要求教师必须参与特殊儿童的评估并负有相关的责任。该法案为特殊需求教育确立了工作系统，有助于对学生所接受的特殊教育服务进行评估，从而促进了特殊教育的发展。同时，该法案通过了教师在特殊教育服务中责任的规定，阐明了在评定和满足学生的特殊教育需求过程中教师应遵循的程序和原则，从而有力地促进了英国一体化教育的进程。

（六）1994年的《特殊教育需求鉴定与评估实施章程》

1994年，英国教育部颁发了《特殊教育需求鉴定与评估实践章程》（*the Code of Practice on the Identification and Assessment of Special Educational Needs*），该文件是在1993年《教育法》的基础上完成的，在英国全纳教育发展过程中有着非常特殊的重要地位。文件阐明了在评定与满足儿童特殊教育需求过程中，学校和地方教育当局应遵循的程序和准则，提供了详细的教育服务模式，以促进全纳教育实践的发展，这个模式有助于决定如何为每个特殊儿童提供最好的特殊教育服务，尤其是为普通学校中的特殊儿童。

该章程要求学校的特殊教育服务计划应该承认儿童需求内容的多样性、评估并满足需求，以便提供多样化的教育服务形式。当然，该章程也指出，并不要求所有的学校都坚持这一特定的教育服务模式。该章程还希望家长完全参与到特殊教育服务的所有阶段中，并强调这是家长应该享有的权利。与以前法案的不同之处在于，该章程提出，特殊教育需求的鉴定与评估不仅要考虑儿童的特殊性，还要参考学校特殊教育服务的质量和性质，以确保特殊教育需求评估社会模式的形成。

(七) 1995年的《残疾人歧视法》

为了保护残疾人的利益，1995年，英国议会通过立法以保护残疾人免受歧视，立法第一次把特殊教育需求的概念与法律上的机会平等联系起来。[1]

由英国教育与就业部为学校和地方教育当局制定的《残疾人歧视法》中指出：为了使残疾人能够有自己的工作，各管理部门和地方教育当局必须对不利于残疾人的工作安排和允诺做出合理调整；各管理部门与地方教育当局提供非教育性服务时，不能歧视残疾人。例如，将学校中安排给残疾学生的空间让给社区使用；各管理部门和地方教育当局在每年向学生家长提交的报告中，必须说明对残疾学生的入学

[1] Gerschel, L. *Equal opportunities and special educational needs, in C. Tilstone, L. Florian and R Rose(eds) Promoting Inclusive Practice*[M].London: Routledge.1998.52-67.

计划的安排，以怎样的方式帮助这些学生入学，以及采取什么措施保证残疾学生获得公正的待遇等。

综上所述，英国构建全纳教育体系，在保障特殊儿童受教育权利方面制定了一系列的相关法律法规，这从政策和制度上进一步保证了全纳教育实践的开展。

第三节　加强社区早教服务

新工党政府将学前教育系统作为实现英国社会提升教育水平、扩大受教育机会、支持家庭、减少社会排斥、提高国民健康水平和减少贫困等社会政策的一个有效途径。在推出的一系列学前教育改革政策中，就包括"早期儿童优质服务中心"这一以社区为基础的整合性早期服务计划。

一、基于社区的整合性服务的产生和发展

1997年8月，新工党政府推出的"早期儿童优质服务中心"计划（The Early Excellence Centers Pilot Program，EEC）是学前教育改革计划中的重要部分。

"早期儿童优质服务中心"计划的核心部分是"优质""整合"，通过满足儿童和家庭多种需要的高质量的家庭计划，带动社会、健康等相关服务部门的专业服务质量，使之成为跨部门的创新服务模式，同时通过专业培训、参观等方式将这一"优质""整合"的模式加以推广。从长远意义上说，是为了提升儿童及其家庭的生活质量。

作为一项积极应对当前家庭和社区需要的家庭计划，"早期儿童优质服务中心"的功能是多方面的，为学前儿童提供全面高质量的保育

教育服务，给予家庭支持，提供成人教育服务、健康服务，保教服务者的培训以及成功经验的推广。

计划推出的同时，教育和技能部颁布了申请加入该计划的资格审定基本标准：

1. 提供高质量的整合性早期教育和保育的服务，包括以儿童需要为中心的全日制和全年制的服务。

2. 家长和育儿者能够参与到学前儿童的教育和保育过程中，包括家庭学习课程、发展家长技能、提高家长的期望和其他方式。

3. 为家长和育儿者提供支援性服务，包括家庭支援、家访活动、商讨和信息服务等形式。

4. 对有特殊需要的儿童实施积极的早期评价和干预，促进儿童的发展，进入主流社会。

5. 帮助年轻父母和其他人接受成人教育和育儿知识教育，包括技能和职业资格的获得。

6. 通过积极作用促进孤立无援的弱势家庭，中心各种活动都提供公平的、非种族歧视性的机会。

7. 通过为中心员工、其他地域内的育儿者（包括志愿者、私人机构或者家庭育儿者）提供的高质量培训和发展机会，提高早期服务的质量，培训和发展的策略来源于"早期发展和育儿合作"（Early Years Development and Childcare Partnership）。

8. 发展教育、社会服务、健康、社区服务、与其他服务者的合作和整合关系。

9. 通过和学校、校外服务者的合作,促进教育和学习支援的延续性。

10. 对中心工作的效率、效果进行监督和评价，以普及和推广其中的成功经验。

通过政府审批的机构就能够成为"早期儿童优质服务中心"，并且获得政府的资助。政府通过评估进行质量平衡和协调，要求这些机构的延伸、整合服务必须保持在现有服务数量和质量的基础上，并且充分考虑到社区和家庭的特殊需要。

从政府确定的申请标准中可以看出，"早期儿童优质服务中心"计划并不是一个指向特定地区的倾斜计划，和地区所在的经济和社会背景没有关系，衡量标准主要是机构所能够提供的早期服务质量、服务范围以及整合（及其潜能）等因素，"优质"和"整合"是核心标准。有趣的是，2000 年度英国全国评估结果表明，一半以上的"早期儿童优质服务中心"位于经济落后地区，"早期儿童优质服务中心"所在行政区域只占全英行政区的20%，而服务对象主要是低收入家庭（家庭成员中有0-5岁学前儿童），这些家庭大多数申请国家收入支持或者工作帮助支持（牛津大学社会落后研究中心）。其中主要原因为：为了获得运作资金，一些位于经济落后地区的中心加入"确保开端"计划（指向贫困地区的国家计划），从而导致了相当数量的中心位于经济落后地区。当然，这也说明"早期儿童优质服务中心"所倡导的"优质"的目标有利于改善经济落后的社会问题。作为及时应对社区、家庭的需要的机构，"早期儿童优质服务中心"在服务内容上表现出鲜明的服务导向性。这一服务导向性首先表现在服务内容的广泛性，包括为5岁以下幼儿提供高质量的保育和教育服务、幼儿健康咨询、成人继续教育和职业技能培训等，其中包含一些特殊指向的服务内容，能够有效地满足处于不同转折时期的家庭需要。其次，服务内容表现出明显的动态性，随着社区家庭需要的变化调整服务内容，在"早期儿童优质服务中心"项目中服务内容经常是短期、短暂的，通过和家长的沟通、商议，及时调整服务内容，以回应家庭、儿童和成人的需要，服务不断被创造、发展和改变。再次，在服务方式上表现出相当的人性化，例如"两代之间"（inter-generational）的服务就是一种常用的运行方式，成人和儿童在同一机构内、同一时间、各自获得需要的服务，有效地解决了成人在育儿和自我发展之间的矛盾，而一站式（one-stop-shop）服务模式将各种服务整合在一个系统中，为服务者提供了便利性和可选择性。

由于社区规模、地理等因素的影响，"早期儿童优质服务中心"表现出单一型和网络型两种模式。

单一型模式或者是具有综合功能的单一建筑物，或者是由若干提供不同功能的建筑群构成的一个校区。虽然单一型的管理效率较高，但是其空间大小和建筑物的承载能力往往局限了整合功能的发挥。

网络型模式则比较复杂，根据建筑群的距离可以分为邻居型和分散型，也可以根据空间使用功能的特点分为通用型和专用型，还可以根据是否有中心领导分成"轴—轮辐"（Hub and spokes）型和"岛—摆渡轮"（Island and ferry）型，或者根据专家指导决策的性质分为内部指导型（internally directed）和外部指导型（externally directed）。这些分类标准建立在不同的基础上，在分类上可以相互交叉，因此，有时一个网络型模式可能既是邻居型，又是通用型，也是外部指导型。通常，网络型整合模式在空间、资源上比单一型具有更大的优势，在整合功能的实施中具有更大的潜力，但是由于网络型模式的复杂性，也会在运行中遭遇整合管理的难题，从而影响其资源优势。这种状况在农村地区比较明显，由于文化理解因素的复杂化、不同的社区环境的差异以及地理上的距离感等因素，农村地区的网络型整合模式更容易遭遇困难，因此，在运行过程中，在农村地区，单一型模式和具有核心领导的"轴—轮辐"（Hub and spokes）型比较适用。[1]

当然，不断拓展、整合服务的"早期儿童优质服务中心"在运行过程中会表现出动态性，单一型可能会发展成为网络型，网络型也可能发生结构上的变化，而所有的功能都是通过整合来完成的。

"早期儿童优质服务中心"在运作过程中主要是以保育学校等托幼机构作为运行中心的基础或者来源，因此，这些机构在"早期儿童优质服务中心"的整合过程中发挥着主体作用，通过托幼机构和社区其他服务资源整合的方式，可以进行早期儿童优质中心功能的延伸、整合和改造。当然，在运作过程中也出现了一些问题。

问题一，作为运行主体的学前教育机构在社会框架中的权威性不高，使其在整合社区资源过程中存在种种障碍。

问题二，由于中心领导者主要来自托幼机构，缺少跨专业的背景和机构整合的管理专业知识和经验，中心面临整合队伍重构、整合服务拓展等压力。

在发展成为跨部门的整合性早期服务机构的过程中，"早期儿童优质服务中心"面临着如何将个别的、分散的部分完全化、联合化的整合运行问题，而对于运作者来说，应该达到怎样程度的合并或者整合，在构成成分上达到怎样的个别化或者联合往往并不明确，于是在现有的整合运行中就可以看到整合程度不同的管理结构：

---

[1] 柳倩：《世界三国以社区为基础的整合性早期服务机构运行模式的比较研究》，华东师范大学2004届硕士学位论文。

一体模式（unified model）：具有合并的管理、培训和员工结构，分成不同部门，这些部门在运行中紧密联合。例如在"早期儿童优质服务中心"计划中存在一个独立的中心运作体系，在一个有凝聚力的管理结构下，实施彻底的教育、保育、家庭支持、成人教育和健康服务等部门的整合。

协调模式（coordinated model）：管理、培训和员工结构是相互协调、同步进行的，不同的服务相互之间协调工作，同时保持各自的独特之处。例如在一个独立运行的体系中，改进后的幼儿学校和日托中心与资深管理的健康专家、成人培训者处于同等地位，相互合作，并保持在各自领域内的特长。

联合模式（coalition model）：管理、培训和员工结合在一个同盟合作群中共事，有一个包含不同成员的协会或者联盟，但是在运行中彼此分离。例如在一个运行体系中，有在一个地区范围内共同运行的关于早期教育和保育提供者的网络系统和各成员相连。

混合模式（hybrid model）：是在上述模式基础上的一种混合模式，既有联合模式成分，又有协调模式成分，还有一体模式成分。

在"早期儿童优质服务中心"的运行过程中出现的多种管理结构、规模，说明了对于不同的社区、家庭、中心基础和文化背景来说，并不存在唯一、通用的整合运行模式，但是有一点是肯定的：服务导向型下的"整合"和"优质"必须是立足于家庭、社区需要的，对于同一家庭来说，他所需要的"整合""优质"服务必须是持续、完整的，而不是支离破碎的。这需要不同专业者分享信息、协同工作，这样才能确保提供的服务能够应对家庭快速变化的需要。因此，很多中心往往要经历相当长的时间用以发展重构整合队伍，发展员工协作能力，加强和外部机构的合作，提高管理能力，以实现这些目标。对于管理层来说，更需要加强经济管理、跨专业、整合管理的培训。当然，每个中心的健康运行、整合服务的拓展离不开外部的支持，如非政府组织的支持、专家的评估监督以及稳定的资金，其中稳定的资金是关键因素。

随着计划的实行，各个中心所获得的资助结构表现出一定差异性。有的通过和地区政府的密切合作，获得地区政府的认可并且加入地区发展计划，从而获得地区政府部门稳定、长期的资助。当然，地区的资助往往和其财政压力有关，位于经济落后社区的中心往往较难获得来自地区财政的相关支持。有的则通过申请加入国家其他项目以获得资助，如"确保开端"计划就是一项面向落后地区的资助项目，不少中心正在通过与其合作获得稳定的资助，也有的中心则通过不定期的私人捐助来维持正常运作。

相关资料表明，各个中心的资助来源正趋于广泛性、多元化。"早期儿童优质服务中心"的"整合型"特点使广泛、多元的资金得以在中心内发挥作用，发展出相关的整合服务项目。当然，作为中心的领导者，还面临着发展整合服务的重任，因此在募集资金和发展整合服务这两大任务之间，领导者往往面临如何平衡时间、精力和压力的问题。

随着计划的运行，1997年至1999年12月，英国已经建立了29个这样的中心。2001年2月的绿皮书《建造成功》（*Building on Success*）提出在2004年达到100个中心，逐步发展成为一个中心网络，并且向更加地区化的方向推广。[1] 计划的核心宗旨就是强调通过国家资助等

---

[1] School building on success [EB/OL]. http://www.archive.official-documents.co.uk/document/cm50/5050/5050.pdf.2013-2-16

方式，以早期服务为纽带，加强学前教育系统内部以及系统内外之间的全方位"整合"。中心通过一站式服务的方式，提供优质、完整早期服务，积极应对不同的社区背景的需要。

二、社区早教机构运作模式

(一) 运行目标

1. 提供优质服务

政府为儿童及其家庭提供全方位整合的优质服务，表明了英国追求平等和优质的教育战略目标。英国"早期儿童优质服务中心"项目的核心目标就是"优质""整合"，提供满足儿童和家庭多种需要的高质量的家庭计划，并且带动提升社会、健康等相关服务部门的专业服务质量。

2001年6月，新建立的英国工党政府将原来的"教育与就业部"更名为"教育与技能部"，将为全民创造良机达成卓越作为新教育部的基本工作目标。2002年，教育部与技能部国务大臣伊斯特利·莫里斯(Estelle Morris) 在《传递结果：到2006年的战略》的前言中作了进一步的阐述：构建一种能使我们在全球市场中持续成功的经济，我们需要一支比以往受过更高技能训练的劳动大军；同样重要的是，构建一个公正而全纳的社会，每个人必须具有实现一切潜能的机会。[1]

2. 提升家庭能力

政府给予家庭有力支持，以家庭取向和国家取向的平衡性、个性化价值取向，英国的"早期儿童优质服务中心"明确指出将"支持家庭"

---

[1] 冯大鸣，赵中建：《世纪初美、英、澳国家教育战略述评》，载《教育发展研究》，2002 (10)。

作为其核心目标。这表明了英国努力在国家取向和家庭取向之间寻找平衡的立场：家庭和公共服务机构之间应该是平行、互补的关系，对于有3岁以下婴儿的家庭更是如此。作为整合服务机构，应该立足于家庭的不同需要，提供个性化的支持。

3. 理顺机构和社区关系

政府整合机构并与社区建立广泛伙伴关系，以整合机构为抓手促进社区相关资源的整合以及社区能力提升，通过优化大环境实现提升早期服务的质量，反映了人类生态社会学的大教育观立场。

英国的"早期儿童优质服务中心"计划是工党政府为了"提高教育水平、扩大受教育机会、支持家庭、减少社会排斥、提高国民健康水平和减少贫困"而制定的一项重要政策措施，其运行目标是将"早期儿童优质服务中心"作为社会改革的一个重要因素。

（二）执行系统

为保证"服务于社区、支持家庭、创设一个有利于育儿环境"等运行目标的实现，英国的早期服务机构在执行系统中采用了整合重要环节的方式，即以儿童养育为核心，将相关服务整合在一起，建立一个能够满足儿童及其家庭多种需要的服务机构，使家庭和社区居民能够方便地获得适合自己的服务内容，以提升家庭和社区的能力，达到社区大环境优化的目的。

1. 运行原则

服务机构的运行原则包括：针对家庭和社区的需要，提供方便而整合的保教服务；保教服务以个别化方式推行；尊重儿童和家庭的个体差异（伦理、语言和文化）；家长教育和成人教育课程应该有利于家长实施早期保教；工作人员应经过严格培训，并持有社区认可的资格，相关人员合作；向社区推广经验等。

2. 运行功能

服务机构的运行功能主要表现为服务内容。英国"早期儿童优质服务中心"服务内容主要包括四个方面：首先，儿童的服务。5岁的日托、儿童信息服务、儿童玩具图书馆、托儿所、假日游戏小组、个别化活动（接送、教育心理服务、语言活动服务等）、校外活动（校外学习小组）、儿童护理指导活动。其次，成人和家庭的服务。有氧健身运动、芳香疗法、健康专业基础课程（基本的救助、社区助产士临床课程）、计算机课程、建筑课程、家政课程（朋友式的课程）、母婴健康随访指导小组、国内育儿协会—网络进入点、家庭延伸服务、家庭和学步儿俱乐部、父母课程、个人发展课程、个人职业发展培训（大学课程、专业证书）、专业发展培训、支持家庭关注少年父母。再次，为专业工作者提供支持和培训。专业培训课程包括保育标准、早期发展目标、特别的需要、教师培训、行为管理、教师助理培训、语言培训、人权和心理健康法律、育儿实践的介绍、语言的第一步、儿童保护的介绍。最后，早期实践活动者的支持团体、育儿实践者的培训，如保姆的培训、游戏小组的培训、注册和检查的培训。

3. 服务项目的特点

（1）服务的广泛性。早期儿童优质服务项目的服务内容最大程度覆盖家庭和社区的需要，而不仅仅是学前儿童。从指向家庭、社区的目标出发，这些国家的整合机构在服务内容方面都是以育儿服务为核心覆盖家庭和社区的，辐射范围广泛。在"早期儿童优质服务中心"中，按照儿童、家长和专业工作者服务对象的不同分出了三个对应的服务内容板块，这种建立在消费—服务关系上的分类，能够将一些服务内容进行梳理，并且以此为脉络进行服务内容的扩展和延伸。

（2）服务的易获性。早期儿童优质服务增强了家庭和社区成员进入整合服务机构接受服务的易获得性。所谓易获得性，不仅包括服务项目的广泛性、选择性和适宜性，而且还应该包括家庭对于服务方式、服务时间和服务费用等方面的可接受程度。这不仅体现了当今服务型社会以需要为基础设定服务内容的基本特点，而且也和整合机构运行目标中的服务机会均衡性、民主化等因素息息相关。

（3）服务的灵活性。作为对于社区、家庭需要的积极应答，整合机构的服务功能是动态的而不是固定不变的，能根据家庭、社区的需要调节服务的内容。"早期儿童优质服务中心"计划的服务内容为了适应需要经常是灵活多变的。由于不少的"早期儿童优质服务中心"位于经济落后地区，不少家长面临长期失业或者教育程度低下等问题，家长进入"早期儿童优质服务中心"的目的往往仅仅是寻求育儿的帮助，而对自身的发展并无兴趣，或者由于育儿的压力无法获得自身发展的学习机会，为此，不少"早期儿童优质服务中心"采用了"两代之间"（inter-generational）的服务方式，为这些有学习需求但是无暇学习的成人提供了方便。参与育儿团体也会使家长在看到孩子的发展过程后萌发自我学习的兴趣和需要，"一站式"提供的多种服务内容选择，消除了弱势人群的被视为"有针对性的改造对象"的不自在感觉，能以更加自在的方式选择自己的服务需要。

（三）整合机制

由于早期服务的提供者来自不同专业背景，因此提供广泛、易获得和灵活的服务，建立强有力的整合机构是先决条件。

1. 运行主体

在理论上，学校中心模式是指在学校内部或者靠近学校的某服务中心，通过学校将相关的服务和家庭连接起来。英国"早期儿童优质服务中心"主要是建立在小学、保育学校等学校的基础上的，其运行主体是学校，属于学校中心模式。学校作为运行主体时，学校和社区的关系表现为从学校向社区辐射的特点，社区成为学校的依托，整合机构中学校处于权威地位，这种权威地位是由学校作为核心服务提供者的专业性产生的。英国"早期儿童优质服务中心"的运行主体情况见表6-2：

表6-2 1999-2000年英国"早期儿童优质服务中心"运行主体

儿童服务中心名称	数量
保留的保育学校(LEA)	23
保留的日托中心(LA SOCIAL SERVICES)	8
保留的幼儿学校(LEA)	2
保留的小学(LEA)	3
保留的社区/家庭服务	3
慈善社区/家庭服务	3

资料来源：Christine, P., Tony, B., Michael, G., Claire,M., Fina, R., &Maureen,S. DFEE Reserch to Infrom Evaluation of the Early Excellence Centre Pilot Programme, [EB/OL] https://www.education.gov.uk/publications/eOrderingDownload/RR259.pdf 2012-2-16.

在对38个对象的调查中，运行主体主要是保育学校，但是它们在整合运行中往往存在着效率不高的问题，其中主要原因是保育学校历来在社区中缺乏权威的作用，即在社会框架中缺乏一定的地位。因此报告建议，那些对于社区建筑和早期高质量的实践活动有较高支配权的小学，可以尝试担当主体的作用，能够提供合适的可供选择的场所。从英国的运作经验中可以看出，学校主体的有效运作，必须在提高专业服务质量的同时，加强学校（尤其是托幼机构）在社会框架中的地位。与此同时，也有一些整合机构逐渐从单一型的一站式机构发展成为网络型的服务机构，而这些整合型网络依然保留学校基础模式，但是并没有显示出高效率的迹象。

2. 整合机构的领导者

作为一个提供多种服务的整合机构，机构的领导者将面临多种部门整合、协调工作的管理任务，这一复杂的管理任务是领导者的巨大挑战，领导者所表现出的管理能力高低，就成为整合机构能否有序运行的关键因素之一。

英国的"早期儿童优质服务中心"主要源于学前机构，因此，随着学前机构发展成为整合服务机构，学前机构的领导者就成为整合机构的领导，他们对于"早期儿童优质服务中心"运行负责。但这种模式也存在着诸多问题，比如跨专业背景的缺失、整合机构管理经验的短缺、整合机构的拓展能力、资金的募集问题、不同对象的沟通协调能力等。该项目评估报告提出了一些作为整合服务机构的领导者所应该具有的资质，要具有包括社会、教育和健康等多专业的背景，并且有能够激励员工努力工作的能力，将不同实践者组成一支多专业的队伍，对组织目标敏感，具有良好的人际交流能力（和员工和服务对象），对于改革复杂组织充满信心，将专业成果向其社区以及其他地区宣传，接受过专业培训并且具有实际经验。[1] 在这种情况下，英国"早期儿童优质服务中心"项目进行了必要的改革，这种改革一方面引进和培训项目领导者，另一方面通过资源重组和自身提高改善领导者的资质。尽管这种集行政和专业于一身的方式往往使领导者面临巨大的压力，但目前来看作用尚好。总之，学校主体型模式多采用校长（园长）领导模式，校长领导整合机构是建立在学校作为整合主体的权威性基础上的，当学校（机构）整合资源在地区中优势显著、权威性突出时，校长（园长）应该是整合机构这一创新模式的最佳管理领导人选。

（四）组织结构

在对组织结构进行整合的过程中，摆在领导者或者管理者面前的任务就是如何将来自不同专业、不同背景的人组成一个协调运作的整体。对于整合机构来说，组织结构的作用尤其突出，有效的组织结构对整合运行起着积极的推动作用，是实现整合目标的关键。比如，英国"早期儿童优质服务中心"在整合早期阶段还处于联合、协调模式，而随着对整合理解的深入，组织成员越来越认同一体化的组织结构，成为联合或者协调模式。

在2000年度和2001年度的评估报告中，越来越多的"早期儿童优质服务中心"倾向于采用一体模式进行整合（14个），而采用协调（6个）或者松散的联合（6个）模式的"早期儿童优质服务中心"数量正在减少。1999—2001年，英国"早期儿童优质服务中心"的组织结构正在发生变化，具体情况见表6-3：

[1] Christine,P.,Tony, B.,Michael,G.,Claire,M., Fina, R.,&Maureen, S. DFEE Reserch to Infrom Evaluation of the Early Excellence Centre Pilot Programme, [EB/OL] https://www.education.gov.uk/publications/eOrderingDownload/RR259.pdf 2012-2-16.

表6-3　1999~2001年英国"早期幼儿优质服务中心"组织结构变化情况

年代 ＼ 类型	1999—2000	2000—2001
整合的类型	1999—2000	2000—2001
一体模式	4	14
协调模式	5	6
联合模式	16	6
混合模式	★	3
参与评估的总模式	25	29

资料来源：Christine,P., Tony, B., Michael, G., Claire, M., Fina, R., &Maureen, S. DFEE Reserch to Infrom Evaluation of the Early Excellence Centre Pilot Programme, [EB/OL] https://www.education.gov.uk/publications/eOrderingDownload/RR259.pdf 2012–2–16.

对于旨在尊重社区、尊重家庭需要的整合机构来说，并不存在唯一、固定的组织结构。不同运行主体、不同规模、不同地区的整合服务机构会采用不同的组织结构。基于对整合的不同理解，来自不同背景、不同专业的工作者在不断合作、磨合过程中，组织结构不断进行着动态的调整，以适应机构运行的需要。

值得关注的是，2000年英国"早期儿童优质服务中心"项目的评估报告对整合机构的组织结构提出了一些共性的特征：清晰和强有力的全面领导、明晰的规则及其责任的界定、中心内任何员工都能够向高级管理者提交意见、超越地区权力部门和地区专业领导的前提下定义组织结构、开放式制订管理措施、亲和而透明的上下级关系（定期的员工会议和个人咨询）。这种促使组织机构更加扁平化、赋予员工更多的责任和权力以及倡导员工之间合作的组织特点，是未来英国"早期儿童优质服务中心"项目管理与组织发展的未来趋势。

英国"早期儿童优质服务中心"这一以社区为基础的整合性早期服务机构，在运作过程中，通过专项计划、专项资金和标准制订等手段，鼓励和规范保教服务机构加入计划，成为提供以育儿服务为核心的覆盖家庭及其社区师资、社区成人的一站式优质、整合性服务机构，通过提供全方位的、动态的、个别化的、易获得的服务，积极应对不同背景家庭和社区的需要，缓解了家庭和社区面临的压力，提高了学前教育系统的师资资质。

第七章

英国学前教育政策的价值取向（下）

英国政府在学前教育的改革和发展过程中，重视利用教育政策对学前教育进行改革和发展，本章主要集中在重视幼小衔接和改革幼儿教师教育两个方面。

第一节　重视幼小衔接

近年以来，英国的学前教育重视幼小衔接，做了大量富有建设性的工作。政府通过一系列政策措施引导早期教育幼小衔接，特别是《教育改革法》的颁布和实施，在客观上奠定了学前教育发展的基调。

一、基于知识经验准备的衔接

（一）1988年《教育改革法》

1988年7月29日，英国国会正式投票表决通过了一份重要的教育法令文件——《教育改革法》（*Education Reform Act*）。该法案是在教育大臣贝克（Baker）提交的一份议案的基础上形成的。人们普遍认为，这个法案是英国四十多年来（自1944年教育改革法案以来）最重要的一个教育法令文件，它对英国教育产生了巨大影响。虽然该法案并没有直接涉及早教领域，但其对早教的影响很大，1990年《罗姆伯德报告》就是在这一背景下出台的针对5岁以下儿童教育质量如何提高的政策文件。

1988年《教育改革法》最重要的内容是设定全国统一课程及成绩评定制度，相关规定如下：一、所有公立学校必须开设英语（威尔士地区为威尔士语）、数学、科学、历史、地理、技术学、技术、音乐、体育和现代外国语。其中前三门为核心课程，其余为基础课程。除现代外国语科目外，其余都是用于初等学校。二、为上述各门课程制订统一的成绩目标和学习大纲，规定了不同能力的学生在7、11、14、16岁时应该掌握的知识、技能和主要活动。三、在这四个年龄阶段分别对学生的学业表现进行四次正式评估，包括全国规定的考试。四、成立学校课程和评估事务的中央咨询机构——全国课程委员会(National Curriculum Commission)及学校考试和评定委员会(Schools Examination and Assessment Council)，具体负责各门学科成绩的目标、学习大纲的制订和全国统一考试的安排。[1] 可以说，在此之前，英国是全欧洲唯一不设全国统一课程的国家，教育行政的地方分权、学校高度的自主性、教学科目和内容的高度可选择性是其突出特征，教师在"教什么"和"怎么教"上拥有相当大的自由度，并声称这是为了适应儿童的年龄、能力和性向特征。基于此阶段英国的政治、经济及教育背景，英国全国统一课程的设置可以说是一次前所未有的重

---

[1] 韩晔：《英国中小学教育世纪末的改革与发展》，载《外国教育研究》，1997（5）。

大改革。具体来说主要有：（1）通过设立统一课程及学习大纲与评估，一定程度上改变了此前教育过度自由化的现象，也体现了撒切尔政府加强对教育的控制、提高教育质量的要求，使得教师在教学过程中有了准确、详细的目标，便于教师教学，同时也为教师科学地检测学生的学习结果提供了条件，这是保证教学质量的重要一步。（2）课程教学上，一方面，将5-16岁儿童课程作为一个整体来设计，既体现了课程的整体性和连续性，有利于学校之间的衔接及教学内容间的循序渐进，另一方面，知识、技能和理解三个目标并重，更加重视学科教学，重视系统知识的传授，使学生能够具备较为宽广的、与儿童需要紧密相连的知识结构，促进学生在精神、道德、文化、智力和体力方面的发展，为将来成人生活中的机会、责任和经验做准备，从而改变过于开放的教育所造成的教育质量不高的现象。（3）教学评价上，每一学科包括若干成绩目标，每一项成绩目标划分为十个水平，成绩目标的水平与年级相对应。7岁要求达到水平1-3，11岁达到水平3-5，14岁达到水平4-8，16岁达到水平5-10，在这四个年龄阶段将根据成绩目标的要求实行全国统一考试。这种成绩目标的制订，既是保证教学质量的手段，也是保证全国统一课程实施的手段。另外，除了外部的全国统一考试，还采取学校内部教师评定的方式，两者有效结合。教师的评定贯穿于学生学习的各个阶段中，包括测验、平时的档案和成绩记录等连续性的评价。

但该法案并没有涉及早教，法案规定适用于英国5-16岁的儿童，虽然没有专门关于学前教育与初等教育衔接的相关规定，但作为这一时期最为重要的法案，其所规定的内容及影响奠定了此阶段幼小衔接政策的宏观态势，使儿童知识技能的衔接成为入学准备的首要任务。

（二）1990年《罗姆伯德报告》

1990年的《罗姆伯德报告》（*The Rumbold Report* 1990）是1989年3月教育与科技部成立的一个调查委员会专门针对5岁以下儿童教育质量问题展开调查而形成的一份报告，报告的副标题即为"以质量为开端"（Starting with quality）。这是紧随1988年《教育改革法》、以全国统一课程的要求及政府经费开支计划为基础、以提高3-4岁儿童的教育质量为目标而做的一项调查，以期为儿童教育提供一个发展框架和实践指导。《罗姆伯德报告》的出台为英国早期教育如何提高儿童教育质量，以更好地与初等教育形成连续性的统一，使儿童顺利实现对初等教育的准备与适应提供了政策性的说明。该报告共分为两部分。第一部分为"问题与建议"。它以5岁以下儿童的特点为基础，主要涉及不同学前教育机构如托儿所、学前班、日托中心等的一些特点及问题，早期教育的目标，早期教育课程的设置与实施，早期教育人员的培训等。第二部分为一些具体的参考材料。报告的核心是以1988年《教育改革法》和1989年《儿童法》的相关规定为基础，具体分析如何提高5岁以下儿童教育质量。报告中指出，相对于1978年《沃诺克报告》提出的扩大儿童知识、经验、想象力、理解力的目标，及1988年《教育改革法》提出促进儿童精神、道德、文化、智力及身体健康发展的教育目标，5岁以下儿童更要注重儿童保育与教育的并重。这样就应将家庭、早期教育机构及义务教育衔接起来，教育者在课程设计及实施上要考虑到5岁前儿童的相似性与特殊性，并使之与儿童之前及今后的教育形成一个连续体。报告同时要求，教育者要避免一味地注重正规教学及一些具体教学目标的达成，不仅要关注教学内容，也要关注教学方式及儿童的角色参与，以此实现与国家课程的统一。报告具体从"基本必需品与组织""学习方式""课程整合""成人角色"及"家长参与"五个方面对课程实施中的一些问题进行陈述，并提出了一定的建议。

　　该报告有三个方面内容。首先，在对不同早教机构现状进行分析的基础上，将本国的早教与欧洲其他国家做了比较，指出，英国儿童入学年龄（5岁为法定入学年龄）是欧洲各国中最早的（其他国家一般为6岁入学）。同时，5岁以下儿童入学的现象在英国也占有很大的比例。调查显示，1987年3—4岁儿童入学率占到86%。其次，报告指出，学前教育事业在英国渐渐受到重视并得以发展，以幼儿自身特点及早期教育特点与目标为前提，在1988年出台的全国统一课程指导下，为更好地促进儿童的学习，满足儿童的需求、兴趣，教育者有责任为早期教育儿童提供一个积极有效的课程体系。具体在基本必需品及组织方面，教育者要为儿童提供一个有组织、有计划的内外学习环境，并且对儿童来说这种学校环境应是可以接受、理解和具有刺激性的；教学设备要适合儿童并达到儿童满意的状态；师生比以2∶20为宜（即一名教师、一名保育员）；学习方式应以游戏和谈话为主等。最后，报告对儿童的"连续性及发展"问题也进行了分析，指出儿童从一种教育环境到另一种教育环境的过渡，如从早期教育到初等教育，在学习环境、课堂组织、规则及期望、课程内容及教育者的思想观念等方面存在着较大差别，因此如何实现儿童的连续性及发展显得十分重要。为此，教育者之间要相互协调，如利用参观等活动密切早期教育和初等教育中教师、学校之间的联系；课程教学上既要保持早期教育自身特色，也要与国家课程在内容及实施上保持统一。

二、基于知识经验准备的幼小衔接的价值取向

1988年的《教育改革法》虽然没有直接涉及幼小衔接问题，但它却奠定了这一时期英国教育主要是早教的发展方向，使注重教育质量的提高、注重儿童知识技能的衔接成为此时入学准备的首要任务与特点。另外，义务教育入学年龄的提前、侧重学校的短期准备也成为此阶段英国入学准备的重要措施与特点。

（一）追求质量，注重知识

1988年的《教育改革法》的核心是提高教育质量，注重课程的统一性、注重儿童知识技能的掌握与衔接，这既是贯穿于整个义务教育阶段的根本要求，更是入学准备的指导性纲领：将5~16岁儿童课程作为一个整体来设计，使幼儿学校在课程目标及内容要求上与初级学校保持了连续性的衔接，这种课程的整体性为入学准备创设了良好的大环境；教学内容上注重儿童知识结构及技能的掌握，并通过教师评定及7岁考试的形式确保儿童进入初级学校的教育质量；课堂教学中，教师改变了过去拥有众多自主权的现象，而是更为严格、客观，根据详细的课程目标进行教学并检测学生成绩。

初等教育的这种变化直接决定着英国早期教育的发展，为了更好地适应并与全国课程达成统一，1990年《罗姆伯德报告》出台。它在分析英国早期教育不同教育机构的特点及存在问题的前提下，以早期教育自身的教育目标与教育特点为出发点，对如何更加有效地实现早期教育课程的设置、实施与评价及早期教育人员的培训给出了一定的建议，以更好地实现早期教育与初等教育的衔接，实现儿童连续性的

发展，从而使确保质量、提高儿童的知识技能成为这一阶段幼小衔接的宏观取向。

此外，从1988年《教育改革法》设定全国统一课程开始，课程即"教什么"的问题便成为英国义务教育及其早期教育关注的焦点，政府试图通过设定一个合理、有效的课程体系来实现提高教育质量的目标，具体表现在课程目标及大纲的设置与不断调整、课程评价的不断完善及教师知识技能的传授等，并且在后来出台的一系列教育改革中也都围绕课程这一问题而展开，以期实现课程设置与实施的更加合理化。这一点在英国早期教育中也得到了很好的体现，1990年《罗姆伯德报告》正是为探讨更加有效的早期教育课程而出台。所以说课程即"教什么"是这一阶段英国早期教育及其幼小衔接关注的重点，也是确保教育质量、提高儿童知识技能首要的实施途径。

由此，不论是义务教育还是早期教育领域，1988年的《教育改革法》都奠定了提高教育质量、注重儿童知识技能的大教育基调。在此环境下，幼小衔接在考虑早期儿童特点的同时也倾向于通过高质量的教育与保育促进儿童知识技能的衔接，以更好地适应全国统一课程及其成绩评定制度。

（二）义务教育入学年龄提前

虽然英国的入学年龄在欧盟已经是最低的了，但仍然有一种将入学年龄提前到4岁的态势，对5岁以下儿童在学校中提供全日制场所的这种供需双向效应促进了这一趋势的产生：一方面，学校可以为年轻父母提供照料婴儿的服务；另一方面，教师认为入学年龄提前可以使他们更好地为儿童6岁或6岁半考试做好准备。尽管1905年报告的委员会总结说3-5岁儿童的学校教育并没有使儿童在智力方面有很大的收获，并且他们也没有迫切要求早期教育提供适宜的条件和资源，但是在英国地方教育中仍然存在着允许儿童更早入学，尤其是4岁入学的现状。这在1990年《罗姆伯德报告》中也有所体现，报告指出"4岁儿童进入初等学校预备班（即幼儿学校）的现象增加"[1]。英国儿童教育专家伍德海德针对这一现象曾说："如果这种趋势持续下去，那么用不了多少年英国所有儿童都可以在5岁以前就进入初等学校。"[2]由此他得出结论说这种趋势会持续下去，但另一方面他也强调："学校教育在数量上的增加并不一定会取得很好的效果，除非注重儿童教育经验的质量。"[3]

具体来说，儿童入学年龄提前这一现象的产生有其历史和社会原因。调查显示，英国学前教育投入相较欧共体其他国家在入学前普遍提供至少一年的学前教育而言显得不足。从1918年开始，教育当局被要求承担发展幼儿教育的义务，但直到1944年教育法案才使之成为一项规定。同时，不论是政府的教育白皮书、报告还是教育部通告都没有提出一个明确的学前政策，这是因为他们一方面认为发展学前教育是必要的，另一方面却认为这是一项昂贵的服务。1990年《罗姆伯德报告》委员会强调了幼儿教育投入的缺乏，并倡导加大对幼儿教育投入，但直到1993年全国教育委员会才号召建立普遍的幼儿教育服务，随后

[1] The Rumbold Report [R]. http://www.educationengland.org.uk/documents/rumbold/rumbold01.html.2013-3-22.

[2] Holly Linklater. Listening to learn: children playing and talking about the reception year of early years education the UK[J]. Early Years.2006,26(1):63-78.

[3] Holly Linklater. Listening to learn: children playing and talking about the reception year of early years education the UK[J]. Early Years.2006,26(1):63-78.

政府开始宣布扩大幼儿教育投入。一直以来，幼儿教育投入的缺乏是父母要求让更小的儿童进入全日制学校的重要原因。

桑德拉·丹尼尔斯等人于1993年就入学年龄提前问题对英国108个地方教育当局做了一份调查，他对回收的102份问卷的分析很好地说明了当时英国入学年龄提前这一政策的状况。[1]

这份调查将入学政策分为四个主要范畴，分别是法定入学年龄5岁（statutory age）、未满5岁（rising five）、4岁半开始（from four-and-a-half）、4岁开始（form four）。在此基础上，调查对地方教育当局在入学政策上是采用单一政策还是两种或两种以上混合政策进行了分析，见表7-1：

表7-1　　　　　英国儿童入幼儿学校年龄

	实行单一政策的LEAs	实行混合政策的LEAs	LEAs总计
法定入学年龄5岁	5(6%)	2(13%)	7
未满5岁	32(37%)	14(87%)	46
4岁半开始	15(17%)	9(53%)	24
4岁开始	34(40%)	13(87%)	47
LEAs总计	86(100%)	16*	

＊即地方教育当局不止在一个入学范畴中允许儿童入学

资料来源：Sandra Daniels. Edwin D.Redfern and Diane Shorrocks-Taylor. Trends in the early admission of children to school: appropriate or expedient? Educational Research.1995, 37(3):241.

从表7-1中可以看出，高于85%的地方教育当局实行的是单一的入学政策，大约有25%的地方教育当局实行的是混合的入学政策。另外，

[1] Sandra Daniels. Edwin D.Redfern and Diane Shorrocks-Taylor. Trends in the early admission of children to school: appropriate or expedient? [J].*Educational Research*.1995, 37(3):241.

不同年龄段入学的比例也一目了然。

在此基础上，调查对乡镇（counties）、市区（metropolitan districts）、内伦敦（inner London boroughs）和大伦敦（greater London boroughs）不同地区实行单一入学政策的教育当局在入学年龄上进行了分析，见表7-2：

表7-2　实行单一政策的不同类型教育当局中儿童的入学年龄

	乡镇(county)	市区(MDs)	内伦敦(ILBs)	大伦敦(GLBs)	LEAs总计
法定入学年龄	2(7%)	2(7%)	0(0%)	1(6%)	5
未满5岁	10(36%)	7(24%)	10(84%)	5(29%)	32
4岁半开始	8(28%)	2(7%)	1(8%)	4(27%)	15
4岁开始	8(29%)	18(62%)	1(8%)	7(41%)	34
实行单一政策的LEAs	28	29	12	17	86

资料来源：Sandra Daniels. Edwin D.Redfern and Diane Shorrocks-Taylor. Trends in the early admission of children to school: appropriate or expedient? Educational Research. 1995, 37(3):242.

从表7-2中可以看出，除了两个乡镇、两个市区及大伦敦的一个区，其他所有实行单一政策的地方教育当局都倾向于接受5岁以下儿童入学。由此，80年代到90年代初的英国，提前入学政策在地方教育当局中已发展成为一种趋势。英国1985年教育白皮书《更好的学校》中指出，43%的3岁或4岁儿童已经纳入地方教育的入学规定中，但不包括未满5岁的儿童，其中进入保育学校的占22%，进入初等学校预备班（幼儿学校）的占21%。而到1994年，纳入地方教育入学规定的3到4岁儿童比例提高到52%，其中保育学校27%，幼儿学校25%。[1]

---

[1] 申恒苗：《从教育政策看英国幼小衔接》，上海师范大学2010届硕士学位论文。

可以说，儿童入学年龄提前这一政策措施一定程度上促进了幼小衔接的发展。其一，更多的5岁以下儿童从家庭环境或者早期教育环境中过渡到幼儿学校，相比一些早期教育机构及家庭父母的教育，幼儿学校的教育更加系统与正规化，这样就使儿童所接受教育的质量得到了保证，也为儿童提供了更加充分的时间了解和熟悉初等教育环境，为儿童的适应与准备提供了更大的空间。其二，儿童入学年龄提前，在促进5岁以下儿童教育质量提高的同时也解决了英国早期教育供需不平衡的问题。

（三）侧重学校的短期准备

这里包含三个层面的意思。首先，这一时期幼小衔接的实施更多的是落脚在学校这一微观层面上。中央政府对早教的重视有限，尽管1988年《教育改革法》奠定了早教或者说是幼小衔接的基调，地方教育当局将义务教育入学年龄提前也促进了幼小衔接的发展，但相对于义务教育、中高等教育的发展，学前教育仍处于边缘地位。另一方面，1988年《教育改革法》根本上改变了中央和地方教育当局的关系。它进一步加强了中央的教育权限而削减了地方教育当局的权力，使地方教育当局不再直接管理学校，把资源的控制权下放给学校。这就给学校提供了新的、更大的责任，学校可以摆脱地方教育当局的管理，上对中央负责，下对学校、家长负责。因此，在这种背景下，对入学准备的落实及实施就更多地落在了学校这一层次上，即我们所说的学校准备。其次，作为初步发展阶段的幼小衔接问题，此时的入学准备更多的是一种短期准备，具体表现在对幼小衔接问题的解决侧重于通过教师在早期教育末及初等教育初的一段相对集中的、有限的时间内采取的一系列教学实践活动来完成。最后，在介绍世界幼小衔接发展演变时我们曾经说过，"准备"一词更多的是一种单向适应，停留在"准备阶段"。

概括来说，此阶段英国的早期教育中逐渐强调在信息分享、规章规则、学校文化背景及教育教学方式上与初等学校的连续性和统一性，使儿童升入初等学校时对学校的教育环境存在认同感，而不至于花费太多的时间来适应。另外，通过早期教育机构的教师与家庭及初等学校的教师之间针对儿童开展的交流沟通及组织的一些参观活动等，来加强入学的统一性。具体表现为以下几方面：

注重儿童环境经验的联系。这主要表现在为早期教育和幼儿学校儿童提供适合他们特点的学习和活动的条件和环境。如提供大小、尺寸合适的设备和桌椅等；为儿童提供不干扰他人活动的空间，也可以使儿童有独立活动的场所；使幼儿学校儿童的教室尽量靠近厕所；入学前帮助儿童熟悉他要去的小学，观看小学生的生活，尽可能多次进入校内，逐渐引导新生熟悉教室外的环境。[1]

注重早期教育和初等教育在课程方面的连续性，了解早期教育儿童对迎接较复杂的学习任务的准备程度，并向早期教育儿童介绍一些将要在学校遇到的活动。在入学初，安排儿童上半天课和在学校吃一顿点心，以防止儿童过分疲劳，提供退出活动和旁观的机会；给初入学儿童创设一些学前期熟悉的设施，如游戏角、沙子和水；逐渐增加新鲜、游戏角里的活动材料，以保证刺激性；逐渐引导儿童开展一些新活动，如体育活动，允许他们在安全的地点观看他人活动；鼓励家

---

[1] 肖湘宁，李季媚：《入学前社会适应教育》，21页，北京：中国少年儿童出版社，1995。

长指导儿童正确的活动，特别是帮助儿童识字和计算，向孩子提供一些合适的阅读材料等等。

注重儿童交流、人际关系的连续与和谐，既要帮助儿童适应新的班集体生活，又要帮助儿童建立起和谐、融洽的人际关系。具体措施有：把初入学的儿童同其他年级分开，使他们先认识同班同学；逐步带领初入学儿童参加班外大型集体活动，如集会等；允许初入学儿童接近熟悉的同伴，在游戏活动时指定固定的年长儿童帮助他们；在游戏场等地方为新入学儿童创设可退避的场所；在陌生的情境中，如集会或游戏时间，班主任不要离开现场，要坐在儿童容易看见或接近的地方；在早期教育机构开展一些正规的小组活动，使儿童获得认真倾听、作出应答和学会正确行动的体验；请家长和高年级同学在特殊情况下，如体育课后穿衣服时，对新生给予帮助，以免他们落后；遇到不熟悉的场面、实践，要多向儿童解释，要向儿童介绍不熟悉的成人；要给儿童相互交往的机会，鼓励年龄大的儿童帮助和关心年龄小的儿童；教师要加强和家长合作，多向家长了解儿童的情况。

可以说，儿童的经验、交流及课程教学方面的衔接与连续构成了早期教育机构对初等学校适应与衔接的关键，教师在相对集中的时间内针对儿童采取了一系列的措施，为幼儿顺利完成幼小过渡做了很好的准备。

总体来说，不论是宏观的政策取向还是微观的政策措施，这一阶段的英国幼小衔接问题尚处于初步发展阶段，也有其明显的阶段特色。撒切尔主义的"国家权威"与"市场机制"使"入学准备"注重质量的提高，强调知识技能的掌握，又促成了学校准备的形成。衔接更多的是一种学校本位的准备，侧重于学生知识经验的准备和初始适应。

它更多的是一种单向度的衔接，即幼儿学校对初级学校的准备。但这并不意味着此阶段的幼儿学校并不重视儿童自我能力的发展及学前教学生动性与丰富性的传统，相反，国家课程目标中明确提出发展儿童的自信心及独立性。1993年，以沃尔顿为主席的全国教育委员会发表了一份报告——《学会成功》（Leaning to Successed），副标题是"今日教育之根本观点和未来战略"。这份长达458页的报告似乎与联合国教科文组织发表的《学会生存》（Learning to be）相呼应，提出不仅要帮助人们做好生存、生活的准备，还要帮助他们学会获得成功，取得成就。

三、基于完整性幼小衔接的价值取向

随着世界各国对早期教育与初等教育衔接问题的重视，入学准备渐渐被幼小衔接所取代，这不仅意味着幼小衔接问题在内容、方式方法等方面的发展，也意味着世界各国在儿童观、教育观上的发展。

（一）促进教育公平、提高教育高质量

注重高质量的教学、培养成功人才仍是这一阶段英国幼小衔接乃至英国教育的重点，这既是对撒切尔政府教育特点的延续，同时也是教育发展的必然要求。不同的是，撒切尔主义者通过提高教育标准来择优汰劣，将高贵文化传递给少数精英，差学校最终也会被淘汰。而第三条道路者则关注薄弱学校和处于不利地位的学生，帮助他们摆脱困境，来提高整体的教育标准。因此，新工党政府一直坚持教育要"为强者说话，也为弱者说话"，要使每个人都能发掘自身的潜力，使享受高质量的教育不再是少数人的特权。追求教育公平成为布莱尔政府发展教育的重要趋势之一。

为此，英国将提高弱势儿童学习与社会性的发展作为保证教学质

量的重要方面。新工党政府提出试图于2020年前达到消除儿童贫困的目标。相对于英国高速发展的经济文化背景，对社会贫困儿童的教育结果却不尽如人意。据调查显示，2004年英国关键阶段2中40%接受免费校餐的儿童达不到水平4，人数是相同阶段中其他儿童的两倍。[1]不仅如此，这种现象也存在于以后的教育甚至成人中。究其原因，人们普遍认为，早期教育中儿童良好的经验及经历对其今后的教育及发展有着十分关键的作用。由此看来，消除社会贫困，在早期教育阶段为儿童打下一个良好的基础就显得十分重要了。同时，新工党政府也认识到提高教学质量并不仅仅是对正常儿童教学水平与教育结果的提高，而更要包括对社会弱势儿童教育质量的提高，因此十分重视对弱势儿童的教育。

为提高贫困地区儿童的健康发展，使他们更好地为入学做好准备，使每一个儿童都有一个良好的开端，英国出台了"确保开端"计划，旨在通过政府的一系列措施提高贫困儿童的教育质量，促进贫困儿童社会情感、健康及学习等方面的发展。具体通过儿童语言发展计划及向处境不利儿童提供免费高质量的半日制早期教育来促进儿童发展，使处境不利儿童在语言、学习、社会性及情感发展等方面取得了明显效果。前文已述及，此不赘言。

英国通过诸如"确保开端"计划等一系列早教项目的实施，在消除社会贫困、提高贫困儿童的教学条件方面迈出了坚实的一步，为提高整个社会教育水平与质量奠定了基础。同时更促进了英国幼小衔接的人性化、合理化，使幼小衔接问题不仅仅从微观上注重衔接内容与方式方法

---

[1] Carol A.Potter. Developments in UK early years policy and practice:can they improve outcomes for disadvantaged children? [J] *International Journal of Early Years Education*. 2007,15(2):171-180.

的科学化，更为儿童成功幼小衔接奠定了一个公平的起点与氛围。

（二）侧重儿童社会性和情感的发展

在以教育公平保证教育整体质量的同时，英国幼小衔接更加强调儿童社会性、情感发展的重要性，并将促进所有儿童社会性及情感的发展作为幼小衔接的重点。一方面，心理学、神经科学及教育的发展显示，人们在社会性及情感方面的能力对个人、职业及教育方面的成功所产生的影响比传统智力的作用更大，因此情感及社会能力越来越被看作人类积极有效的发展与教育的核心。另一方面，教育的不断发展越来越要求立足儿童，实现儿童各方面全面发展，因此如何实现儿童智力、情感及社会性等各方面的和谐发展变得越来越重要。

为了更好地促进儿童社会性及情感的发展，英国学校中实施了一系列"社会与情感学习"的计划，如"情感文学""情感智力""社会与情感方面的学习""应对技能"等。这些计划一般都是针对所有年龄阶段的儿童。"社会与情感方面的学习"在基础教育阶段（主要针对4-11岁儿童）取得了很好的实施效果。几乎有一半的初等学校都实施了这一计划，并且评估显示此项计划具有很好的效应，在对儿童的行为与学习的提高方面都有明显的效果。另外，英国政府颁发的《每个儿童都重要：为了儿童而改变》这一教育绿皮书及其理念也很好地体现了这一点。绿皮书指出，要使每位儿童自身的潜能都能得到最大的发挥，使儿童形成良好的个性和积极的情感体验，培养儿童的"情感智力"，为儿童将来的成功奠定基础。与此同时，英国的各级学校也在努力落实儿童健康五项指标。据调查显示，英国各级学校通过开设"社会与情感学习"的相关计划将《每个儿童都重要：为了儿童而改变》中的五项指标进行了很好的落实。例如,在"健康"方面,"社会与情感学习"相关计划的实施在一定程度上可以降低儿童情感和精神上的一些问题,如攻击性及消极等；降低一些危险因素,像冲动与反社会行为；还可以提高儿童的自我认识、信心、交流与合作等社会技能。[1]

综上所述,注重高质量的教育仍然是新工党政府努力实现的目标,所不同的是新工党政府将提高弱势儿童教育质量、促进教育公平作为保证教育质量的重要内容。同时,儿童良好社会性及情感的发展已越来越受到政府的重视,并逐渐成为义务教育尤其是作为儿童教育开端的早期教育的重点。幼小衔接在内容上也由过于强调儿童知识技能的准备,逐渐过渡到更加重视儿童良好社会性与情感的培养,从而为儿童今后的教育提供了一个良好的开端。

（三）实现衔接的双向性与多层次性

幼小衔接更多的是一种学前教育对初等教育的单方面适应,这一阶段英国的幼小衔接更加强调两者之间的双向适应,即不仅仅是学前教育在教学方式、内容及特点上与初等教育衔接,初等教育也注重在各方面与学前教育达成连续性的统一。此外,这个阶段幼小衔接也呈现出多层次性的特点,比如,在衔接对象上,不仅仅关注正常儿童的成功衔接,更加注重处境不利儿童的良好过渡；在内容上,并不仅是儿童知识技能的单一衔接,而是更加关注儿童社会性、情感的发展；在过程上,不仅注重教学方式与内容的衔接,更重视课程的动态化与连续性,重视教育系统与结构如教学政策、目标期望、教学质量等大

---

[1] Katherine Weare.Delivering Every Child Mattersahe central role of social and emotional learning in schools[J]. *Education*. 2007,35(3):239—248.

环境的衔接等。下面主要以课程为例对衔接的双向性与多层次性加以论述，具体表现为课程更加连续与灵活。

鉴于全国同一课程在实施过程中面临的一些问题，英国政府为了更好适应儿童的特点与发展开展了一系列改革，主要是保留原国家课程的结构，减少一些难度太高或过于复杂的内容，降低某些学科的要求，并压缩全部的课程内容，用以确保学校选修课程的时间，以增加课程多样性、灵活性的选择。这样既适当削弱了对课程统一性的要求，又使初等教育在内容和难度上更加符合儿童的特点，使初等教育在课程及教学上更好地与早期教育形成一种连续性的统一，从而将幼小衔接仅仅是学前教育对初等教育的单方面适应变为一种更加合理的双向衔接。

2000年9月，英国政府颁布了配套性国家课程标准《英国基础教育(3—5岁)课程指南》，使国家课程进一步覆盖了3—5岁的幼儿阶段，称为基础阶段。在基础阶段，主要培养儿童一些关键性学习技能，如听、说、专心、耐心及与他人合作的能力，同时也要培养儿童早期交流、读写与计算等能够为儿童在关键阶段1中的国家课程做好准备的能力。基础阶段的课程被整合为六个学习领域：个人、社会与情感发展；交流、言语及书写；数学能力培养；知识及对世界的理解；身体发展；创造力发展。基础阶段的这种课程设置与关键阶段1的课程有许多相同的成分，两者间主要的不同就是关键阶段1的课程是以学科的形式呈现的，因此可以说，基础阶段的课程既具有早期教育课程的整合性和灵活性特点，也具有与关键阶段1初等教育课程的连续性与统一性特点。《英国基础教育(3—5岁)课程指南》的颁布与实施为英国学前教育阶段和初等教育阶段在课程上的统一在政策层面上做了很好的诠释，从而使国家课程更好地适应英国的发展状况，更好地促进儿童的全面发展。

综上所述，英国政府以早期教育和初等教育特点及目标为出发点，对课程不断进行调整与完善，既注重早期教育课程及教学在保持自身特色的同时向初等教育方向衔接，又注重初等教育课程难度的下调，即向早期教育方向的衔接，使两者实现更好的统一与协调。这既是儿童发展的必然要求，也是幼小衔接发展的必然趋势，即越来越注重衔接的双向性与多层次性。

（四）着眼于儿童的可持续发展

教育应着眼于培养可持续发展的人，幼小衔接作为儿童连续性教育的关键事件，更应以儿童的可持续发展为目标，培养儿童完善的心理结构，包括良好的认知、健康的情感和积极的自我概念等，使每个儿童的潜能都得到充分发挥，以打下自我发展的良好基础，适应不断发展的社会。

之前英国的幼小衔接更多的是一种短期的学校准备，将幼小衔接看作一个"点事件"，无论在理论政策还是具体实施上都定位于儿童在教育阶段上的纵向过渡，认为幼小衔接主要是通过在早教的最后一年和初等教育的第一年中对儿童采取积极有效的措施，使儿童顺利从学前教育阶段过渡到初等教育阶段，并努力克服儿童在入学时可能出现的一些不适应的现象，将所有问题都集中在"入学"这个点上，甚至是"入学第一天"这一个点上，这实际上是狭义层面的幼小衔接。进入21世纪以来，人们越来越认识到幼小衔接不是仅仅通过一两年的时间就可以完全顺利实现的，它更需要一种长远的视角，着眼于儿童的可持续发展。它不能只是让儿童适应学校的规则、文化及教师的教学等等，而是为儿童将来各方面健康发展及成功奠定基础。它对儿童的影响也远远不止入学后的一两年，而是渗透于以后每一个教育阶段中，甚至是儿童的一生。

2003年，教育与技能部在关于推进基础教育政策发展时，表现出了对儿童从"基础阶段"过渡到关键阶段1的关注："儿童从一个阶段的学习过渡到另一个阶段对教师来说提出了很大的挑战，因此我们十分重视致力于从教育的开始就努力尝试并确保基础阶段与关键阶段1儿童学习各领域的连续性。"[1]

另外，如上所述，2005年的"早期奠基阶段"就将英国早期教育的改革与发展落脚于0-8岁这一年龄阶段，包括了0-3岁的保教、3-5岁奠基阶段及0-8岁保育，其目的是使英国建立一个从出生开始统一、连续而灵活的早期教育系统，从而促进早期儿童的全方位发展与学习。这种早期教育系统的统一性为良好幼小衔接的实现提供了一个较为连贯的大氛围，为幼小衔接的长时间（0-8岁）准备与适应，培养儿童的长远、可持续发展提供了保障，使幼小衔接不仅仅停留于学校的短期准备，更不仅仅停留于为入学做准备的目标。

其实，从政策的最终目标或者是着眼点来看，新工党政府出台的一系列学前教育政策已不是单纯地关注儿童短期内知识技能及各方面发展的提高，也不是仅仅通过一系列政策措施将教育质量的提高作为最终目标，而是将儿童的未来发展及整个人生的幸福与价值作为最终的落脚点。

（五）重视儿童的社会衔接

"社会衔接"是西方理论界的一个用语，它主要针对"教育衔接"

---

[1] Gabrielle White and Caroline Sharp. It is different...Because you are getting older and growing up. How children make sense of the transition to Year 1 [J]. *European Early Childhood Education Research Journal*. 2007,15(1).

而言，认为幼小衔接不仅要落实在学校教育中，同时也要关注"与教育相关的衔接过程"，即在儿童生活与成长中发生在校外环境中的一些非正式的变化。尽管这些变化看起来显得不重要，但它们可能对儿童的经验与成长轨迹产生十分重要的、持续的影响，在儿童生活轨迹与良好发展的形成中扮演关键角色。但人们对社会衔接的重视程度却不够，它最早被人类学家所提出，并经常被称作"通过仪式"。

事实上，通俗地讲，社会衔接就是指幼小衔接不只以学校教育的形式实施，更要求学校与家庭、社区密切联系与合作，实现校内教育与校外环境的完整统一，从而更好地促进儿童成功实现幼小衔接。在这个意义上讲，英国教育界已经意识到了这一点，从其陆续出台的一系列学前教育政策及项目可以看出，不论是"国家保育战略""开端计划"，还是《每个儿童都重要：为了儿童而改变》、"早期奠基阶段"等等，在强调发展早期教育与保育的同时，都没有离开家庭及社区的角色。其中2001年出版的《基础阶段学习规划》中明确指出，课程规划（课程内容选择）的目的是为了使儿童的学习始于一种有效、有趣、多变、发展的教学情景。为了达到这一目的，在课程内容规划、设置时，必须实行全员性参与（教师、家长、社区人员等）。可以看出，英国早教政策既在一定程度上体现出英国政府对弱势群体与贫困儿童的高度关注与扶持，为家长解决了后顾之忧，鼓励并保障家长积极就业，也让家长及社区的作用真实地体现在儿童早期教育的发展过程中。同时，从长远角度来说，这更是一种为儿童早期发展及将来成功创设良好家庭与社区环境的举措，也为保证学校、家庭与社区的密切联系与合作奠定了基础。

尽管如此，社会衔接固有的复杂性、环境的不稳定性及教育的非正式性等特点决定了社会衔接在实施过程中的艰巨性。如何更加有效地将家庭与社区的作用发挥出来，使早期教育的儿童能够在更加连贯的环境中获得成长并顺利实现过渡，从而为每一个儿童的成功打下良好的开端，这确实离不开社会衔接。而要实现这一目标，需要政府及社会的共同努力。

综上所述，早教事业在新工党执政时期有了迅速发展，幼小衔接也在政府的大力支持下不断科学化、合理化。在延续撒切尔政府追求教育质量的基础上，布莱尔政府更加注重通过教育公平来保证整体教育质量的提升，以此来促进幼小衔接的公平合理。同时将培养儿童社会性及情感的发展作为幼小衔接的重点，以一种双向性、更加多层次性的衔接培养儿童各方面能力的发展，从而为儿童将来的发展及人生价值的实现奠定基础。英国的幼小衔接在政府的大力支持及教育者的不断探索与尝试中，逐渐由一种"衔接是为儿童入学做准备"的观念，转变为"衔接是为儿童更好的发展，是满足儿童可持续发展的目的"的观念。这种转变既是英国幼小衔接不断趋于合理、科学的发展结果，更是推动英国幼小衔接不断发展的根本动力。

第二节　改革幼儿教师教育

英国幼儿教师教育的改革主要从职前教育制度、入职培训制度、在职进修制度和幼儿教师资格认证制度等方面进行。

一、职前教育制度改革

职前教育是幼儿教师专业化的起点，对幼儿教师专业水平的提升至关重要。英国政府对幼儿教师的职前培养模式、培训课程以及实习制度进行了一系列的改革，推动了幼儿教师的专业化发展。

（一）培养模式的变革

英国幼儿教师的职前教育一直实行以大学为主导的培养模式，大学在教学方式的采用、学习内容的制订等方面发挥着主要作用。然而，随着学前教育的不断发展，这种培养模式暴露出来的弊端逐渐增多，人们开始对幼儿教育的质量产生了质疑，对幼儿教师职前教育的质量进行批判，批判的焦点就在于理论与实践的脱离。同时，随着国际化趋势的加快和人才竞争的日益激烈，人们越来越把幼儿教育看作未来教育的基础，对幼儿教师的要求也不断提升。为此，英国政府试图寻找一条幼儿教师教育的有效途径，而职前教育机构与幼儿教育机构伙伴关系的建立则是英国政府推动幼儿教师质量提高的有益尝试。

在20世纪80年代执政的保守党政府强调，教师教育应与中小学（包括幼儿学校、幼儿班）的实际生活密切相关。在这种情况下，以幼儿教师为教育对象的教育学院四年制教育学士学位（Bachelor of Education，Bed）课程有了根本性的变化，大学在教育内容及教学方式制订过程中不再起决定性的作用，未来的幼儿教师大部分时间也不再用于学习理论知识，而是在幼儿教育机构中进行。至此，大学和幼儿教育机构伙伴关系模式初步形成。 此后，大学与幼儿教育机构伙伴关系模式又有了进一步的发展。

随后，英国教育与科学部（DES）发布了《英格兰和威尔士基于学校的职前师资培养》（*School Based Initial Teacher Training in England and Wales*）的报告。1992年5月，英国教育大臣帕登（John Patten）宣布了政府有关教师教育改革的政策，其中提到："在一学年的36周中，师范生必须花24周的时间在中小学接受有经验的教师的指导，另外12周在培训机构接受理论学习，且理论学习应侧重同中小学活动相联系的内容；为完成注册教师教育改革，政府在1992–1993学年度拨出专款600万英镑。"[1]虽然这一政策最初只是在培训中学教师的计划中展开，但是后来也延伸到了幼儿教师教育领域。此后，政府将越来越多的财政拨款向幼儿教育机构倾斜，幼儿教育机构在培养幼儿教师过程中的需要得到了落实。从这时起，幼儿教师职前培养模式真正从大学主导型转变成大学与幼儿教育机构结合型。

新工党执政后，对大学与幼儿教育机构的合作更为重视。工党政府强调，"中小学校（包括附设于小学的幼儿教育机构）应能够以更加积极的姿态投入到教师教育中去，为迎接未来的挑战做好准备，争取让所有教师都掌握最新的、最现代的知识和技能，促进教师获得持续的专业化发展"[2]。政府发布了《教师：迎接变革的挑战》（*Teachers: Meeting the Challenge of Change*）的绿皮书，其中提出"政府应该通过财政拨款进一步吸引中小学校（包括附设于小学的幼儿班）的参与和合作"[3]。这意味着大学与幼儿教育机构的合作关系更加密切了。

大学与幼儿教育机构在合作过程中主要采取两种模式：合作式伙伴关系（Collaborative Partnership）模式和互补式伙伴关系（Complementary Partnership）模式。合作式伙伴关系模式虽有伙伴关系这一形式，但是在实际操作过程中，大学与幼儿教育机构有着各

---

[1] DES. *Patten Announces Expansion of School-based Teacher Training*[R]. London: Department of Education and Science, 1992.

[2] 祝怀新：《封闭与开放：教师教育政策研究》，111页，杭州：浙江教育出版社，2007。

[3] DFEE. *Teachers: Meeting the Challenge of Change*[Z]. London: Stationary Office,1998.

自的任务。"大学的主要责任是负责制订教师培训的计划，具体的教学、管理、评估等工作则交给幼儿教育机构完成。"[1] 双方没有交流活动，大学和幼儿教育机构的培养内容也是相互分离的。而互补式伙伴关系模式强调大学与幼儿教育机构的交流，主张双方共同制订师资培训计划。这一模式有利于学生将理论知识融会贯通，构建自己的专业知识结构。

近些年来，英国大多数培养幼儿教师的大学采用的是互补式伙伴关系模式，如剑桥大学教育学院与周围250所幼儿教育机构建立了伙伴关系。从受训者的招募到课程标准的制订，都是在大学与伙伴关系学校的共同参与中进行。这一模式充分发挥了大学与幼儿教育机构的优势，不仅使未来的幼儿教师的实践能力得到了提升，同时也为他们以后的顺利入职和持续专业化发展奠定了基础。

（二）培训课程的改革

学术型还是实践型的取向是长期困扰英国职前教师教育课程的一个主要问题。在培养幼儿教师的教育学院中，教育哲学、教育史、教育社会学等学术性课程占有很大的比重。这种过于倾向学术型的课程与时代发展不符，不利于未来的幼儿教师实践能力的提升，在一定程度上影响了幼儿教师教学质量的提高。随后，政府发布的《詹姆士报告》（*The James Report*）强调，所有的教师都必须接受为期两年的职前课程培训。除在大学教育系或教育学院学习理论知识外，"以在实习学校教学为主"。[2] 其后，英国政府又颁布了《教育：一个扩展的框架》（*Education: A Framework for Expansion*）白皮书。该白皮书采纳了《詹

［1］祝怀新：《封闭与开放：教师教育政策研究》，112页，杭州：浙江教育出版社，2007。
［2］王承绪：《世界教育大系（英国教育）》，574页，长春：吉林教育出版社，2000。

姆士报告》的建议，规定进一步改革幼儿教师培训课程。这些举措都
说明了对偏重单纯学术型的幼儿教师教育课程的调整。

1. 颁布幼儿教师职前培训课程的政策

英国政府在幼儿教师职前培训课程方面颁布了一系列政策措施，
其中代表性的有以下三个：

(1)《教学质量》白皮书

关于幼儿教师职前教育技能的培养方面，英国教育与科学部发布
了《教学质量》(*Teaching Quality*) 白皮书。该白皮书强调幼儿教师的
专业技能，并指出好教师必须掌握对不同年龄、能力、性向和背景的
儿童教授科目内容时所需要的专业技能。为此，该白皮书对各教师教
育机构的课程标准进行了规定："所有的合格教师都必须接受两年的职
前教育培训；未来的小学教师（包括幼儿教师）应学习与小学年幼儿
童相关的课程内容；所有合格教师所受的职前培训，必须包括所选定
的主科的教学方法，这些教学方法因学生年龄的差异而有所不同；所
有合格教师所受的职前培训必须包括与学校实践经验紧密相连的科目，
并且包括有经验的实习学校教师的积极参与。"[1] 由此可以看出，一方
面，英国政府对幼儿教师专业技能的训练和实践能力的培养和提升的
重视，另一方面，促进幼儿教师的专业化发展已成为英国幼儿教师职
前教育课程改革的一个主要目的。

(2)《职前教师培训：课程批准》

关于幼儿教师职前课程方面，1988 年《教育改革法》(*Education
Reform Act 1988*)统一了全国课程，英国公立小学（包括小学中附设的

---

[1] 瞿葆奎主编，金含芬选编：《教育学文集（英国教育改革）》，479页，北京：人民教育出版社，1993。

幼儿学校及幼儿班）的课程必须包括三门核心科目，即数学、英语和科学。全国统一课程的实施促进了英国幼儿教师职前教育课程的进一步改革。随后，英国教育与科学部在《职前教师培训：课程批准》(*Initial Teacher Training: Approval of Courses*)中对幼儿教师的职前培训课程标准做出了明确规定。这些标准涉及六个方面：培训机构、地方行政当局和幼儿教育机构之间的合作；学生的教学经验和教学实践；阶段和年龄范围；专业学习和应用；小学课程研究；教育和专业研究。其标准有："培训机构应该与地方教育当局及幼儿教育机构建立密切联系；有经验的幼儿教师能够参与幼儿教师职前培训课程计划的制订，能够对学生的实习活动进行监督；所有的课程都必须包括一个持续的教学实践期。两年制、三年制的教育学士学位（Bed）课程应保证有一年的教学实践期；一般来说，小学教师应学习与3-12岁儿童相关的课程内容，但要极为重视与3-7岁儿童相关的课程内容的学习；未来的幼儿教师应学习数学、英语和科学三门核心课程，以及历史、地理、工艺、音乐、艺术和体育等基础课程，这些课程的内容必须与3-7岁幼儿的身心发展水平相适应；课程应能够培养学生的专业技能；它应使学生理解作为一位幼儿教师所应承担的责任，应使学生理解幼儿的学习和发展方式，培养学生对不同能力、不同种族、不同需要的幼儿采取不同教学方式的能力。"[1]

这次课程改革不但体现了全国统一课程对幼儿教师提出的新要求，而且还从各方面体现了国家对幼儿教师专业化的重视。从强调理论课程的学习到强调教学实习，从强调专业知识的学习到强调教师的因材施教，

---

[1] DES. *Initial Teacher Training: Approval of Courses*[Z]. London: Department of Education and Science. 1989:7.10.

都是为了提升未来幼儿教师的专业水平和幼儿教育的质量。

（3）《教学：高标准、高地位——教师职前培训课程要求》

关于幼儿教师职前培训课程方面，由于社会各界对幼儿教师专业水平要求不断提高，因此，改革幼儿教师职前培训课程势在必行。英国政府颁布了一系列与幼儿教师职前培训课程相关的政策，其中《教学：高标准、高地位——教师职前培训课程要求》（*Teaching: High Status, High Standards. Requirements for Courses of Initial Teacher Training*）指出，幼儿教师职前培训课程应该培养未来的幼儿教师以下能力，即从知识与理解方面来说，未来的幼儿教师应该能够理解幼儿身体、智力、情感和社会发展如何影响幼儿的学习方式，并"获得一种与幼儿家长和其他保教人员有效合作的方式和途径，了解负责照顾幼儿的其他机构的作用和职责"[1]，了解幼儿学校中英语、数学和科学这三门核心课程的主要内容。

在专业技能方面，幼儿教师可以制订明确的教学目标，能够根据幼儿的需要、兴趣以及身体、智力、情感和社交技能的发展来制订教学计划，所采用的教学方法及制订的活动必须能够促进幼儿语言和数学理解力的发展，鼓励幼儿独立思考，发展其自我控制力和独立能力。

在管理和评价方面，幼儿教师能够对学习目标做出评价，并能够根据这些评价改进自己的教学；能够对幼儿的行为做出反馈，并确保每一位幼儿的健康和安全。为了达到以上目标，幼儿教师职前培训课程的设置应该遵循以下标准：所有的小学（包括幼儿学校）教师的职前培训课程必须能够培养小学教师能够教一门学科课程，如数学、英语或科学；学科课程的内容必须包括学科教学法；幼儿教师可以根据

---

[1] DFEE. *Teaching: High Status. High Standards Requirements for Courses of Initial Teacher Training* [Z]. London: Department for Education and Employment, 1997.

自身的兴趣选择一门学科作为自己的研究领域；未来的幼儿教师必须学习与3-11岁儿童相关的国家核心课程，培训机构应将这些核心学科纳入幼儿教师职前培训课程的国家课程模块。

此外，幼儿教师还应该学习与小学所有年龄阶段相关的课程；培养幼儿教师的研究生教育证书（Postgraduate Certificate in Education，PGCE）课程周期为38周；培养幼儿教师的教育学士学位（Bed）课程分别为四年制、三年制和两年制。所有的幼儿教师职前培训机构都必须与幼儿教育机构建立伙伴关系，有经验的幼儿教师必须全程参与幼儿教师的实习活动。这一政策的颁布从教师专业化的角度阐述了幼儿教师所应具备的各种素养。

2．调整幼儿教师职前培训的课程内容

上述文件颁布后，英国幼儿教师的职前培训课程发生了较大的变化。无论是教育学士学位(Bed)课程还是研究生教育证书(PGCE)课程，都更加关注幼儿教师的基本能力和实际操作技能的培养。从教育学士学位（Bed）课程看，英国幼儿教师教育学士学位（Bed）课程不再以基本的理论知识为主，而是调整为核心课程、职业发展教育、专业课程和教学实践四大模块。其中，核心课程包括数学、英语和科学；职业发展教育课程包括社会心理学，教育社会学，语言、交流与学习，发展心理学，教育心理学，儿童和青少年心理问题临床干预，国际儿童教育等，[1] 专业课程包括儿童教育研究方法，早期教育与初等教育，儿童、教育与学校等内容。除了这些理论课程外，教学实践在教育学士学位

---

［1］University of Bath Department of Education.BA（Hons）Childhood, Youth and Education Studies[DB/OL]. England: University of Bath Department of Edication,2011.http://www.bath.ac.uk/education/undergraduate/child youth/ structure.htm.2012-8-22.

（Bed）课程中占有较大的比重。

从研究生教育证书（PGCE）课程看，该课程主要是以中学教师为培养对象，随着社会对幼儿教师学历要求的不断提升，研究生教育证书（PGCE）课程也成为幼儿教师教育的主要课程。特别是20世纪90年代后，英国许多大学都为旨在从事幼儿教育事业并已获得学士学位者提供了研究生教育证书（PGCE）课程的培训。而此时的研究生教育证书（PGCE）课程在各项教师教育政策的支持下也更加注重幼儿教师综合素质的提升。如英国剑桥大学教育学院的研究生教育证书（PGCE）课程分为核心课程、基础课程、专业研究和教学实习四个模块。其中，核心课程包括英语、数学和科学。在这三门课程中，学生主要学习的是与3~7岁幼儿相关的教学法；基础课程包括"艺术、音乐、戏剧、体育、历史和地理、设计、信息交流技术和宗教教育等科目"。专业研究主要包括对儿童发展及学习方式的研究、跨学科主题研究、课堂教学评价等。此外，与教育学士学位（Bed）课程相同，教学实践也是研究生教育证书（PGCE）课程中的一个重要组成部分，得到英国政府和幼儿教师教育机构的重视。

由此，无论是教育学士学位（Bed）课程还是研究生教育证书（PGCE）课程，课程内容不仅注重幼儿教师理论知识的获得，而且尤为注重培养幼儿教师的专业技能，注重与幼儿教育机构的密切合作。这也是英国幼儿教师职前培训课程改革的重点。

3. 实习制度的完善

英国传统的实习活动被安排到学习的最后一年，实习时间较短，实习活动以简单的模仿为主，实习目标只关注形成教学技能而忽视了学生专业素养的获得。这种传统的实习制度忽视了作为主体的人的发展，在整个实习过程中学生始终处于一种被动的地位，这就导致学生日后走向工作岗位后无法成为自主发展的个体。为了促进幼儿教师的专业化发展，英国政府对实习制度进行了改革，英国传统的实习活动开始向现代意义上的实习活动转变。

在实习时间上，英国幼儿教师的实习时间正在逐渐延长。英国政府在《罗宾斯报告》（*The Robbins Report*）中就指出，"在教育学士学位（Bed）课程中，一般要求学生花140~150个半天在中小学体验生活"[1]。但是，仅仅两个月的实习活动并不能培养作为一名合格幼儿教师所具备的品质。因此，英国政府在《詹姆斯报告》中指出，在两年的职前培训过程中，要将4/5的时间用于教学实习。之后，英国政府在其发布的《教学：高标准、高地位——教师职前培训课程要求》中规定：四年制的教育学士学位（Bed）课程教学实习时间不得少于24周；全日制（38周）的初等学校教师研究生教育证书（PGCE）课程的教学实习时间不得少于18周。[2]因此，在研究生教育证书(PGCE)课程中，有近50%的课程内容贯穿于教学实践活动中；在教育学士学位（Bed）课程中，教学实习的时间通常不少于一年，有些学校甚至将教学实习贯穿于教育学士学位（Bed）课程的始终。

在实习目标上和实习形式上，形成教学技能不再是英国幼儿教师教学实习活动的主要目标，养成专业素养已成为教学实习活动所关注的焦点。为了达到此目的，各类幼儿教师教育机构都为学生安排了多种形式的教学实习活动，如见习、实习、双校或多校实习制、运用教

---

[1] 王承绪：《世界教育大系（英国教育）》，567页，长春：吉林教育出版社，2000。
[2] 瞿葆奎主编，金含芬选编：《教育学文集（英国教育改革）》，358页，北京：人民教育出版社，1993。

育技术手段模拟实习、一对一行为辅导等。多种形式的教学实习活动旨在使学生了解幼儿的实际情况，了解不同幼儿教育机构的特点，并能够在计划、教学和班级管理方面做到游刃有余，从而提升自身的专业素养。

总的来说，英国幼儿教师职前培训改革无一不以幼儿教师专业水平的提升为主要目标，所推行的每一项改革措施都更倾向于幼儿教师实践技能和专业素养的培养。

二、入职培训制度改革

教师入职培训是指师范生在校学习结束后、工作第一年之前的培训，其主要目的是提升新教师的职业胜任能力。幼儿教师的入职培训是幼儿教师专业化和提升幼儿教师整体素质的关键环节。

英国幼儿教师教育重视教学实习，但实习时间较短，很多新教师很难立即胜任幼儿教育工作，阻碍了幼儿教育的质量及幼儿教师整体水平的提高。为了改善这种状况，英国政府对幼儿教师的入职培训制度进行了改革。

（一）准备阶段

英国新任幼儿教师的入职培训始于第二次世界大战期间。当时的入职培训制度是将"初任教师的第一年定为初任培训期，培训由地方教育当局监督。培训结束之后，地方教育当局必须向教育最高当局提出'休毕'、'延长六个月'、'不得任用'等评价结果"。[1]虽然这一制度早已存在，但英国当局并没有发布官方文件对其进行严格规定。直

---

[1] 李园会：《初任教师研修制度之研究》，64页，台北：台湾书店出版社，1989。

到1972年，英国政府才首次以官方政策文件的形式来强调新任幼儿教师入职培训制度的重要性，并颁布了《詹姆斯报告》。报告指出，新教师在入职第一年，除承担较轻的教学任务外，须匀出1/5的时间参加入职培训，并得到一名专业指导教师的支持和指导。同年，英国政府又在《教育：一个扩展的框架》这一白皮书中肯定了《詹姆斯报告》所提出的新任教师入职培训的建议，同时进一步强调了新任教师入职培训的重要性。该白皮书指出，"即便是受过充分严格的职前训练，但世上仍没有一种重要的职业能期望新的就业者马上就能做出充分的贡献……每一位教师在其任职初期，需要且应该均出部分时间系统参加熟悉专业，有指导的教学体验和进修的方案。"[1] 这是英国政府首次以官方文件来规定教师入职培训的重要性。该政策颁布后，利物浦地区首先开展了所有新任教师的入职培训实验。随后，英国教育与科学部又颁布了《教学质量》和《把学校办得更好》等白皮书，也同样指出了新任教师入职培训的重要性。

总的说来，英国政府虽然通过一些政策文件指出了所有新任教师入职培训的重要性，但对于入职培训的持续时间、内容以及实施细则还没有统一的规定，其入职培训也只是在部分地区作为实验来进行。

（二）改革阶段

1．建立入职档案制度

英国幼儿教师队伍中存在的一些问题一直未得到很好的解决。比如，很多新教师无法胜任和适应专业要求，很多离开了幼儿教育岗

---

[1] 瞿葆奎主编，金含芬选编：《教育学文集（英国教育改革）》，351页，北京：人民教育出版社，1993。

位；此外，幼儿教师职前教育与在职教育的脱节也阻碍了幼儿教师的专业成长。而对于新任幼儿教师来说，职业生涯的头几年是影响她们专业成长的一个关键期，这也决定着幼儿教师是否愿意终身从教。因此，为了提高幼儿教师的职业胜任力，提升幼儿教师的专业水平，实现职前教育、入职教育、在职教育一体化，英国师资培训署（Teacher Training Agency，TTA）颁布了一套新的教师入职培训制度——新教师"入职档案"（Career Entry Profile，CEP）制度。这一制度为具有教师资格身份(Qualified Teacher Status，QTS)的新任幼儿教师的持续专业化发展奠定了基础。

入职培训的对象是已获教师资格的幼儿教师。师资培训署（TTA）明确规定，所有获得教师资格身份的新任幼儿教师只有参加入职培训才能在幼儿教育机构继续任教。如果已获教师资格身份的幼儿教师没有完成入职培训的合格要求，那么她（他）将失去在幼儿教育机构工作的资格。2000年，英国教育与就业部（DFEE）又发布了《新任教师的入职培训》（*The Induction Period for Newly Qualified Teachers*），该政策对新任幼儿教师的入职培训作了详细规定。根据该政策规定，入职培训的时间为三个学期，由幼儿教师职前教育机构和幼儿教师入职培训所在学校共同负责。新任幼儿教师必须在上任后的五年之内完成入职培训。

英国师资培训署（TTA）为每一位新任幼儿教师提供了一份"入职档案"。档案的内容包含三部分：职前教育机构负责填写幼儿教师职前教育的总结性信息，包括培训机构、所学课程、学习对象、基础科目、学校管理经验以及相关的工作经历等；第二部分主要记录学生在职前教育阶段的表现，即新任教师在专业发展中的优势和不足，以便在入职培训中深入发展优势领域；第三部分记录入职培训期间的目标和行动计划。[1]

根据"入职档案"的政策要求，监督、支持和评价组成了入职培训的实施过程。首先，来自于指导教师的支持。在入职培训开始时，幼儿园园长或小学校长要为新任幼儿教师指定一名经验丰富的指导教师。指导教师要了解新任幼儿教师的基本需求，根据档案中记录的新任幼儿教师的自身优势，与其共同制订发展目标和行动计划。除此之外，"指导教师还要对新任幼儿教师在入职培训期间的表现做出总结性评价"[2]。其次，对新任幼儿教师教学的观察。观察的主要目的是新任幼儿教师是否能够完成入职培训的要求，观察的焦点应放在个体入职培训目标和计划的完成方面。在观察过程中，"指导教师要随时对所观察到的情况进行简要记录，在观察结束后与新任幼儿教师共同讨论和分析所观察到的教学活动，以便采取下一步的行动计划"[3]。最后，专业发展审查。在入职培训期间，新任幼儿教师每半学期至少接受一次专业发展审查。专业发展审查的内容包括观察新任幼儿教师的教学，审查新任幼儿教师所达到的入职培训目标，根据新任幼儿教师的需求和优势修改培训方案等。

监督、支持和评价是三个相互关联的过程。在整个培训过程中，幼儿教育机构和地方教育当局共同对新任幼儿教师入职培训的质量负责。幼儿教育机构主要负责考查入职培训计划的实施情况，通过确保入职培

［1］肖甦：《比较教师教育》，52页，南京：江苏教育出版社，2010。

［2］DFEE. *The Induction Period for Newly Qualified Teachers* [Z]. London: Department for Education and Employment, 2000.

［3］DFEE. *The Induction Period for Newly Qualified Teachers* [Z]. London: Department for Education and Employment, 2000.

训和职前教育的衔接来保证入职培训的质量；地方教育当局主要负责监督入职培训的实施，通过提供必要的帮助和支持来确保入职培训的质量。

2．改革入职档案制度

英国的入职培训制度为幼儿教师持续的专业化发展奠定了牢固的基础。尽管此时英国的入职培训取得了一些积极的成效，但是仍存在一些问题。比如对新任幼儿教师自身作用的重视程度不够，对新任幼儿教师进行专业反思的鼓励措施不足，给予新任幼儿教师专业发展的时间较短等。为了解决这些问题，英国开始对现有的入职培训制度进行完善，"入职与发展档案"（Career Entry and Development Profile，CEDP）制度应运而生。与"入职档案"相比，该方案更加注重新任幼儿教师自身作用的发挥，积极鼓励幼儿教师进行反思，将幼儿教师的专业发展贯穿于入职培训的始终。在内容上，"入职与发展档案"以三个转折点为视角，对新任幼儿教师提供支持，以促进他们的专业化发展。这三个转折点分别为职前教育结束、入职培训开始和临近入职培训结束。[1] 在职前教育结束之后、获得教师资格身份之前，每一位新任幼儿教师都会得到一份由职前教育机构为其提供的"入职与发展档案"。在这一档案中，新任幼儿教师要在导师的指导下进行专业反思，并对导师提出的一些专业性问题进行答复，完成后由新任幼儿教师和导师共同签字；在入职培训开始后，入职指导教师要依据前一转折点的记录、幼儿教育机构的实际情况和入职培训标准确定新任幼儿教师入职培训的目标和计划；在入职培训期间，新任幼儿教师的主要任务是观察幼儿教育机构中的环境，同时根据情况及时调整目标

---

[1] DFES.*The Induction Support Programme for Newly Qualified Teachers*[Z]. London：Department for Education and Skills，2003.

和行动计划；在入职培训结束阶段，新任幼儿教师要与入职指导教师共同对入职培训的情况进行回顾和总结，并制订下一年教学活动的目标。与此同时，园长或小学校长要将对新任幼儿教师入职培训期间的评估结果送往相关部门，形成结论后告知新任幼儿教师，至此整个入职培训结束。

与入职档案相比，"入职与发展档案"更加关注新任幼儿教师的专业成长，培训过程也更加细化，操作性也更强。目前，英国新任幼儿教师的入职培训仍在沿用"入职与发展档案"制度。

三、在职进修制度改革

英国政府通过颁布相关教师在职进修制度的政策和法规、拓展在职进修的内容与形式等措施，对教师的在职进修提供支持。这些改革措施有效地促进了幼儿教师专业化发展和质量的提升。

（一）加强在职进修的法制建设

加强和完善幼儿教师的在职进修，表明了英国政府对教师在职进修的重视程度。英国政府颁布的《詹姆斯报告》首次以官方文件的形式对所有教师的在职进修提出了改革建议，其中指出："所有的教师都应该有机会扩展和加深他们对教学法和教育理论的了解……小学教师（包括幼儿班教师）有必要增进语言艺术，即语言发展、读、写等教学方面的理解力和胜任力……每一所学校都应该把对本校教师的继续培养作为其任务中的一个重要部分。"[1] 此后，英国政府在《教育：一个

---

[1] 瞿葆奎主编，金含芬选编：《教育学文集（英国教育改革）》，386—387页，北京：人民教育出版社，1993。

扩展的框架》中将《詹姆斯报告》中的建议具体化，提出了每年从任教七年的所有教师中（包括幼儿教师）抽出3%的人选参加带薪进修。

在幼儿教师专业化运动的推动下，幼儿教师的在职进修成为世界各国提升幼儿教师专业水平的一条有效途径。在世界各国加大幼儿教师在职进修制度改革力度的同时，英国也出台了一系列官方文件为幼儿教师的在职进修提供政策保障。英国教育与科学部颁布的《教学质量》和《把学校办得更好》的白皮书中指出，在职进修在教师的专业化发展过程中发挥着重要的作用，所有的教师都必须定期参加这种培训；且在在职进修、经验、资格和晋升之间应该存在一种比较明晰的关系，也就是说，教师的在职进修应该成为教师资格的获得以及职位晋升的标准。

在上述两个政策的影响下，教师在职进修的政策陆续增加。随后，教育与就业部发布了《教师：迎接变革的挑战》和《专业发展：支持教与学》。这两份文件都强调要为教师提供更多的专业发展机会，要把教师在职进修作为提高教师技能、知识、理解力以及工作效率的有效途径。此外，英国政府发布的《英国教育法》、《合格教师专业标准》（*Professional Standards for Qualified Teacher Status*）以及2007年发布的《教师专业标准》（*Professional Standards for Teacher*）等也对教师的在职进修作了规定。如《英国教育法》中指出，在职进修的课程及人数应该得到国务大臣的批准；《合格教师资格标准》则从知识和理解力、价值观和实践、教学和评估等方面规定了有经验教师所应具备的标准。如在知识与理解方面，教师应该具备广博的学科知识和课外知识；在教学方面，教师应该能够因材施教，所教学科内容能够满足学生个体的需要，并能对学生的表现做出及时的反馈；在专业发展方面，教师应该能够不断提升自己的专业水平，成为一名自信、能够进行分析性思考的专业人士。这些标准从宏观层面对教师所应具备的品质做出了规定，成为教师在职进修目标制订和内容选择的依据。

（二）促进在职进修内容与形式的改革

20世纪80年代以前，幼儿教师的在职进修一般在大学的教育学院中进行，学习内容也以教育理论为主。幼儿教师往往在短期内学习与其一生的专业发展相关的理论知识。诸多实践表明，这种在职进修形式不仅耗费了大量的人力、物力和财力，而且对幼儿教师自身专业水平的提升收效甚微。为此，英国对幼儿教师在职进修的形式和内容进行了改革。

从形式上来说，幼儿教师在职进修的形式开始从以大学教育学院为主向以所在幼儿园或小学为主转变，由此也把幼儿教师在职进修的形式转变为园本模式，这种形式成了幼儿教师在职进修的主要形式。许多幼儿园和小学都为幼儿教师开展了多种形式的园本培训，如固定培训日、教师会和园际交流等。英国师资培训署（TTA）规定，幼儿教师每学期有五天固定的时间参加在职进修活动，如参加各种专题讨论会、课程培训和座谈等；教师会由本园或本校教师、大学或教育中心的教师、地方教育部门人员共同参与，共同讨论教师在教学活动中遇到的问题；园际交流则是由为幼儿教师提供在职进修的大学或教师中心组织的不同幼儿园在职培训活动的交流。与以往以大学为主的在职进修形式相比，园本模式进一步扩大了幼儿教师、幼儿园、师范教育机构、地方教育当局以及教育研究部门之间的联系，增强各方相互沟通的有效性，提高了进修的针对性和质量。

从内容上来说，幼儿教师在职进修的内容也较以前呈现出多层次、多样化的特点。如高等院校，为非本科毕业的幼儿教师开设教育学士荣誉学位课程（BEd Honours Degree Course），为其他幼儿教师开设短期课程（Short Course），为有经验的幼儿教师开设高级学位课程（Higher Degree Course）等。这些课程都是在园本模式的基础上发展而来，主要目的是为幼儿教师提供更新知识的机会。（1）教育学士荣誉学位课程。教育学士荣誉学位课程由两部分构成：第一部分课程的学习时间为一年，主要内容包括"教育和教学原理、教育内容、组织和资源等，目的是使学习者理解教育问题"[1]。在第二部分的课程中，全日制学习者的学习时间为一年，部分时间制学习者的学习时间为两年。主要是导师根据学生的教学经验对学生所选择的课程提出意见。（2）短期课程。短期课程是大多数幼儿教师选择参加的在职进修课程，该课程是由大学的在职教师进修系来组织的，主要目的是为幼儿教师提供最前沿的幼儿教育研究问题和理论知识。（3）高级学位课程。高级学位课程包括文学硕士学位、教育专业的哲学硕士和哲学博士学位。该课程是为意在成为专家的幼儿教师提供的，主要目的是提高幼儿教师的科研水平并促进教学。该课程要求严格，在学习过程中，幼儿教师必须经常与导师商讨学习中存在的问题，以提升自己的专业水平。总之，在这个阶段，英国幼儿教师的在职进修已经改变以往学术灌输为主的套路，而是把在职进修的形式和内容转变为关注幼儿教师实践能力和专业水平的提升。

（三）制订有效的在职进修鼓励措施

1. 拓宽幼儿教师在职培训的渠道

英国中央政府和地方当局开始筹措大量资金为幼儿教师的持续专

---

[1] 肖甦：《比较教师教育》，55页，南京：江苏教育出版社，2010。

业化发展提供支持。特别是随着社会对高技能、高水平人才的需求，英国政府、地方当局和社会团体组织更加关注幼儿教师的专业化发展，希望通过加大在职进修的经费投入来促进幼儿教师专业水平的提升。例如，"1999年，英国培训企业委员会（Training and Enterprise Councils, TECS）拨出700万英镑用于幼儿教育工作者的在职进修活动；继续教育基金委员会（Further Education Funding Council，FEFC）为68 000名幼儿教育工作者的在职进修活动提供了支持；在1999年-2000年间，'标准基金'（Standards Fund）通过'本地儿童早期发展伙伴关系计划'（local Early Years Development and Childcare Partnership Plans）为越来越多幼儿教育工作者的在职进修提供支持"[1]。

之后，英国政府还启动了"专业奖金"（Professional Bonus）和"在职训练课程奖励"（Award Bearing In-Service）计划。"专业奖金"计划的主要目的是"为教师的专业化发展提供资助"。"在职训练课程奖励计划"则是英国政府推出的一项在职培训奖励措施。该计划主要是对参加研究生水平在职进修课程的教师提供资助。此外，英国一些幼儿教育机构也常年提供资金鼓励幼儿教师参加理论学习，以获得更高级的国家职业资格证书。

2. 通过晋级、加薪鼓励教师在职进修

把幼儿教师的在职进修与晋级、加薪结合起来是英国幼儿教师在职进修制度改革的一个方向，也是鼓励幼儿教师参加在职进修活动的一个主要措施。一般来说，英国幼儿教育机构将幼儿教师的学历水平、

---

[1] Tony Bertram, Christine Pascal. *The OECD Thematic Review of Early Childhood Education and Care: Background Report for The United Kingdom*[R]. England: Centre for Research in Early Childhood University College Worcester, 2000: 71.

教学能力和教学质量作为幼儿教师晋级的主要依据。"很多学历水平较低、教学经验不足的幼儿教师通过在职进修来提升自己的学历，以便能够尽快晋级；也有许多教学经验丰富的幼儿教师通过在职进修获得国家职业高级证书或较高学位后，直接晋级为新教师的导师或教研主任。另外，英国政府还对参加在职进修的幼儿教师实行加薪制度。如果一名幼儿教师能够参加并完成一年制长期在职进修课程的学习，他的工资会比没有参加此类课程的幼儿教师高出4%-5%。"[1] 这些鼓励措施极大地调动了幼儿教师参加在职进修活动的积极性。幼儿教师为了提升自己的职位，拿到较高的薪金，通常会参加一些在职进修活动和课程学习。虽然有些幼儿教师也存在急功近利的问题，但是通过参加在职培训，他们的专业水平确实得到了提升，专业理念也得到了更新，从而在一定程度上实现了学前教师水平的提升，达到了学前教育教师改革的目的。

四、幼儿教师资格认证制度改革

幼儿教师资格认证制度是幼儿教师专业化发展的一个主要标志和途径。英国政府规定，在幼儿学校教学能力的现场考核和口试中，成绩合格者才能成为"注册教师"，而注册教师需参加女子师范学校的全部课程并取得合格成绩后，才能被授予"合格教师"的称号。英国政府关注幼儿教育的质量，并将幼儿教师资格标准的提升作为提升幼儿教育质量的关键。与此同时，政府还通过修订《合格教师资格标准》、建立全国性的幼儿教师资格认定机构、不断加大幼儿教师资格准入的

---

[1] 洪明：《教师教育的理论与实践》，371页，福州：福建教育出版社，2007。

难度等措施来推动幼儿教师的专业化发展，从而促进幼儿教师质量的提升。

（一）规范幼儿教师准入途径

英国幼儿教育机构中幼儿教师的素质和学历普遍偏低，而世界教师专业化运动的发展和幼儿教育质量的提升对幼儿教师提出了更高的要求。因此，英国教育与科学部分别发布了《合格教师身份》与《教育（教师）条例》。这两份文件要求，只有获得教育学士学位或教育证书，或研究生教育证书，或同等学力者，才有资格在公立幼儿园或小学附设幼儿班任教，而英格兰和威尔士大部分地区成为幼儿教师的首要条件是具有教育学士学位或同等学力。随着时代的发展，人们对幼儿教师的学历标准提出了更高的要求。除了具备教育学士学位外，一些致力于科研的幼儿教师还必须具备硕士学位。2000 年，英国教育与就业部在其颁布的《英国早期儿童保教政策》（*Early Childhood Education and Care Policy in the United Kingdom*）文件中规定，一名合格的幼儿教师必须参加三年制学位外加一年制的研究生教育证书（PGCE）课程或是四年制的教育学士学位（Bed）课程。[1] 到目前为止，英国多所著名高等学府致力于为幼儿教育者提供培训。如剑桥大学教育学院为已获学士学位、致力于幼儿教育者提供了研究生教育证书（PGCE）早期教育和初等教育（Postgraduate Certificate of Education[Early Years&Primary]）课程；巴斯大学人文社会科学学院的教育系为旨在从事幼儿教育的学生提供了为期四年的儿童、青少年及教育研究

---

　　[1] OECD. (OECD Country Note) *Early Childhood Education and Cam Policy in the United Kingdom*[R]. Paris: OECD. 2000:18.

文学荣誉学士学位（BA[Hons]Childhood，Youth and Education Studies）课程；威尔士大学和切斯特大学都设有幼儿教师教育学士学位（Teacher Education[Early Years]）课程，以培养合格幼儿教师。

修完规定的课程，幼儿教师可获得合格教师资格身份，但并没有资格在幼儿教育机构任教。英国政府规定，所有的幼儿教师必须在完成职前培训课程后、进入幼儿教育机构前参加入职培训。只有具有高学历并在入职培训期间表现良好、通过考核者，才有资格在幼儿教育机构任教。

（二）修订教师资格专业标准

英国的所有幼儿教师必须符合合格教师资格专业标准。在《教学质量》和《把学校办得更好》的白皮书中，英国政府对幼儿教师任职资格标准作了规定，即教师需要有与其学生特点和工作范围相适应的全部教学技能。新工党政府执政时期，政府对以往的教师资格标准进行了修订，出台了《教学：高标准、高地位，职前教师培训课程的要求》。该政策从知识与理解、计划与教学、监督与评价及其他专业要求四方面对教师资格授予标准作了详细规定。这是英国政府首次对教师专业胜任能力进行具体、详实的说明。

随着幼儿教师专业化运动的不断深入，英国工党政府更清楚地认识到严格规范幼儿教师资格授予标准是推动幼儿教师专业化发展的有效途径。为此，英国教育与技能部与师资培训署（TTA）共同发布了《合格教师：教师资格专业标准和入职教师培训要求》（*Qualifying to Teacher: Professional Standards for Qualified Teacher Status and Requirements for Initial Teacher Training*）。该政策指出，"无论接受过何种培训内容，无论是教授哪一年龄阶段的学生，所有的教师都应该符合政策中的标准"[1]。也就是说，要想成为一名合格的幼儿教师，必须符合文件中的规定。该政策从专业价值与实践、知识与理解以及教学三方面提出了教师应具备的资格标准。

在专业价值与实践方面，教师要能够证明自己拥有的能力，即能够以一种尊重的心态对待学生，尊重他们的背景、兴趣和经历；能够与家长、同事进行有效的交流，并且意识到家长在学生学习过程中的角色和责任；能够为个体的持续专业化发展承担更多的责任。

在知识与理解方面，教师要能够理解自己所学知识和学科，能够对基础阶段（3-5岁）和关键阶段1（5-7岁）的幼儿进行教学，充分理解基础阶段教育所应具备的知识和技能；能够对幼儿提出的问题进行及时的反馈，并对其头脑中的错误概念进行及时纠正。对关键阶段1进行教学的教师还要具备英语、数学和课程三门核心科目和历史、地理、物理、音乐和戏剧等方面的知识；在教学方面，教师应该能够制订清晰的教学目标，并将这些目标具体化为具有挑战性的并且能够为学生所理解的目标；必须能够理解3-7岁幼儿的人格、社会性和情绪发展，交流、语言和读写，数学知识和对周围世界的理解，身体发展和创造性的发展等六个领域的原则和目标；能够运用不同的教学方法，以符合不同个体的需要。

一名合格的幼儿教师必须符合以上标准才能在幼儿教育机构任教。教育部门对该标准进行过修订，但其具体方向和要求并未发生显著变化。该标准是英国幼儿教育机构和地方教育当局评价幼儿教师是否合格的标志，并一直沿用至今。

---

[1] TTA. *Standards for The Award of Qualifie.xl Teacher Status and Rexluiraents for Initial Teacher Training (co-nsultation documcnt)*[S]. London: Teacher Traning Agency. 2001:5.

（三）建立教师资格认定机构

20世纪80年代之前，英国并不存在一个统一的幼儿师范教育体系，培养幼儿教师的教育机构有综合大学教育系或教育学院、多科技术学院和艺术教育中心等。而不同的幼儿教师教育机构有着不同的体制和做法，所以无论在学制、课程设置，还是在学位授予上，都存在着极大差异性。为了确保幼儿教师教育的整体质量，提高幼儿教师的素质，促进幼儿教师的专业化发展，英国政府着手建立全国性的教师教育资格认证机构和教师资格认定机构，对符合开设教师资格证书课程的机构进行资格认证，对修完教师证书课程的人员授予合格教师资格。

在英国，教师教育资格认定机构与教师资格认定机构是相互分离的。教师教育资格认定机构只负责教师培训课程的审定和教师教育机构的监督，而教师资格认定机构才是合格教师资格的授予机关。1984年成立英国教师教育资格认定委员会（The Council for The Accreditation of Teacher Education，CATE）的目的就是加强中央对教师教育的管理。该委员会的主要职责就是对教师教育进行监督，规定教师教育证书课程学习时间的长度，对各类教师教育机构开设的教师证书课程进行专业有效性认证。后来，该委员会被教师培训署（TTA）取代，教师培训署承担了教师教育资格认定委员会的所有职责，它建立了一个全国范围内的教师教育质量标准体系，通过该体系对教师教育机构的课程进行认证并提供资助，以确保教师教育机构在促进教师专业化方面能够发挥主导作用。教师教育机构要想使学生在毕业后获得合格教师资格，必须获得教师培训署的认证。而新的教师教育培训机构要想获得资格认证，也必须符合教师培训署颁布的课程标准（如"合格教师资格标准"）和质量标准。如果没有达到教师培训署的要求，该机构将被撤销认证。

除教师培训署以外，教师教育机构还要接受教育标准办公室（Office for Standards in Education，OFSTED）的监督，其主要负责教师教育机构的质量评定和等级评定。教师培训署根据教育标准办公室的检查结果，对教师教育机构提供资助，并对教师教育机构提供进一步的改进建议。如果教师教育机构的课程设置没有达到政府规定的质量标准，教育标准办公室将取消教师培训署对该机构课程方面的资助，严重者将被撤销认证。一般来说，被教育标准办公室鉴定为不合格的教师教育机构必须在两年内达标，否则将会被关闭或由政府派人进行管理。

教师培训署和教育标准办公室负责对教师教育机构进行监督，并不负责合格教师资格的授予。授予合格教师资格的权力由教育与技能部负责。英国《继续教育条例》规定，教师教育机构的课程与合格教师资格的授予必须经过教育科学大臣的批准并备案。这一制度一直延续至今。

虽然英国教师教育资格认证机构与合格教师资格授予机构相互分离，但是二者却相互制约。不符合质量标准的教师教育机构中的学生也不会获得教育大臣授予的合格教师资格。这种相互制约的制度一方面有力地保障了教师教育课程的质量，另一方面也提升了教师从业人员的专业水准，从而促进了教师专业化的发展。

综上所述，英国推行的幼儿教师教育改革是以教师专业化为切入点，提高幼儿教师教育质量为目标。从园本模式的建立到职前教育课程和实习时间的延长，从入职培训体制的实施到在职进修制度的完善，从幼儿教师资格标准的颁布和修订到幼儿教师资格认证的严格规范，充分显示了英国在幼儿教师教育改革方面所做的努力。

第八章

美英两国学前政策的比较

美国和英国在政治体制和政策制定、实施的方式方面有差异，所以两国在学前教育的改革和发展过程中有明显差异，同时也存在很多共同特征。

第一节　教育政策活动的方式

美国和英国的学前教育管理和制度有很大差别，因此两国政府在制定和实施儿童早期教育政策的环节有一定差别。

一、美国教育政策的制定

一般地，我们把美国的教育政策制定视作一系列的过程或程序，但在现实世界中，这些活动很少是按照整齐划一、按部就班的顺序发生的。相反，这些行为过程经常是同时发生，甚至相互交织在一起。不同的政治行为主体与机构——政治家、利益集团、游说者和立法者、行政人员与官僚、智囊团、律师与法官等，可能同一时间置身于不同的政治过程中，甚至有时候是同一政策领域。政策制定过程很少像过程模型描述的那样顺畅进行。但是，对教育政策分析的目的而言，把教育政策制定过程分解为几个构成部分，有利于帮助我们更好地理解教育政策是如何制定的。

（一）确认问题

在美国这样一个多元化的、开放的社会里，与政府接触和交流沟通的渠道总是开放的，因此任何问题都能得到讨论并提上国家政策制定的日程，而且个人和集团还能够组织起来，承担起界定问题与提出解决方案的任务。人们能够确定自己的利益，并组织起来，说服其他个人团体来支持自己的事业，想方设法与政府官员取得联系，从而影响决策制定，监督着政府政策与规划的执行。

但是，对教育政策问题的确认并非如此简单。在教育领域里有大量的需求和不满意的地方，从来没有被确认为政策问题，也从来没有被列入教育政策制定的议程。相反，有些问题却出人意料地成为了教育政策的议题，并提上政府的议事日程，进而被认定为教育政策议程。

（二）设定议程

1. 草根行动

在美国政治生活中，一个占主要地位的教育政策制定模型是"自下而上"驱动的教育政策制定模式。这个"民主—多元主义"的政策模型认为，在一个开放的社会里，任何问题都可以由个人或者集团、试图获选的候选人、谋求提高声望再次当选的政治领导人、试图制定政党原则并树立受大众欢迎的良好形象的政治党派、"制造"新闻的大众传媒等设定议程。

2．精英行动

同样是在美国，还有一种"自上而下"驱动教育政策制定的模式。在这种设定议程下，教育政策决策者得到的沟通信息存在一种精英的偏向。公民公众很少给议员或代表写信或者打电话，在宴会或者其他社交场合与这些官员谈话和交往的机会就更少了。因此，教育决策者的信息绝大多数来自精英内部——总统和白宫职员、新闻人物、集团组织的领导、有影响的选民、国会和立法人员和富有的捐助者等，这些通过写信、打电话或者访问的方式与决策者取得联系的人，肯定要比普通民众受过更好的教育，也更加富有。同时，在相当大程度上，这些人都与决策者拥有共同的观点。

（三）不决策

在教育领域中，有这样的情况，把一些特定的问题排除在政策问题之外，是一种重要的政治策略。不决策是有效处理教育领域中存在的改变现行权力和利益分配问题的手段，在这些要求还没有表达出来就被压制了，或者保持隐蔽状态，或者还没有列入相关的政策制定领域就被消灭了，或者在政策过程的执行阶段就受到破坏。

还有一种情况也是大量存在的。因为政策体系本身是按照有利于解决某些类型的政策问题并抵制其他问题的方式建立起来的，所以也会发生不决策的情况。比如，政策系统对于那些大规模的、组织良好的、有财富的、能够很好地接近政府官员的利益集团，是给予很好回应的；而对于那些无组织、较贫穷、不积极、几乎没有渠道与政府官员进行沟通的利益集团来说，政策体系的回应通常是比较差的。

（四）舆论动员

美国教育政策活动的舆论动员主要是通过大众传媒，而美国大众所接受到的绝大部分新闻都是来自电视。电视的可视性特点决定了通过图像传达情感这种冲击力，使得电视网络在传递信息的同时也传达感情。

媒体可以通过新闻制作、媒体关注等方式为某项教育政策活动打造人气，使得社会大众了解和熟悉该项政策的价值和意义。所以，媒体可以产生三种影响：（1）为政策制定者确定问题并设定议程；（2）影响观众对教育政策问题的态度和价值观；（3）改变投票人和决策者的行为。

（五）政策形成

教育政策的形成，是为解决提上公众议程的教育问题而做出的备选政策方案的进一步发展。教育政策形成于政府的官僚机构、利益集团的办公室、立法委员会的办公室、特别委员会的会议、负责教育政策规划的组织以及相关的"智囊团"中。教育政策建议的细节通常是由组织成员提出，而不是由他们的领导提出，但是这些成员提出政策建议时，要以领导的需要为指导。

利益集团在教育形成和合法化方面都是积极行动者，对教育政策活动产生重要影响。各种利益集团会通过游说、政治行动委员会等方式和机构参与教育政策的制定。

（六）政策的合法化

美国的国会、政党、总统、选民和议员的资助者等都会对教育政策合法化产生影响。

在美国联邦宪法中，国会被规定为教育政策合法化的主要机构，但不是唯一机构。国会形成了高度制度化的规则与程序，以使自身的行为合法化，实际上，国会制订的规则和程序的精细程度很高，以致提议政策变革是相当难的。民主党和共和党选举的社会基础稍有不同，前者不同程度地寻求劳工、大城市居民、少数民族、黑人、犹太人和天主教徒等的支持，后者则不同程度地争取得到乡村、小城镇和郊区的新教徒、企业家和专家等的支持。

总统要把立法的建议变成法律，与政党对国会的控制紧密相关。如果总统能够与自己的政党控制的国会合作，就能取得很大的成功。总统的"得票成绩"，即总统持有明确坚决立场的提议和政策中，国会使之成为政策法律的比例，基本上取决于总统所在的政党能否控制国会的一个或两个议院。总统还可以行使否决权，但总统否决的议案要成为法律，只有通过国会两院三分之二的投票才能实现。国会成员倾向于把自己看作思想独立的、能尊重教育规律的"代言人"，而不仅仅是由选民选举出来去传递信息的"代表"。但是国会成员都知道，选民们在很大程度上并没有意识到他们在国会中的投票记录。只是在偶尔的情况下，在一次高度公开的选举中，全国上下与各行政区的选民情绪都很高涨，这时国会成员才会把选民的观点置于他们的政党领导和为选举提供资助的利益集团的观点之上。

一方面，国会竞选的成本说明了其成员对巨额竞选资金的依赖性，因此不断地募集资金成为议员的生命线。另一方面，那些巨额资助者期望能够以电话或访问的方式把自己的观点直接提供给他们所支持的官员，最好能面见总统，或者至少能够会见白宫的高层官员和内阁成员。

（七）政策执行

国会通过教育政策和法规并经过总统签署之后，政策制定进入政府部门、各局和委员会等行政机构，即政策实施阶段。随着社会规模的扩大以及复杂性的增加，国会和总统没有时间、精力和技术专长仔细考虑教育政策中细节问题，只是接受了国会政策和法规中宽泛的、原则性的政策导向，行政机构必须自己决定政策中的重要细节，这意味着提升了行政部门在教育政策制定过程中的作用。在行政系统中，教育政策执行还受到联邦行政机构每年发布的《美国联邦政府工作公报》（*Federal Register*）、法院判决、行政裁量和官僚的政策意见等因素影响。

（八）政策评估

教育政策评估是指评估所制定的政策是否能够实现他们既定的目标、需要多大的成本、对教育和发展产生什么样的后果，包括预期的和非预期的后果。通过教育政策评估确认新的政策方向，并再次进行新的教育政策制定过程。需要指出，理论上的评估常常伴随着这样的纷争，即利益集团会抱怨法律和预算在保护或促进其利益方面的缺陷，新闻媒体会揭露政府项目中的浪费、欺诈或者管理不善，公民还会对国会、白宫或媒体提出抱怨……就是在这些"杂音"中，教育政策制定者可以对政策进行重新设计和纠正，觉察其中的错误和缺陷，了解浪费开支。同时也能为现行教育政策的其他问题作必要参考。

二、英国教育政策的制定

教育政策的制定受到多种因素的影响，不可能遵循同一个制定模式。但是从总体上看，英国教育政策制定的程序一般分为四个阶段：

政策问题的产生、专家咨询、社会辩论、政策文本的出台。[1]

（一）政策问题的产生

教育问题要上升到国家政策的层次并不是非常容易。在众多问题中，只有一部分问题能进入政策制定者的视野，继而进行政策方面的酝酿。政策问题的产生可以分为两种情况：一种是政府被动式的产生。在这种情况中，某个特定教育问题的利益相关者产生了一定的影响力，或者是引起了广泛的社会关注，要求政府做出相应的政策调整，从而迫使政策制定者重新安排某一范围内的秩序和利益关系。另一种情况则是政府主动式的产生。政策制定者从国家教育需要的角度或者是从自身代表的利益群体的角度出发酝酿一项政策，以便于改善教育去适应未来发展，或者是实现自身的利益最大化。在许多政策的制定过程中，可能以上两种情况同时存在，即政策的确立兼具社会的压力和政府的动力。但从总体上来看，第一次世界大战之前英国教育政策更多是在社会压力的情况下产生的。第一次世界大战之后，特别是20世纪80年代以来，英国教育政策的产生和制定过程越来越具有前瞻性，政府主导的趋向越来越明显。

（二）专家咨询提出政策建议

确定了政策问题之后，英国政府下一步就会组织专家对这一问题作咨询报告。在正式制定政策前，组织专家小组进行调查研究是英国教育政策制定的一大特色。

根据具体情况的不同，政府也有可能对专家的报告书做出一定的修改，然后形成书面文件。这种专家咨询报告大多以绿皮书的形式发布。

---

[1] 吕杰昕：《英国教育政策的制定过程分析》，载《教育发展研究》，2006（10A）。

英国的绿皮书是一种政府提出的咨询文件，其中包含未来政府政策的建议，公众可以对这些建议进行探讨和辩论。绿皮书中的每一项建议通常都包含若干选择，公众可以对这些选择进行公开讨论，从而方便政府确定哪一条建议是最好的。

对于大多数政策问题而言，进行政策咨询的专家组成员来自各个领域，反映出专家的个人研究背景和所代表的利益群体。当不同利益群体对某一政策问题产生争议时，政府会请若干组专家同时进行咨询，不同的专家组代表不同的利益群体和观点，从而形成一种相互辩论的机制，便于保证对政策问题的咨询足够全面。但是有时政府也会极力促成一项争议很大的政策，在这种情况下专家组的成员结构就会偏向于政府的需要，甚至不通过专家咨询，直接由政府提出议案。

（三）社会辩论

在绿皮书或专家咨询报告向社会公布之后，反对党、相关利益集团、社会公众可以通过各种媒介与其辩论。这种辩论可以是个人发表文章，也可以是一些专家组成研究小组对绿皮书的内容进行调查研究，并提出反对意见或修正意见的报告。有时公众的辩论甚至会使专家咨询报告流产。

然而，并不是所有的政策建议都会被用于公众辩论。一般来说，用于公众辩论的政策建议包括以下情况：（1）政策问题超越了政府内部专家意见所能涵盖的领域；（2）政策问题所涉及到的责任是跨部门的；（3）可能存在更多方面的专家观点和不确定性；（4）牵连到公共政策领域的敏感问题；（5）独立于政府的分析能够加强公众对政府建议的信心。

在公众辩论中，英国政府也会做出自己的回应。这种回应通常是政策咨询的专家组提供政策建议的依据，政府官员也会向公众说明某项政策建议是如何形成的。根据英国的《自由信息法案》，在发布专家建议的每一个阶段，都应考虑到公开性和透明度，政府也应该保证获取建议的程序是公开的和透明的。同时，英国政府会采用各种方法收集公众的意见。英国政府还将绿皮书中的政策建议以各种形式进行印刷，并通过各种途径加以发放，家长们不仅可以在《太阳报》上阅读到关于这份绿皮书的专栏，甚至可以在超市和主要街道的店铺里免费获取政策概要。

（四）政策文本的出台

经过了广泛的社会辩论，英国政府根据各方的意见对原有的绿皮书内容进行一定的修改，然后形成正式的政策文本。这种政策文本通常是以白皮书的形式出现。与绿皮书不同的是，白皮书中含有具体的立法建议。因此，白皮书既可以作为最后的政策文本，也可以以议案的形式提交议会，从而形成一项法律。在把白皮书提交议会时，部长需要写一份对白皮书的说明，说明中一般包括白皮书的内容概括，还包括将该政策建议付诸立法的意义。在提交议会时，政府可以选择将议案提交给上院或是提交给下院，但大多数情况是提交给下院。

下院议会接受政府的议案之后，首先要对议案进行"一读"（First Reading）。这个阶段主要是把议案打印出来分发给各个议员，宣布议案的名称，然后规定"二读"（Second Reading）的日期。在"二读"阶段，议员们会对议案中的主要原则进行讨论，一般来讲，很少有议案会在这个阶段被否决。之后议案要被提交给一个常务委员会

(Standing Committee)，对议案的详细内容进行审查，并在必要的时候进行修改。常务委员会由18名下院议员组成，其人员构成反映下院中的党派状况。常务委员会对议案做出修改之后，将修改稿向下院议员进行报告，进入报告阶段（Report Stage）。在这个阶段，每一个议员都有机会对议案提出自己的看法，并进行投票。此后就进入到下院讨论的最后一个阶段"三读"(Third Reading)。这个阶段一般非常简短，不会对议案做出大的修改，如果有大的修改的话，议案就必须回到常务委员会，进行更深入的考虑。

下院的立法程序结束之后，议案会被提交给上院。上院可以对议案进行修改，然后把修改意见返回到下院，由下院来考虑是否接受上院的修改意见。下院一般不会否决上院的修改，因为这些修改通常没有太大的分歧。最后，议案会被提交给英国国王，经过国王的批准正式成为法律。

三、两国教育政策运行过程的比较

英国和美国政党的意识形态、议会（国会）制度、中央和地方的关系、历史传统等国家建立时业已设立的制度安排和设计，形成了其政策运行的不同样式。

（一）教育政策运行的环节

英国教育政策运行环节和美国教育政策运行环节数量上不同，在理论上，英国的教育政策运行过程分为政策问题的产生、专家咨询提出政策建议、社会辩论政策文本的出台四个阶段，而美国是确认问题、设定议程、不决策、舆论动员、政策形成、政策的合法化、政策执行、政策评估八个阶段。一方面，从政策运行的设计思想分析，英国教育政策运行表现出一定消极性，面对教育改革和发展问题常常是被动改革。而美国教育政策运行表现出的状态更多的是一种积极地面对教育问题，在政策最终合法化之前，给予社会大众广泛的参与过程，增强教育政策活动的群众基础，为教育政策的顺利实施奠定实践基础。

（二）教育政策运行的方式

美国教育政策运行的方式有自下而上或者自上而下两种可能，即以民主—多元主义和精英主义的理念指导下的教育政策运行方式。在美国有大量专业性组织，比如美国教师组织拥有数量可观的组织成员，且其成员具有极广泛的社会性，渗透在国家和社会的各个领域之中，对自上而下和自下而上的政策运行方式，都可以发挥影响力；英国则是以政府被动的教育改革和教育系统内部改良主义指导下进行的教育政策运行模式。美国的教育政策系统由于具有民主性和多元主义性的特点，教育政策运行相当活跃；英国教育政策运行经常是处于被动情况下，有时候甚至是不得已进行的教育改革活动，政策运行活动缺乏活力，而且近年来英国是以国家教育系统内部改良主义的政策活动逐步增多为主，不断强化中央对教育政策活动的控制，相应削弱地方教育当局政策活动的权限。

（三）教育政策运行的评估

美国教育政策运行过程的评估环节可以有效地预测政策目标、政策成本、政策执行效果等政策指标，这种功能可以有效地实现对教育问题的确诊和解决。教育政策评估环节可以使得教育政策运行活动变成一个"回路"系统，教育政策运行成为一个"回路"系统，就可以检验、检查、修正已经实施的教育政策，使得教育政策活动变成一个动态的管理活动，也使教育政策活动成为可以重复的科学性活动。教育政策评价活动过程中，教师组织可以积极参与到教育政策的评价，教师组织的评价活动通常具有专业性较强、信息量大等特点，客观上对教育政策运行发挥积极作用。

英国教育政策运行过程缺少必要的评价环节，本来教育政策活动是牵涉价值取向的活动，而英国的教育政策文本出台前只是经过由绿皮书到白皮书的一个程序严肃性的递进，其本质还是停留在教育政策执行前的理论辩论，而且这个活动也是政策文本出台前的一个形式化的过程而已。在这种教育政策运行过程中，评估环节的缺失将无法保证教育政策活动可以有效地发现教育问题和解决教育问题。

（四）教育矛盾的化解

教育系统中存在大量教育利益关系，需要正确处理各种教育利益关系。美国教育政策运行过程中，有个独特的环节是不决策。不决策是改变教育领域权力模式和教育利益分配的有效方式，权力模式的改变一定是剧烈的教育利益格局的调整，在调整初期带来直接后果将是出现更多的教育矛盾，而不决策可以使这些权力和利益的调整处于休眠状态或者缓释状态。大规模的、组织结构完备、信誉比较好的组织的政策诉求一般会得到较好回应。比如全美幼儿教育协会，这样的组织的政策建议将会有令人满意的答复。反之，小规模的、信誉差的组织的政策诉求，通常不会得到令人满意的回应。英国的教师政策运行环境中不决策环节的缺乏，对有效化解教育矛盾是不利的。这种封闭状态无法把比较专业的政策建议传递到相关立法或者行政部门。

第二节　政府的学前教育责任

英国和美国政府部门在早期教育管理的法制化、财政投入、政策评估和师资培养等方面做了大量工作，这些都充分体现了两国政府对学前教育的重视。目前，美国5岁幼儿可以接受免费义务教育，英国部分地区（主要是英格兰）也是5岁开始接受义务教育，而其他地区有不同规定。

一、制定实施学前教育法律

近些年来，英、美两国都加强了本国的学前教育政策法规建设。借助这些政策法规的实施和颁布，政府实现了对全国学前教育的宏观管理和调控，承担起了在发展学前教育事业中的职责。

（一）重视学前教育法律法规的建设

英、美两国政府重视学前教育法律法规的建设，在各自不同的历史时期颁布了大量的学前教育法律法规，切实运用法律法规的引导与规范作用，实现了学前教育改革与发展有法可依。

在英国，《初等教育法》并没有强迫学校委员会推行义务初等教育，只是授权它们制定5-13岁儿童入学的地方法规，但是伦敦学校委员会借此时机推行义务初等教育。在它的影响下，其他一些学区的学校委员会也相继制定了有关法规，但大多数学校委员会一直犹豫不决，迟迟没有能够推行义务性质的初等教育。在这种情况下，政府于1876年和1880年相继推出了《桑登法》(Sandon's Act)和《芒德拉法》(Mundella's Act)。前者规定：家长有义务使其子女接受足够的教育，否则将受到处罚。禁止雇主雇佣10岁以下童工，并只能雇佣持有皇家督学批准离校从事工作证明的10岁以上的儿童。后者规定颁布了义务入学法规，规定5-10儿童无条件入学受教育，10-13岁儿童只有达到一定的成绩要求或已连续五年正常入学接触教育方可免除义务入学要求。1944年颁布的《巴特勒教育法》中，规定为5岁以下儿童开设幼儿园或幼儿班。1967年《普洛登报告》发表的《儿童及其小学》的报告建议扩大幼儿教育。1989年《儿童法》和2004年《儿童法》均规定，家长和地方政府在保育幼儿方面负有不可推卸的责任。2005年《教育法》主要有两个方面内容是对1989年《儿童法》的修订，即基于学校标准和框架修订下的儿童情绪和日托的保育。2006年《儿童保育法》规定，英国地方政府和相关团体在改善幼儿健康方面享有权力和承担义务。

在美国，《提前开始法》主要面向未达到义务教育入学年龄（主要是3—5岁）的低收入家庭儿童，向其提供免费的健康、教育、营养、社会和其他特定的服务，以使这些儿童能充分发挥其潜能，提高其入学准备的水平。《2000年目标：美国教育法》规定，所有儿童都要接受高质量的、具有发展适应性的学前教育，帮助其做好上学的准备；每个家长都是儿童的第一位教师，需要每天都投入一定的时间来帮助儿童学习；所有儿童必须获得生长所必需的营养、卫生保健和体育锻炼，以便他们进入小学时具有健全的头脑和强壮的体格。2002年正式通过的《不让一个儿童落后法》更加意识到教育，特别是早期教育、基础教育的重要性，于是掀起了进一步加强儿童的阅读、数学、科学水平，提高教育质量的又一次教育改革。这项改革确定了这样一个目标："每个儿童都应该接受好的教育，也就是说不允许任何一个儿童在学业上掉队，每个儿童必须会学习。"[1]《儿童早期教育法》规定，国家和地方政府承担着对幼儿的教育责任并使其健康、幸福地生活。

这些法律法规在规范和管理两国学前教育方面发挥着关键作用，推动了两国学前教育事业改革与发展。

（二）学前教育法规的侧重点不同

英、美两国都认识到学前教育政策法规建设的重要性，但是在学前教育政策法规的出发点、实施方式上有区别。英国学前教育政策和法律的颁布和实施多倾向于解决学前教育问题的整体性，即制定的政策法规是对整个学前教育事业的发展做出规定，比较概括和全面，如1989年《儿童法》、2004年《儿童法》、2006年《儿童保育法》等都是对学前教育整体而不是具体内容做出规定。而美国学前教育政策法规则通常是针对学前教育领域中的某一个具体问题而实施的政策与法规的建设。如《提前开始法》《儿童保育与教育发展固定拨款法》《不让一个儿童落后法》等都是针对专门的"提前开始"项目、"儿童保育与教育发展固定拨款"项目、"阅读优先"项目及"早期阅读优先"项目而制定的。此外，制定学前教育法律程序不同。英国的学前教育领域中的政策法规的出台均是根据立法程序直接颁布和实施，而美国在绝大多数情况下是通过一些针对性项目逐步实施，在项目实施情况良好的情况下，再使政策项目上升到法律层面，典型的例子就是《提前开始法》的由来。1965年提出的"提前开始"计划，经过二十多年的运行后才在1981年上升为《提前开始法》。

---

[1] Desirability of the Act and Quality of education [EB/OL]. http://en.wikipedia.org/wiki/No_Child_Left_Behind_Act.2009–8–10.

二、保证学前教育财政投入

（一）不断增加对学前教育的财政投入

如果对英国学前教育发展的历史做一个政府财政投入状况的分析可以发现，英国政府对学前教育的拨款经历了一个由少到多的渐变的漫长过程。从1918年颁布《费舍法案》，国会只是规定地方教育当局要为2—5岁的儿童设立保育学校，到1944年《教育法》，还只是提及为5岁以下儿童开设幼儿园或幼儿班，并未谈及政府的财政性拨款。直到1995年英国政府公布了7.3亿英镑的"儿童凭证计划"，发给每位4岁儿童家长价值11 000英镑的凭证，以支付孩子的学前教育费用，这一计划使全国每个4岁儿童都能在一定程度上受到高质量的学前教育。再到1997年以来，英国已对学前教育投入了85亿英镑，并推出一系列举措确保学前教育对每个幼儿的可获得性，以推动学前教育事业的发展。例如，《国家儿童保育战略》的目标是扩大就业，改善学前教育服务质量和为家庭提供更广泛的支持，内容包括扩大保育服务、提供基金、改善为从出生到3岁儿童提供的早期教育服务的质量。[1]在"确保开端"计划中，2001年《拨款法》规定2001-2002年度用于该项目的联邦预算为1.8亿英镑，此后2002-2003、2003-2004、2004-2005年度该项预算拨款分别为4.5亿、5.3亿和8.9亿英镑，2005-2006年度则达到11.58亿英镑，约为2001-2002年度财政拨款的6.5倍。[2]

在美国，联邦政府对学前教育的投入均是通过计划、项目或者法

---

[1] National childcare strategy [EB/OL]. http://www.number10.gov.uk/Page1430, 2009-8-14.

[2] Appropriation Act 2005[EB/OL]. http://www.opsi.gov.uk/acts/acts2005/ukpga_20050003_en_1,2 009-5-11.

令等具体形式实现的，这使得对学前教育的投入具有较高的针对性，每当一个计划、项目或法令出台之时，都有相应的财政性拨款，具有很强操作性，体现出"专款专用"的特点。譬如，《不让一个儿童落后法》规定，2002年用于"阅读优先"项目的联邦拨款为9亿美元，用于"早期阅读优先"项目的拨款为7500万美元。此后连续五年（2003—2007），每年对这两个项目的拨款数额均应与上述额度相当。1981年的《提前开始法》规定联邦政府对"提前开始"计划的拨款为10.7亿美元。1995-1998年，每个财政年平均拨款35亿美元以上；1999—2005年，每个财政年拨款数额逐年增至70亿美元。[1] 为了达到不断提高的保育质量的要求，《儿童保育与固定拨款法》在第一个三年中拨款超过25亿美元，在1991-1993财政年度的拨款分别达到7.32亿美元、8.25亿美元、8.928亿美元。[2]

（二）两国政府对学前教育财政投入不同

（1）财政投入的比重不同

英国是以政府承担为主的幼儿教育投资模式，美国是由个人—家庭和政府共同承担的幼儿教育投资模式，因此两国政府的财政投入在幼儿教育经费中所占比例有一定的区别。英国幼儿教育费用主要是由政府承担，家长免费或者只根据其收入水平承担很少的一部分。美国幼儿教育的经费40%来自政府，家长承担剩余的60%的费用。

（2）幼儿家庭获得的援助力度不同

---

[1] U.S.Departermant of Health and Human Services.Head Start Act[EB/OL]. http://eclkc.ohs.acf. hhs.gov/hslc/Program%20Design%20and%20Management/Head%20Start%20Requirements/Head%20 Start%20Act, 2009-8-14.

[2] Funding Level: The Child Care and Development Block Grant Program [EB/OL]. http://www. archrespite.org/archfs19.htm#Funding, 2009-12-18.

幼儿家庭从政府对学前教育的财政投入中获得的援助力度不同，英国政府的财政主要是社会保障服务的提供者，如托幼机构、社区，而不是幼儿家庭。幼儿教育财政经费基本上用于幼儿进入托幼机构以后的生活和学习开支，儿童家庭得到的财政援助很少。而美国的家庭虽然得不到政府的现金资助，但能通过实物、学费的税收抵扣和返还、教育券等方式得到相应的援助。

（3）财政经费用途的侧重点不同

英美两国财政经费使用的侧重点略有不同。英国主要用于扩大幼儿的入学机会和消除贫困，为育龄妇女参加工作提供便利条件。而美国主要用于贫困儿童和残疾儿童的保教资助。

三、关注弱势幼儿群体[1]，保障教育公平

（一）以政策法规为导向，促进学前弱势群体的保教

两国政府都通过开展教育项目和出台相关的法律法规来改善学前弱势儿童群体的保育和教育状况。英国1944年颁布的《巴特勒教育法》规定："地方教育当局需为学生提供医疗、牛奶、午餐和其他点心，向贫困儿童提供衣着，必要时可为儿童提供膳宿，为缺陷儿童提供特殊教育。"[2]1970年，《缺陷儿童教育法》要求所有弱智儿童均能享受学校教育。1976年《教育法》还规定，"只要无害于缺陷儿童本人及其同

---

［1］社会弱势群体(social vulnerable group)指相对于强势群体而言，在政治、经济、文化、体能、智能、处境等方面处于相对不利地位的一部分人群。我们把学前弱势儿童一般界定为：0岁至6、7周岁，在经济、文化、体能、智能、处境等方面处于相对不利地位的儿童(包括处境不利儿童和特殊需求儿童等)。

［2］The Plowden Report (1967)：Children and their Primary Schools[EB/OL]. http://www.dg.dial.pipex.com/documents/plowden01.shtml, 2009-08-09.

学,缺陷儿童随时可入普通学校学习"[1]。1978年《沃诺克报告》认为，应该为残疾儿童提供特殊教育；建议残疾儿童与正常儿童一起受教育；残疾儿童家长应成为残疾儿童教育的合作者等。[2] "儿童保育和发展基金"（Child Care and Development Fund）为低收入的困难家庭支付保育费用并逐步达到为其提供有质量的保育服务的目的。[3] 还有"良好开端"项目、"幼儿保育税案"、绿皮书《每个儿童都重要：为了儿童而改变》和2004年《儿童法》等，都针对学前弱势儿童群体在保育和教育方面提供补偿性的政策和法律支持，强调每个孩子都不能被忽视，要逐步缩小弱势儿童与其他儿童的差距。美国《2000年教育目标法》则提出"为促进各州和地方儿童保育服务的开展，特别是提高对低收入家庭儿童的早期看护与教育的关注程度"。《不让一个儿童落后法》倡导每个儿童——富有的、贫穷的、黑人、白人、城市的、农村的——都应获得学习和接受高质量教育的机会。在《提前开始法》中还有关于"无歧视原则"的专门规定，即任何相关项目、计划或活动如果对于种族、信仰、肤色、性别、生理缺陷等方面有歧视性的规定，健康与人类服务部将拒绝给予财政援助。

（二）残障儿童立法针对性不同

两国政府在对残障儿童的立法针对性有所不同。英、美两国政府虽然都很重视对弱势儿童群体的立法保障，但两国对其中残障儿童立

---

[1] Education (Handicapped Children) Act 1970 (repealed1.11.1996) [EB/OL]. http://www.statutelaw.gov.uk/help/Opening_and_viewing_legislation.htm, 2009-8-14.

[2] The Warnock Report (1978)：Special educational needs [EB/OL]. http://www.dg.dial.pipex.com/documents/docs3/warnock.shtml, 2009-08-09.

[3] Summary of CCDF State and Territory Plans [EB/OL].http://www.acf.hhs.gov/programs/ccb/ccdf/index.htm，2009-08-09.

法的侧重点有所不同。英国对残障儿童的立法针对性不强，与残障儿童相关的政策法律规定主要存在于一些针对弱势儿童的法律法规中，如1989年《儿童法》、《每个儿童都重要：为了儿童而改变》和2004年《儿童法》中都是把残障儿童作为弱势儿童的一部分进行规定，以实现起点的公平、机会均等为宗旨。而美国对残障儿童的立法指向群体明确，针对性更强，除了在一般的学前儿童法律法规中对残障儿童保教有所规定以外，还制定了专门针对残障儿童的法律，如1968年的《障碍儿童早期援助法案》和1975年的《全体残障儿童教育法案》（后更名为《有能力缺陷的个体教育法案》）。在《全体残障儿童教育法案》中，除了规定联邦政府给予残障儿童实质的经费补助外，还通过提供安置机构与提供课程设计的支持，进一步确立了残障儿童及其父母的教育权。具体体现在，它保证残障儿童能够接受免费且适当的公共教育，规定提供3—21岁儿童和青少年的特殊教育与相关服务。同时，《残障人员教育法》还将"自闭症"与"外部脑伤"纳入残障者的项目中。

四、进行学前教育的监督和评估

（一）注重对学前教育进行监督和评估

英、美两国都对学前教育机构的注册、教育质量、课程设置、政府教育政策执行等方面进行管理，而且教育评估机构操作规范。例如，从2001年9月开始，英国的学前教育机构除了要在当地的社会服务部注册，接受当地的消防局、环境保护局的监督以外，至少每隔18-24个月还要接受国家教育标准办公室的督导和评估。[1]

英国的教育标准办公室负责制订全国统一标准的托幼机构学前教

---

[1] 李生兰：《英国学前教育的特点及启示》，载《外国教育研究》，2004（11）。

育服务质量规范以及注册和督导检查工作，颁布了《基础阶段课程指南》，确定了3-5岁幼儿要接受的统一课程标准，并在幼儿达到5岁时，要对幼儿进行相应的发展水平评估。在美国，政府与专业性组织全美幼儿教育协会合作完成对学前教育的监督与评估。全美幼儿教育协会以行业认证机构的身份制订准政策性文件，规范学前教育机构资质、幼儿园课程和教师业务能力与职业道德等内容，发挥对全美学前教育质量的监督和评估作用。此外，还通过成立与教育项目相关的监督小组的方式，负责教育项目执行的监督、评估工作。

（二）发挥教育监督评估作用的主体不同

两国在对学前教育的监督和评估过程中，监督和评估主体有一定差别。英国是以政府为主体，政府在对学前教育的监督评估工作中发挥绝对的主导作用。教育标准办公室隶属于教育与技能部，是政府机构的一部分，它是英国学前教育监督评估方面的权威性机构。美国是以全美幼儿教育协会为主体，即美国政府在学前教育监督评估方面发挥着补充性的而非主导性的作用。美国没有设立这方面的政府专门机构，长期以来发挥主要作用的是民间性、专业性组织——全美幼儿教育协会，政府只是针对一些教育项目会成立相关的小组来对项目进行监督和评估。

五、培训学前教育师资

（一）学前教师资格法律化

英、美两国都通过教育法律法规确立了学前教师资格法律化的地位。英国于1944年颁布《巴特勒法案》，开始大力加强师资培训工作，同时举行教师证书考试。在1998年《教师：应对变化的挑战》《Teachers:

Meeting the Challenge of Change》绿皮书的基础上，推出了一系列改革教师教育的新举措，使幼儿教师准入更加严格。英国教育法规定合格的学前教育师资必须是读完教育学的学士学位获得者，同时要取得教师资格证书（PGCE），并且要求入学前有半年以上从事学前教育的实际工作经验。学前教育师资通过高等学校和短期大学培养。美国的相关法律中对学前教职人员的资质也进行了明确的规定，1981年规定2003年9月30日之前全国至少有50%的"提前开始"教师拥有副学士学位，而2003年修订案则要求从 2011年9月30日起，所有"提前开始"教师均要拥有儿童早期教育的副学士、学士或更高级学位。[1] 2002年，联邦政府健康与人文服务部（Department of Health and Human Services，DHHS）开办了一个全国性的教师培训项目，专门培训"开端计划"教师，使近5万名教师掌握有效的教学技巧，并为所有的"开端计划"教师提供高强度的系列早期师资培训活动。

（二）学前教师培养的高投入

在英国，针对幼教人员工资低、流失率高的情况，政府利用政策法律为工具，建立并实行最低工资制度来稳定幼教机构的从业人员队伍。美国政府为包括学前教师在内的中小学教师培训提供了大量的财政投入，仅《不让一个儿童落后法》2002年的财政投入就是30亿美元，在2003财政年度则高达40亿美元。[2]

---

［1］U.S. Department of Education: No Child Left Behind Act of 2002[EB/OL].http://govdocs. evergreen.edu/hotopics/nclb/,2009–8–10.

［2］U.S. Department of Education: No Child Left Behind Act of 2002[EB/OL].http://govdocs. evergreen.edu/hotopics/nclb/,2009–8–10.

第三节　基于项目的政策推进

"开端计划"是美国历史上规模最大的综合性学前儿童发展项目，主要关注的是3-4岁处境不利的儿童，关注他们的教育、医疗与身体健康发展，整个项目在实施过程中仍得到大幅度的扩展。美国政府已完成了从出生到5岁的学前期儿童的"开端计划"，基本保证了所有儿童都站在相同的起跑线上。英国政府认为重新振兴经济需要加大关注教育的力度，而作为教育最基础地位的学前教育将会在未来国家发展中发挥作用。"确保开端"实施的目的是为处境不利地区的准父母及拥有0-4岁婴幼儿的家庭提供高质量的综合性服务，并向所有3-4岁的儿童提供义务的学前教育。随后的《儿童保育的十年策略》、2004年《儿童法》、2004年《儿童看护法》和2006年《工作与家庭法》等，都从不同的方面强调了"确保开端"的理念。

一、关注处境不利的学前儿童

不管是1965年美国实施的"开端计划"还是1998年英国发起的"确保开端"，最初的目标都是为了解决处境不利地区儿童的学前教育问题。美、英两国政府在实施"开端计划"和"确保开端"时面临着相同的社会问题：生产力急速发展的同时，贫富差距拉大；知识经济的冲击、经济繁荣的背后蕴藏着一触即发的社会危机。两个政策的制定和实施都是解决社会问题在教育领域的表现。儿童发展理论的新进展为两项政策创设了科学的理论基础。在这种情况下，"开端计划"和"确保开端"两项学前教育政策应运而生，为全体儿童提供了全面的综合性学前教育计划，真正为儿童以后的优秀发展奠定了一个坚实的基础，使所有儿童获得同样的机会,接受同样的学前教育,体现出"公平"和"全纳"的教育理念。

1957年,苏联人造卫星发射升空,在美国朝野引发了激烈的讨论,最后人们得到的普遍结论就是:美国的教育制度不仅落后于苏联的教育制度,而且缺乏培养高科技人才的教育机制,而学前教育作为最基本的教育阶段,是一个人发展十分重要的阶段,所以要增强对学前教育的关注。

20世纪中期的美国民众认为,少部分优秀的儿童能够带动起更多普通儿童的发展,所以在学前教育发展方案中开始偏重对天才儿童的教育。而发展至60年代中期以后,联邦政府的教育战略又随着各种社会矛盾的突显开始放弃这种靠少部分儿童带动大部分儿童的"天才教育"政策,以此来缓和种族矛盾、阶级矛盾。为了能在根本上解决教育机制问题,美国开始为实现"公平"而不断努力,为处境不利儿童实行补偿教育。1965年的"开端计划"是美国历史上第一个由联邦政府实施的针对处境不利儿童提供学前教育和健康保健服务的综合性计划,目的是为处境不利儿童创建一个良好的开端,为其拥有更好的人生提供良好的前提,从而在起点上打破贫困循环的链条。而且,美国制定的《开端计划法》在法律上能够确保计划在实施过程中坚持"无歧视原则"。

进入21世纪,世界主要国家的教育改革均开始进入一个新的发展时期,改革的指导思想也开始从传统的精英教育理念转向全民教育。此时的英国,新工党政府刚刚执政。世界改革潮流对教育的冲击和经济全球化带来的经济问题,间接导致了英国教育质量的下降和社会矛盾的凸显。在这样的形势下,布莱尔政府采用了"第三条道路"的政治主张，这时的"第三条道路"虽然在一定程度上仍然推行撒切尔政府时代实行的教育措施，但在坚持教育机会均等方面则强调所有学校为处境不利和需要特殊教育的儿童提供特别帮助。英国政府对5岁以下学前儿童的教育计划进行改进，该项目的实施不仅为科学衔接初等教育奠定了基础，也为改善处境不利地区儿童的生活环境、消除贫困和预防社会排斥发挥了主要作用。这就是"确保开端"项目。随后，工党政府又陆续出台了《每个儿童都重要：为了儿童而改变》和2004年《儿童法》等一系列政策，促进"确保开端"的发展。这些政策措施都在学前儿童群体的保育和教育方面发挥了政策的补偿性作用，为政策目标的实现奠定了坚实基础。

二、重视学前儿童社会性和语言等方面的发展

大量的专家研究证明，学前阶段是儿童各种系统迅速发展的关键期，该阶段的教育对儿童的社会性和语言发展有极大的决定作用。

有研究表明，"如果父母的收入难以满足孩子参与社会活动和接受教育的需要，很容易造成儿童缺乏某种基本生活心理素质，而这种素质的缺乏则会很大程度上阻碍他们将来成为一个对社会作出贡献的人；而且贫困还容易使儿童的自我形象受损"[1]。这种社会性发展的缺失会造成儿童个体在整个教育发展中处于劣势，这种劣势导致贫穷的持续，形成了贫穷的代代传递，造成恶性循环。

美国大约有30万儿童的基本生活无法保障，而贫困不仅导致儿童的健康没有保障，还使他们缺少参与社会生活的机会，这种欠缺将会

---

[1] 姚伟：《美国的先行计划》，载《外国教育研究》，1995（03）。

严重影响他们的社会性发展。另外，由于处境不利儿童接触社会及新鲜事物的机会比较少，在一定程度上会影响他们认知和语言的发展，而这些经验对儿童顺利升入小学以及以后的社会成长都有着密不可分的关系。这些都是美国实施"开端计划"时从心理学家的研究中得到的理论依据，所以"开端计划"最初的目的就是要帮助这些儿童在小学及以后的未来中有适当的自信心、自尊心，以便有更多成功的机会。

"开端计划"作为一个综合性的早期干预计划，它在教育方面的任务就是为学前儿童提供学习环境，使他们拥有获得多种经验的机会，提高他们的认知、社会性、语言及身体、情绪的发展。为此，在计划中也包括能促进这些能力发展的措施。比如，学习环境要根据桌椅摆放的空间位置、教室中一些物质材料及儿童之间的社会关系来创设，展现出一种生动活泼、安全幸福的感觉；教师还应根据学前儿童的发展水平，多提供能够激发儿童好奇心、探究能力与问题解决能力的活动与机会；为学前儿童提供自发活动的机会，按照自己的方式来完成活动，以此来激发他们的创造力；积极与学前儿童进行沟通交流，给他们提供理解支持，不仅能促进学前儿童语言的发展，还能增加他们与别人交流思想感情的机会，以此提高他们的社会性发展。

英国的"确保开端"作为一个综合性的早期干预计划，包括学前教育、医疗卫生、家庭支持及儿童保育等方面，它出现的一些社会背景和原因与"确保开端"有着许多相似之处。为了给予处境不利地区儿童提供学前教育，使其以后得到更大的发展，改变世代贫困的命运，"确保开端"制订了许多相应措施。例如，购买大型汽车作为"流动的玩具图书馆"，为处境不利地区儿童带来书籍和玩具，这不仅为孩子带来知识和玩具，主要目的是可以为家长和幼儿创设语言环境，促进幼儿语言的有效发展。

实施儿童语言发展计划。该计划是先给8个月大的幼儿进行语言发展测评，并根据结果来实施不同的语言训练方式。对于语言能力正常的儿童，通过正常的语言交流及阅读图画来培养口头和书面语言应用能力；而对于语言发展障碍的儿童，则采用"因材施教"的教育方法来实施方案。让学前儿童通过游戏活动学习，使他们拥有更好的学习体验，重视增加孩子彼此交流的机会，使他们对整个社会有更好的认同感并能培养很好的团队合作精神；在学习中为孩子提供一个安全并带有刺激性的学习环境，让孩子通过各种主动的方法来获得他们想要得到的知识；根据时代要求提高学前儿童获得和处理新知识的能力，并要求成年人从小培养儿童的独立性和个性的发展。

美、英两国的政策在抓住关键期促进学前儿童发展认知、语言及社会性发展等方面做出了非常大的贡献，并取得了良好的效果。

三、鼓励家长参与培训

相关研究发现，"家庭在多方面都会在很大程度上影响到儿童的学习和成长，而家长作为孩子的直接监护人，对孩子在发展中的引导作用是十分重要的，并能影响孩子的认知水平、行为习惯及社会性发展"[1]。父母作为孩子的第一任教师并陪伴孩子成长，对其产生的影响是最早也是最有力的，如果父母能够参与到学前教育中来，将会为儿童的成长及学习带来积极的影响。

在两个学前教育计划中都涉及家长参与与家长培训的内容。美国

---

[1] 刘小蕊，庞丽娟：《尊重家长权利，促进家长参与——来自美国学前教育法的启示》，载《学前教育研究》，2008（03）。

在计划实施过程中明确表示了对家长参与的重视，称自家长参与诞生以来，家长参与就是"开端计划"的一个关键因素，并且在"开端计划"所有计划项目中都列出了父母的任务。可见，"开端计划"的有效性是与家长参与紧密相连的，以此也能确保学前儿童在教育中能获得更好的发展。家长参与在计划中的标准是：由于家长在学前儿童的教育与成长中有十分重要的作用，所以要积极参与到有计划的学习和活动中来；家长可以直接参与教育决策方案，并享有对决策内容进行实施的特权，作为家长代表的家长要参与到幼教机构的管理委员会，参与学前儿童的教育计划方案的制订并要起到监督作用；根据家长情况来确定家长在计划中的角色，参与到各个教室举行的活动中；家长们要主动提高自己的知识水平，深入到教育中并与"开端计划"的教师合作，配合自己孩子的学习活动。同时，家长教育作为家长参与的前提之一也得到了重视，因为让家长能够在家长参与中发挥更好的作用就要注意对家长的培训，要积极为参与到计划中的家长增加知识，提高能力，以提高他们参与活动的技能、自信心和独立性；在家长参与过程中，要不断对家长们进行指导，使他们能够承担作为孩子生活、学习影响者的角色。

英国"确保开端"的原则与要求中也提到家长参与的措施。例如，教育系统在决策时要与儿童的家长进行协商，让家长和教育专家一起设计教法，以更好地满足学前儿童的需要；对家长进行培训和提供服务，让他们更好地了解信息和资源，使家长参与的价值达到最大。家长参与计划并担任十分重要的角色，保证家长参与的积极性。确保开端十分重视对环境的创设。所谓环境，除了外观上可看见的，还包括心理环境。其实心理环境比外部环境更重要，因为创设一个友好的、信任的、相互尊重的、能够相互倾听的环境能够让积极参与到计划中的家长得到更好的感受。这种氛围为幼儿心理的发展创造了前提条件。

四、充分利用社区资源

学前教育项目中实施的关于学前儿童教育的内容，仅仅依靠教育机构本身是远不能达到预期效果的，它需要学前教育机构与家庭、社区的有效结合，形成合力，从而为学前儿童提供优质的保教服务，这也是学前教育改革的一大趋势。按照教育生态学的观点，要使教育影响对幼儿更加有效，不能只满足于十几个小时的学校教育，尤其是对于学前儿童，还要改变儿童周边环境才能产生更好的效果。一个社区中有非常多的可利用的资源，比如像医院、诊所等一些能提供保健卫生的机构，能够给予心理健康服务及营养搭配服务的场所，为残疾儿童及家庭提供服务的个人和机构，维护和支援家庭的服务机构，妇幼保健院，当地的小学及其他教育机构和文化机构以及为家庭提供支持和资源的机构、商业组织和公益性组织等。如果能很好地利用这些社区资源，将为实施学前计划项目实施带来极大便利，社区资源可以为儿童提供帮助，还可以为家长的教育和培训提供条件。例如，为家长提供幼儿营养、预防季节性疾病等常识性讲座。

"开端计划"项目政策鼓励教育机构与社区开展积极合作，支持社区创新性地实施一些方案来满足处境不利儿童的需要。"开端计划"的执行者们要做的就是在计划项目所实施的社区中，增加对贫困家长雇佣的数量，并鼓励社区将服务重点放在处境不利的儿童及家庭上来，调动起家长参与社区活动的积极性，这样最终促进了社区良好氛围的建设，反过来又促进了学前儿童生态环境的建设。"确保开端"项目在实施之初所提出的原则和要求中包括了对社区资源合理利用的要求，要求吸收整个社区的参与。实际上，地方上实施的"确保开端"都是由地方政府、志愿者、家长及社区来共同组织管理的，而且计划中的许多项目都是在社区的层面上实施的，积极与社区结合并了解社区的背景、经济基础，这样计划就能因地制宜，以此达到充分发展的目的。

五、重视项目的评估

"开端计划"和"确保开端"的实施效果如何是学前教育界关注的重点。因此，两国政府都开展了对两个项目的评估工作。评估的目的是研究项目进展过程中存在的问题，并为改善项目的实施提供科学依据。

"开端计划"是一项促进学前儿童发展的综合性服务项目，它所取得的效果目前无法精确测量出来。但是，在计划实施初期，教育学家和其他学科的专家为了完成约翰逊总统对计划的效益进行评估的要求，提出了用儿童智商来评估的做法。虽然单纯以智商评估"开端计划"的方法有很大缺陷，但在计划实施初期此方法占统治地位。美国政府为建立完善的评估系统，1966年财政预算拨款200万美元，1967年和1968年分别拨款800万美元，占整个计划资金的1%-2%。[1] 在20世纪70年代，政府部门对"开端计划"项目的评估已经采用一些比较科学的方法了。真正科学的评估是从90年代开始的，比如在评估过程中开始考虑儿童及家庭的个别差异性和所居社区的多样性，而且在评估重要内容时采用多种指标和方法。新的执行"开端计划"质量检测和评估体系是在90年代顾问小组的报告——《开端计划的未来发展蓝图》的基础上构建的。按照1994年法案要求，对"开端计划"的实施情况

---

[1] Maris A,Vinovskis. *The birth of Head Start*[M].The University of Chicago,2005.68.

至少要每两年进行一次评估，以此保证项目按照规范实施，并在1995年资助建立了四个质量研究中心共同开展研究工作，完善计划质量的检测系统。

英国"确保开端"计划开始于1998年，比美国"开端计划"要晚，由于有前车之鉴，"确保开端"在开展之初就建立了完善的评估系统，并成立了独立的评估机构——"确保开端国家评估委员会"（The National Evaluation of Sure Star, NESS）。评估内容有：一是计划的执行，因为"确保开端"也是对学前儿童的一个综合性的服务项目，所以对各个不同的项目有着不同的评估标准，方法主要根据各个研究项目专家设计的调查问卷和个案研究制订。二是计划的影响，这是对学前儿童在教育质量方面的评估，通过长期的跟踪观察来评估"确保开端"计划所产生的效果。三是成本和收益，包括资金投入所带来的近期的收益和通过长期的社会服务而得到的回报，是个长期的过程。四是社区背景，由于每个社区的背景情况不同，所以要想有针对性地实施计划就要先对每个社区进行分析，对其深入了解才能使计划服务效果达到更好。

六、保证学前教育计划投入和法制建设

（一）保障财政投入

根据"开端计划"和"确保开端"的发展可知，两国政府对项目的财政投入十分重视，每年都增加对学前教育的资金投入比例。

在美国，对学前教育的财政投入主要是通过政策或是法令等方式来实现的，1981年，联邦政府对"开端计划"的拨款为10.7亿美元；1995-1998年，平均每年的财政拨款都在35亿美元以上；1999-2005年，平均每年的财政拨款增至70亿美元。从人均来看，政府对儿童每年的

投入从1992年的3415美元发展到2004年的7222美元,这也能体现对"开端计划"财政的支持。美国国会参、众两院在2007年高票通过有效期为五年的"开端计划"新法案,在法案中规定联邦政府要在第二年向计划提供73.5亿美元的资金投入。[1]

在英国,政府对学前教育的资金支持比例呈现一种由少到多的发展历程。对于1998年颁布的"确保开端"来说,政府对其的财政投入一直很重视,尤其是在2001年出台的《拨款法》规定2001年至2002年用于该计划的联邦预算为1.8亿英镑,此后在2002年到2005年的三年中,每年都有所增长,这三年的预算分别是4.5亿、5.3亿和8.9亿英镑,2005–2006年则高达12亿英镑,比法案制定之初的财政拨款增加了将近7倍。[2] 当然,在比较资金投入的同时不能只片面地看总的资金投入数量,还要根据人均比例比较。总体来讲,"开端计划"比"确保开端"的人均资金投入要高些,但"确保开端"的资金投入的比例增长很快。美、英两国政府对学前教育的资金投入日益增长的同时,在一些具体方式上也各有特点。比如,家庭所受援助方式不同。在美国的"开端计划"中,虽然处境不利地区孩子的父母不能直接得到政府的现金资助,但是可以通过计划中所提供的有偿服务及通过实物发放和教育券等得到相应的资助。而英国的"确保开端"的财政收入主要是由政府和一些社会组织来保障,所以当儿童参与到计划中时,家庭并不能从中得到很大的资金援助。

---

[1]柳倩,钱雨:《国际学前教育公共投入的国家行动计划比较研究》,载《全球教育展望》,2009(11)。

[2]柳倩,钱雨:《国际学前教育公共投入的国家行动计划比较研究》,载《全球教育展望》,2009(11)。

（二）制定政策、法规做保障

美、英两国政府为了保证计划的顺利实施，制定学前教育政策、法规时呈现出不同的特点。美国在出台一些学前教育政策法规时，一般都是对一些具体计划及项目进行的，而且制定政策法规的程序也会有针对性，在计划项目得到良好发展的时候才会出台一些政策法规，如1965年发起的"开端计划"在1981年才出台了第一部相关的政策法规——《开端计划法案》。到了2003年，"开端计划"被再次授权，政府才颁布了《入学准备法》来加大对学前儿童数学、阅读、语言等方面的重视程度，以促进儿童的发展和为入小学做好准备。而在英国，学前教育政策法规出台的基本特点是政策法规的颁布一般倾向于解决学前教育的整体性问题，所以都比较全面；制定的政策法规也是在计划项目开发的同时就出台，以促进计划项目顺利的实施。

七、幼小衔接和学业成绩的不足

在"开端计划"和"确保开端"实施的过程中，幼小衔接及提高儿童学业成绩方面存在一些问题，这也是两国计划项目在未来要继续改进的方向。在开展"开端计划"和"确保开端"时，两国政府的目的都是给予学前儿童提供综合性的服务，不仅能提高儿童的认知、语言及社会性等方面的发展，还要增加对提高儿童学业成绩的关注，但是在计划实施过程中，通过评估和调查研究发现，接受过学前教育计划项目的孩子在学业成绩，尤其在读、写、算能力方面并不比没有接受的儿童高出很多。

美国在1998年对"开端计划"进行修订后，就将提高儿童学业成绩作为今后前进的方向，并要进一步做好学前儿童的入学准备。在2003年和2005年分别发布《事实证明开端计划仍需加强》和《开端计划影响报告》之后，人们发现接受过"开端计划"的儿童在语言及认知能力方面确实比没有接受过的儿童有明显的提高，但是在数学等方面表现并不明显，尤其对儿童的入小学准备方面做得不是很好。在"开端计划"中任教的大部分教师还是将学前儿童当作小学生对待，对他们进行过多的文化教学，过分强调他们的学业能力水平，没有按照学前儿童的身心发展来组织教学，"开端计划"应更加重视对学前儿童读写方面的培养，以为他们更好地升入小学做好准备。

在英国，科学调查表明，接受过"确保开端"学前教育计划项目的儿童在入小学后第一个学期的考试成绩并没有达到实施计划之前的预期，与没有接受过"确保开端"的儿童相比，他（她）们在阅读方面的成绩比较优秀，而写作和数学成绩并不理想。但通过跟踪调查，"确保开端"的长远效果还是比较明显的，因为接受过"确保开端"的儿童在小学二、四年级就会表现出比没有接受过"确保开端"的儿童在阅读、写作及数学方面更优秀的成绩。所以，"确保开端"的支持者就提出，这个学前教育计划项目是一个综合性的服务项目，为学前儿童带来的是全面发展的机会和长远的收益。"开端计划"和"确保开端"的支持者都从为学前儿童带来长远利益的角度来表达对计划项目的支持，认为这些计划项目是对学前儿童服务的综合性项目，所以不能只重视即时效益，要看给儿童带来的长远效益，而且仅仅通过一个学前教育项目就可以大幅度提高学前儿童的学业成绩、使学前儿童进入小学后马上适应小学教育的想法也是不能完全实现的。但是，既然存在这样的问题，两国政府就需要在这两个学前教育计划项目的课程及其他方面加以改进，使学前教育计划更适合学前儿童，并能真正提高他们的学业成绩，同时还要进一步关注学前儿童的幼小衔接问题。

第九章

关于我国学前教育改革和发展的思考

儿童大脑的早期发展和学前教育的质量等学科研究成果重构了人们对于学前教育价值的认识，学前教育对于儿童的后续学习以及终身发展的奠基和增值作用获得普遍的认同。学前教育被看作一种回报率最高的人力资本投资，被当作鼓励和扩大就业、减少贫困、提高义务教育效益等重要的社会改革手段。而我国在促进学前教育均衡发展、财政投入体制、幼小衔接、社区学前教育和学前教师培养体系等方面仍有很多问题亟待解决，对上述问题的解决将为我国学前教育的良性发展奠定基础。

第一节 促进贫困农村地区学前教育的发展

为了使所有农村幼儿都能有接受学前教育的机会，促进学前教育三年的普及和教育公平，必须对农村学前教育进行改革，采取一系列有效的、操作性强的政策和措施，使农村学前教育早日实现普及三年的目标。

一、促进农村地区经济发展，普及农村学前教育

人们对农村学前教育的价值有了进一步认识，意识到学前教育的意义和作用，转变了思想，开始重视农村学前教育，但如果没有必要的财政投入，只是转变思想和提高认识，是不够的，还需要大力发展贫困农村地区经济，提高贫困农村地区经济社会发展水平和人民生活水平，为发展农村学前教育提供物质保障和财政支持，推进农村学前教育的发展和普及。那么，怎样提高贫困农村地区的经济发展水平呢？首先，从政策上向农村倾斜，增加对农村在政策和资金上的支持，国家提高对农村的投入，加强农业和农村的发展，能够让农民真正得到实惠。其次，调整优化农村地区的农业结构，加快建设现代农业。要在保证提高粮食综合生产能力的前提下，依靠现代科技改造传统农业，走优质化、精细化、产业化的道路。根据市场而进行调整，提高农产品市场竞争力。再次，促进乡镇企业的发展，政府要制定和实施促进乡镇企业发展的政策措施，以保证乡镇企业快速的发展，为农民提供就业机会，提高农民收入。最后，加快城镇化建设，提高农村城镇化水平。除了需要政府的财政投入外，还要通过招商引资的方式，吸引各种投资主体，加快农村城镇化的建设。通过这些政策加快贫困农村地区的经济快速发展，使人民的生活水平提高，进而促进政府对农村学前教育在财政上的支持和投入，加快农村学前教育事业的建设和发展，实现农村学前三年教育的全面普及。

二、取消城乡二元结构，建立城乡一体化幼儿管理体系

统筹城乡学前教育发展，根本目的是实现学前教育资源城乡均衡配置，使城乡所有幼儿都享有平等的受教育的权利和机会。统筹城乡

学前教育，打破城乡二元经济结构，首先要做的就是取消城乡户籍制度。我国1958年通过了《中华人民共和国户口登记条例》，确立了城乡二元的户籍制度。城乡二元户籍制度把城市和农村人口进行了严格的区分，限制人口自由迁徙，使农村幼儿与城市幼儿处于不平衡的起跑线上，使农村幼儿处于弱势地位，不利于教育公平和社会公平。因此逐步取消城乡二元户籍制度将会促使城市和农村地区的经济社会发展逐渐处于平衡状态，缩小城乡经济、文化、教育的差距，拉近城乡学前教育的距离，改变农村幼儿的弱势地位，使他们与城市幼儿享有均等的学前教育资源，实现教育公平和社会公平。其次，建立城乡一体化的学前教育管理体系，促使农村学前教育与城市学前教育共进步。加大城市学前教育对农村学前教育的支援和帮助，可以实行一对一的形式，一所城市幼儿园要对口支援一所农村幼儿园，具体帮助的方法有：可以派城市知名幼儿园中有丰富经验的幼师去贫困农村幼儿园轮岗一段时间，在这段时间内，对农村幼儿教师在教育理念、教育技能、手工制作等方面进行培训，把先进的教育理念传达给每位农村幼儿园教师，提高他们的教育教学技能。也可以为农村幼儿园园长、教师提供去城市知名幼儿园学习的机会，然后把学到的东西带回来，可以促进农村幼儿园教育质量的提高。省级及基层政府部门要对一体化的城乡幼儿管理体系加强管理和督导，为城乡幼儿园多创造交流和学习的机会，缩小城乡学前教育的差距，加快农村学前教育的发展。

三、转变思想，提高人们对学前教育的认识

学前教育是基础教育和终身教育的奠基阶段，对我国人口素质的整体提高具有举足轻重的作用。国内外大量研究表明，学前教育为儿

童做好入学准备，降低了义务教育阶段的辍学率、复读率，提高了儿童的学习成绩，对于社会和教育的健康发展具有积极的现实意义，因此，国家必须重视学前教育的普及和发展。思想观念是一切行动的出发点和归宿，要改变农村学前教育落后的面貌，政府只有转变思想和观念，提高幼儿家长对学前教育的认识，使家长具有先进的学前教育思想观念，才能从根本上认识到学前教育的作用和价值，促进农村学前教育事业的蓬勃发展，提高农村学前教育的入园率和教育质量，使处于不利地位的农村幼儿有接受优质学前教育的机会，进而推进教育公平和社会公平。

教育家陶行知先生说过："承认幼年生活教育之重要，是普及幼稚园之出发点；承认幼稚园为全社会幼儿的教育场所，是普及正当幼稚园的出发点。"[1] 因此，要想转变当前农村学前教育发展滞后、普及率低的状况，最先要做的就是转变人们的思想和态度，使人们认识到学前教育的重要价值，从思想上重视学前教育。首先，加强对学前教育的宣传，提高人们对农村学前教育价值的认识。努力营造重视农村学前教育的浓厚社会氛围，使政府、幼师以及幼儿家长改变原来对农村学前教育的不重视态度和观念，通过广播、电视、报刊、农村广播站、标语等多种形式对学前教育进行宣传和推广。比如每月都开展幼教宣传月活动，教育局牵头创办地方性幼教宣传和教育，在宣传栏贴上幼儿的作品，利用周末的时间组织幼儿去农村表演唱歌、跳舞、画画、诗歌朗诵等等。通过展示表演，让家长看到幼儿在幼儿园里的成长和发展，意识到学前教育对幼儿在情感、态度、能力、行为习惯的培养

---

[1]陶行知：《陶行知文集》，118页，南京：江苏教育出版社，2008。

比"读写算"更为重要，逐步改变幼儿家长对学前教育的观念，提高他们对学前教育价值和作用的认识，从而调动家长把幼儿主动送进幼儿园的积极性，与教师主动配合，使家园教育形成合力，促进农村学前教育的普及和发展。其次，把农村学前教育纳入贫困农村经济和社会发展规划之内，把实现普及农村学前三年教育的目标作为各个乡镇政府领导干部考核的指标，把目标量化，实行量化指标具体到乡镇、部门、学校、个人的考核制度，层层签订责任书，落实责任，实行奖惩的激励制度、定期督促检查制度，引起领导干部对农村学前教育的重视，还要使领导干部认识到经济的发展与教育的发展是相辅相成的，纠正"教育投入是消费投入"的错误思想，树立正确的教育投入理念和教育先行的理念。

四、加大政府的主导责任

(一) 明确政府部门职责，履行政府职能

只有明确各级政府、各部门在加强农村学前教育发展过程中的职责，强化管理、科学实施，才能确保国家专项资金发挥更大效益，才能保证贫困农村学前教育健康有序的发展，才能实现贫困农村学前三年教育的普及。应实行政府领导、教育部门主管、各有关部门分工负责的学前教育工作机制。比如，以县级政府为基本单位，县级教育部门作为学前教育的主管部门，应制订详细的农村学前教育事业发展规划，承担对农村幼儿园，尤其是民办园的业务指导和科学管理工作，建立对农村学前教育监管和评估制度；卫生部门应负责监督和指导幼儿园卫生保健工作，负责对3-6岁幼儿家长进行幼儿卫生保健、营养、生长发育等方面的指导；县级政府财政局的职责主要是为学前教育的

普及和发展提供资金保障，加大对农村学前教育的财政投入，解决农村学前教育资金严重匮乏的现状，保证农村学前教育事业的快速发展；劳动部门应研究把民办幼师的养老保险、医疗保险等问题纳入进来，以保障民办幼师的合法权益。其他部门也要各司其责。县级政府各部门应形成合力，共同努力促进农村学前教育事业发展，实现农村学前三年教育的全面普及。

（二）新建或改扩建公办幼儿园

举办公办幼儿园是国家干预和主导幼儿教育市场、平抑幼儿教育价格、维护公众利益以及维持幼儿教育公平的基本措施。然而目前，在民办幼儿园占主体地位的今天，这种民多公少的状况不利于学前教育公平发展，不利于农村学前教育的普及和发展，因此，基于贫困农村地区的实际情况，当地政府应新建或改扩建基本能满足农村幼儿入园需求的公办幼儿园，以新建乡镇中心园为重点，使每个乡镇至少有一所乡镇政府直接管辖的乡镇中心幼儿园。同时，还要确保乡镇中心幼儿园符合国家的基本办园条件，以促进乡镇中心幼儿园发挥对其他农村幼儿园管理、教研、培训的指导和辐射作用。为了节约教育资源，当地政府应利用中小学闲置校舍改扩建乡镇中心幼儿园，提高现有教育资源的使用效率。对距离乡镇较远或者位置偏僻的村落，乡镇政府可以在距其位置较近的定点小学附设幼儿园，重点扶持小学附设幼儿园，定点小学附设幼儿园按照"园舍独立，管理独立，财务独立，人员独立"的原则进行建设和管理，让处于偏远村落的幼儿享有公平的教育机会。最后，构建以乡镇中心幼儿园为主、大村落幼儿园与偏远村落定点小学附设幼儿园为辅的学前教育体系，使农村幼儿享有优质学前教育资源的机会，推进学前教育的公平，促使农村学前教育的发展。

（三）加大对民办园的规范管理

近年来，民办幼儿园数量上升较快，成为办园体制的主体之一。民办园的发展在一定程度上弥补了当前我国学前教育资源的不足，满足了人们对学前教育的需求，对我国学前教育的发展具有促进作用。《国家中长期教育改革与发展规划纲要》也提出了"建立政府主导、社会参与、公办民办并举的办园体制。积极发展公办幼儿园，大力扶持民办幼儿园"。目前，大多数民办园存在办园条件差、师资力量薄弱等问题，而民办园的教育质量如果提不上去，那么我国学前教育的办学质量也会受到较大影响。因此，面对目前民办园办学条件差、教育质量参差不齐的现象，当地政府应加强对民办幼儿园的规范和管理，在政策和财政上鼓励和支持民办幼儿园的发展，通过规范民办幼儿园办学条件、加强对民办园园长和骨干幼师的培训和业务指导、建立幼儿园动态监管机制、加强教育部门对其学习过程中的指导和督导、加强其安全管理等途径，促进其健康有序发展，进而促进贫困农村幼儿园教育质量的提升，使农村幼儿入园率大幅度提高，推进农村学前教育事业的健康快速前进。

五、增大农村学前教育经费投入，完善经费保障机制

学前教育经费投入是保障学前教育事业充分发展的前提，是提高学前教育普及率和质量的物质保证。由于种种原因，迄今为止，国家财政性教育经费占GDP的比例仍然没有达到4%的目标，其中用于学前教育的经费低于国际一般指数，这必然影响我国学前教育事业的健康持续的发展。解决农村学前教育经费投入不足的根本途径，在于制定对学前教育财政投入的法规和政策，逐步增加对学前教育的经费投入。

（一）逐步加大政府对学前教育的经费投入力度，建立以省级政府为主的学前教育投入体制

国家财政预算内拨款是教育经费来源的主要渠道，确保和增加政府教育经费投入是解决农村学前教育经费投入问题的最佳选择。加大政府对学前教育的经费投入，必须建立以省级政府为主的教育经费投入体制。学前教育具有公益性、福利性，政府应从国家和民族发展的长远角度出发，保障学前教育经费的投入做到逐年增加。中央以及省级政府应承担对学前教育的主要责任，加大对学前教育经费的投入，尤其是在贫困的农村地区应以政府财政投入为主。为了防止学前教育经费的挪用甚至挤占，应设立学前教育专项经费，做到专款专用，逐步将学前教育经费从其他教育经费中单列出来。对农村学前教育采取倾斜政策，提高经费的使用效率，以保证农村学前教育事业的发展和学前三年教育普及率的提高。规范政府收支管理，优化政府支出结构。加大学前教育公共财政体制改革，建立规范的政府收支统计和管理制度，将所有政府收入和支出纳入统一预算。在强化政府收支统筹的基础上，继续优化政府支出结构，提高对学前教育支出的比例。政府应该在财政扶持公办幼儿园的同时，重点支持办园质量较高的符合省级办园条件要求的民办幼儿园，对民办幼儿园中的贫困儿童和家庭进行补助，保证他们最基本的入园权利和就学条件，以推进学前教育的公平性，为提高贫困农村学前教育普及程度创造良好的条件。

（二）多渠道筹措农村学前教育经费

近几年来，学前教育的办园体制格外受到关注，以"政府为主导"的办园体制占主体地位，但对政府如何具体主导学前教育、主导作用应该发挥到什么程度，也应该有一定的界定。就普及农村学前教育而言，

政府虽然是学前教育经费投入的主渠道，但如果完全依靠政府财政的支撑来发展和普及学前教育，不要说在我们这样一个人口众多、教育资源相对紧缺的国家，即使在欧美发达国家也无法实现。所以，在以政府财政投入为主的前提下，应该努力拓宽渠道，多渠道筹措学前教育经费，建立政府投入为主、社会力量参与和家庭适当分担教育成本的学前教育投入和保障机制。《国家中长期教育改革和发展规划纲要》中提出"积极鼓励行业、企业等社会力量参与公办学校办学"，"从实际出发，开展公办学校联合办学、委托管理等试验，探索多种形式"的策略是值得借鉴的，政府在政策上可以给企业一定的优惠，调动其投资幼儿园、办普惠性幼儿园的积极性，促进学前教育的发展。比如，政府为筹措学前教育经费，可以鼓励辖区内比较知名的企业捐款办园或出资办园，然后在税收方面对这些企业采取优惠政策，以解决政府财政资金不足的问题。另外，可以通过完善教育彩票发行办法，保证教育彩票发行的规范、有序，募集发展学前教育的资金。还可以接受社会各界的捐赠，尽可能多地拓宽对学前教育投入的渠道。

六、加强农村幼儿师资队伍的建设

衡量学前教育品质的核心因素是师资，建立一支高素质的农村幼儿教师队伍，是农村学前教育发展的关键所在。然而当前农村学前教育面临着幼儿教师数量缺口大、专业素质差、教师队伍不稳定等问题，严重阻碍了我国农村学前教育的普及和发展。政府应根据实际情况，制订具有可操作性和针对性的政策，以稳定和壮大农村幼儿教师队伍。

（一）增加培养农村幼师的渠道

幼儿教师的专业素质直接关系到学前教育的质量及其事业的可持

续发展，而良好的生源则是保证幼儿教师素质的重要前提。农村学前教育师资面临数量短缺、质量薄弱、专业素质低等问题，虽然目前不少高校已设有专科、本科甚至更高学历的学前教育专业，但其规模和层次还远远不能满足学前教育发展的需求，在一定程度上限制了学前教师来源以及水平的提高。针对实际情况，我国应该采取定向与非定向培养相结合的方式来拓宽培养学前教育师资的渠道。首先，政府应在具备条件的本、专科高等师范院校设置更多的学前教育专业，师范院校以及高等综合类高校应担负起培养优质幼师的重任，为农村学前教育输送合格的师资力量，保证农村幼儿师资数量充足，质量合格。2007年，国家实行免费师范生政策，在全国六所教育部直属师范高校择优选拔热爱农村教育事业、有志于长期从事农村教育工作的优秀免费师范生。可以借鉴这种方法，招收学前教育专业的免费师范生，为农村及其偏远地区培养优秀的学前教育师资。这样，为农村学前教育输送了师资力量，缓解了农村幼师严重缺乏的困难，为农村学前教育的发展提供了保障。其次，省级以下政府也要大力支持地方师范院校，肩负起培养幼师的责任，在政策和财政上支持地方师范院校的发展，为偏远及贫困的地区输送合格的幼师，为农村学前教育质量的提高提供保障，解决农村学前教育师资数量不足的问题。再次，实行农村幼儿教师定向培养制度。比如对有志从事学前教育事业的学生和社会人士，实行个人申请、教育机构初选、培养学校（机构）面试、择优录取的程序，选拔各方面条件合格的学生或人员进入学校（机构）学习学前教育知识和技能。这些定向培养的人员可以免交学费，并且享受国家发放的助学津贴。通过签订农村幼儿园教师定向培养协议，保证这些人员学成后能为农村学前教育服务。在进行招聘时，当地政府部门应加强宣传，改变未来幼师就业观念，鼓励教师到农村执教，提高农村学前教育质量。与此同时，对男性教师的专业成长和就业前景进行大力宣传，转变人们传统落后的思想和观念，培养更多合格男性幼师，实现合理的学前教师性别比例结构。最后，采取多渠道方式去增加优秀师资的来源，提高教师质量和专业素质，保障农村学前教育师资力量充足，推进农村学前教育事业的发展，提高农村学前教育的普及程度。

（二）重视农村幼儿教师的师德和业务素质

在急需农村学前教师的情况下，学前教育机构为了增加教师数量而忽略教师质量的做法是不理智的行为。从长远看，这种做法不仅阻碍了农村学前教育的发展，而且对幼儿身心健康、快乐的发展也是不负责任的。在选聘幼儿教师的过程中，应把"师德"放在首位。幼师是幼儿的启蒙老师，是幼儿行为模仿的对象，幼师的一言一行，对幼儿的性格和行为的养成以及今后的生活会产生很大的影响。一位幼儿教师的道德修养会对幼儿心灵产生影响，并且终生难忘。因此，应将师德作为考核幼师能否胜任学前教育工作的首要内容，无论这个老师业务技能多么优秀，如果其思想品质有问题，坚决不能聘用。其次，县级以上政府应建立健全师资保障制度，提高教师专业水平，实行严格的选聘制度、培训体系以及公平的奖惩制度，对幼师招聘、职前职后培训、评估等一系列工作都要严格地按照规定的程序进行，严格遵守农村幼儿教师准入制度，以保证农村幼儿教师质量，为保证农村学前教育质量奠定基础。最后，建立农村幼儿教师学历提升和培训制度。地方教育行政部门可以制订鼓励政策，为农村幼儿教师提供政策倾斜，支持农村幼儿教师参加自学考试、脱产、函授、远程教育，提高幼师学历层次和专业素质，以保证农村学前教育质量水平不断提高。幼儿教师的职前和职后培训，对提高幼师的专业能力和教学技能水平的提高有着重要作用。地方教育部门要以县为单位，有计划、有组织地培训农村幼儿教师。同时，将农村幼儿教师的培训纳入中小学教师继续教育规划中，通过半脱产、脱产、远程教育等形式，完成农村幼儿教师的培训工作。

(三) 提高农村幼师待遇，吸引优秀的师资

只有切实提高农村幼儿教师的待遇，保障他们的合法权益，才能稳定农村幼师的队伍，这是发展农村学前教育的前提条件。首先，政府应从制度上给予农村幼儿教师稳定的政策保障，出台相应的幼教法规和政策性文件，将幼儿教师队伍建设纳入法制化轨道。其次，提高农村幼儿教师的经济待遇，使农村幼儿教师与中小学教师工资持平，对在边远农村地区任教的幼师采取必要的物质和精神奖励，让他们感受教师的尊严，吸引优秀教师到农村任教，稳定农村幼儿教师队伍。再次，落实农村幼儿教师编制、职称、住房等问题，将幼儿教师纳入医疗、养老等社会保障体系之中，保护幼儿教师的合法权益，以排除他们的后顾之忧，从而安心在农村长期从事学前教育事业，只有这样，才能切实保障幼儿教师的合法权益。最后，加大对农村学前教育重要性的宣传，提高农村幼师的社会地位，使他们生活在一个受尊重的、被人肯定的环境氛围里，从而提高他们的自尊心和自信心，激发他们从事农村学前教育的热情和积极性。

学前教育对国家、社会乃至每个人都具有奠基性作用，农村学前教育问题关系到未来农村人口整体素质的发展，让农村幼儿获得平等受教育的机会，让其享有和城市幼儿平等的教育资源，是让农村孩子与城市孩子站在同一条起跑线上的前提，所以我们每个公民都有责任，

都应该行动起来，国家、社会、学校、家庭通力合作，齐抓共管，齐心协力，上下一心，那么我国农村学前教育事业一定会蓬勃发展，普及农村学前三年教育这个目标一定会实现。

第二节　创新学前教育投入体制

学前教育的重要性以及发展的必要性，已是不争的事实，政府只有从制度上进行必要的改革和创新，才能为学前教育创造新的发展局面。

一、建立有效的教育产权制度

产权关系的变革是制度创新的核心，而作为人力资本生产主导部门的教育领域，更是产权变革的困难和重点。中国的渐进改革是一场计划机制逐渐减弱、市场机制逐渐增强的过程。改革开放三十多年来，中国市场化改革的成效有目共睹，但教育的经济增长率却难以令人满意。有效的产权制度可以推动教育制度的不断改革和创新，有效的产权制度还为培育社会的创新精神、塑造创新意识提供了基础。在产权制度下，产权机制规定了个人的动机如何实现，也就是说，产权的主要功能在于确定人们生产劳动和产品分配的规则，并能确保创新利润归功于创新者，这是社会发展的主要动力之一。在产权制度完善的背景下，产权制度对创新活动有着强大的激励性。有效产权制度对人们以其产权获得更多的经济收益进而拥有更多的产权起到保护作用。这是市场经济条件下，包括学校、经营者和劳动者在内的各类主体创造性地开展教育经营活动的动力所在。

另一方面，在众多的教育制度当中，产权制度是直接关系到社会个体和社会各个利益群体在教育中切身利益的制度。根据制度变迁理论，理性经济人对个人利益最大化的追求必然导致人们对潜在制度利益的追求，当现存的产权制度不能满足社会整体利益需求时，利益群体就会通过各种途径追求制度的突破。同时，由于教育产权制度又是贯穿于教育管理体制、投资体制、办学体制中的基础性制度，因此，对产权制度的变革，必然会推动对教育体制的变革。

在公立幼儿园主要依赖政府投资的单一投资体制中，虽然名义上幼儿园是独立法人，实际上国家对公立幼儿园负有无限责任。政府公共投资是以成本补偿为原则，但这种成本不是社会平均成本，而是较差教育机构的成本。在非营利性制度规定下，运转较好的幼儿园便会加大成本开支，将"剩余"转化为成本消耗掉。非营利性教育机构在依赖政府投资的情况下是不会自觉地进行成本控制的，这也是为什么政府要直接干预教育机构，包括幼儿园内部事务的一个主要原因。

在现有的成本分摊制度下，受教育者的成本分摊多少与幼儿园成本直接相关。教育成本核算是确定管理费的基础。学生交费就要拥有对幼儿园运行成本的知情权，自然会对教育成本的合理性、可靠性提出质疑，这种来自个人对自身利益关注而产生的对成本的监督能够促使幼儿园进行成本控制。受教育者个人付费也增加了个人追求利益的动机，从而增加了个人对幼儿园的成本监督动力。

公立幼儿园中，不仅存在着冗长的代理问题，而且由于没有一般意义上的剩余，因此也就没有对剩余索取权的规定，势必降低产权对产权主体的激励效应。为了提高办学效率，可以寻找其他途径，比如通过奖励来补偿这种同类剩余。当通过正常的补偿途径并不足以补偿这种剩余时，以追求利润和效用最大化为目的的理性经济人的产权主体，就会利用各自掌控的产权权能进行异化的剩余补偿活动。这种异化通过机会主义和道德冒险行为表现出来。在信息不对称达到一定程度、制度不完善、谋求剩余的当事人、伦理道德的自我约束能力缺失的情况下，这种机会主义行为和道德冒险行为就会大量产生。这种补偿虽然对于产权主体而言具有某种激励作用，但是对于整体的效率而言，却具有一定的破坏性。如政府利用产权和行政管理权进行创租活动，学校经营者利用自己所掌控的某种产权权能进行学校经营中外包获租等，这大大降低了效率。

进入幼儿园的私人资本，不论是从幼儿园产权角度还是从幼儿教育消费需求角度，都是出于私人资本对利益的追求，其要求实现投资的最大价值。这种建立在市场机制基础上的交易，自然会要求幼儿园努力节约成本，提高效率。

对于民办幼儿园，应该在立法上明晰其产权。产权凝结着一定的经济关系和社会关系，产权不是人与物之间的关系，而是指由物的存在及其使用所引起的人们之间相互认可的行为关系。民办幼儿园是一种与企业有很大区别的产权组织，不能照搬企业模式构建产权制度。从《民办教育促进法》的规定看，有些规定不甚详细。

首先，在关于民办教育机构的财产占有权上，该法没有从正面肯定举办者拥有投入到民办教育机构中的财产的占有权，只是肯定了出资者对去出资在"举办者变更"的情况下享有占有权，也就是说，民办教育机构的财产不归举办者所有。民办教育机构仅享有法人财产权。

其次，民办教育机构的财产收益权规定不详。收益权是民事主体取得基于财产所产生的物质利益的权利。权利主体的财产所有权，是权利主体获取直接收益和间接收益的基础。但是，由于我国《民办教育促进法》规定，"民办学校在扣除办学成本、预留发展基金以及按照国家的有关规定提取其他的必须的费用后，出资人可以从办学节余中取得合理回报。取得合理回报的具体办法由国务院规定"。

对回报方式的规定是概括的，执行上怎样把握，因有各种具体、复杂的情况，无疑是比较困难的。也就是说，"合理回报"的规定往往是徒具法律形式，没有具体的操作性可言。为了有效调动民办幼儿园的积极性，政府需要做的是不要遮遮掩掩，给民办幼儿园以合法营利的法律地位，政府所要做的是监督幼儿园教学，评估其是否达到标准，其他的事情可以留给市场来解决。

再来看看关于产权所带来的经济效率变动问题。产权的交易过程会带来效率的提高。作为资源配置的结果，可以通过产权交换使每个当事人得到更多的福利。换句话说，要使效率的潜力发挥出来，产权结构的某些变化是必须的。因此，教育券在三方面的转移所带来的效率比直接的转移支付要大得多。

从交易的角度来看，我们知道，任何交易都需要成本（交易费用），公共教育财政资金的转移（交易）过程也不例外。其交易费用包括信息成本（对各幼儿园应该支付教育经费数量的调查）、监督成本（对教育经费在使用过程中的规范性监督）和索赔成本（违反了对教育经费的使用规范而造成了损失，应该对当事人予以追究并进行索赔，需要花费的成本）等。如果公共教育财政资金直接以货币形式转移，扩大了资金的作用范围，无形中就会增加资金转移的交易费用。另外，也会增加政府官员的寻租、设租现象。因为公共领域的产权是确定的，但产权主体的唯一性是不确定的，这就导致了产权主体的模糊。在这样的产权制度下，人们就可能积极寻租和设租，且成本收益大。而教育券大大减少了政府对教育财政资金的配置权，把资源配置更多地交给市场，即"看不见的手"来完成，政府滥用权力设租、寻租的可能性降低了，也便于监督管理，降低了交易费用。

教育券是产权代名词。教育券的转移过程是产权的交换过程，幼儿和幼儿园对公共教育财政的拥有和支配权是靠教育券的方式固定下来的，教育券是规范产权的契约或合同。一张小小的教育券很好地界定了三方的权利和义务，顺利地实施了公共教育财政资金的产权交易。这不是物品的交换，而是权利的交易。

教育券不仅能保持政府对教育的投入，把看得见的福利发到家长或学生的手中，而且可通过增加学生对幼儿园的选择权利，促使幼儿园在竞争中提高质量。幼儿园只有办好，才能吸引幼儿；幼儿多了，收到的教育券就多，从政府拿到的办学经费自然就多。

教育券制度是一种更有效率的制度安排，是向更加规范的市场制度迈进的一种过渡形式。这种过渡体现了制度变迁的强烈的路径依赖和渐进性，可以在若干地区尝试，以提高教育教学效率，但这并不意味着是最终的选择范式，可以考虑各地具体情况，因地制宜地展开。

二、培育发展良好的市场中介机构

新体制必须改变政府对社会事务的管理职能与管理方式，把由政府实施的一部分职能转变为由社会中介机构负责，建立教育咨询机构、信息服务机构、经费拨款审议机构、学校设置准入评议机构等。这些机构大多与政府行政管理部门有密切的联系，但它们又具有独立法人资格，可以接受政府管理部门的委托，但不受政府管理部门意志的左右，独立地行使职能。这些中介机构由市场来调节。没有发达的社会中介机构，特别是教育中介机构，就不可能建立起市场对教育的调节机制和教育对市场的应变机制。在市场经济体制下，学校办学既要讲社会效益，同时还要提高经济效益，而学校运营中的投资效益、成本核算、效益考核等等就需要社会中介机构的介入。由于学前教育这种产品的特殊性、专业性以及学前教育的重要性，让家长尤其是处于弱势地位的家长了解更多的教育信息，让他们有更多的教育方法、更好的教育理念，对于引导家长对子女进行更好的教育，包括进行更为理性的教育投资极为有用。目前，家庭教育服务市场还不成熟，市场上也很少有这样的服务机构。建议采用政府购买服务的做法，吸引民间热爱教育、关心弱势群体的有识之士投资教育服务机构，负责为弱势群体提供正确的教育方法、教育理念，甚至成人、儿童心理辅导，引导他们理性地教育投资，这些机构同时也是国家教育政策、教育观念的有力宣传机构，为弱势群体提供更多的信息服务。

教育服务的市场化所要求的前提是信息的充足和准确。然而，教育是一个十分复杂的过程和经历，难以用简单的总结性的方式来描述，尤其是学前教育。首先，它不同于中小学教育有考核标准来衡量其优劣，学前教育的质量标准非常难以界定；其次，向众多的、不同的教育消费者提供有关数目巨大的教育机构的信息，不仅成本高昂，而且容易出问题。尤其是考虑到那些没有受过良好教育的或者经常搬迁的父母，对他们提供足够的市场信息更是困难，而这些人正是历史及目前体制中教育服务最为不利的人群。那些教育程度高和收入较丰的家长已经有了许多的教育选择，只有为这些弱势群体提供更多更好的教育服务，使信息的服务到位，才有可能改变他们的弱势地位。最后，良好的市场中介机构的另外一个重要的功能是充当利益诉求的代言人。从博弈论的角度看，教育政策或教育制度实际上是各方力量博弈的结果，包括经济利益和政治利益都是博弈的动力源。只要存在政治利益和经济利益冲突的地带，就有出现博弈的可能。对于中央政府而言，无论是基于国家利益还是集团本身利益都有追求权利集中的倾向。为完成国家代理人的使命，它必须从社会统一、稳定和社会效率实现的角度进行博弈策略的选择和设计，国家利益目标在一定程度上也是中央政府的目标之一。

博弈实际上也是一种竞争，作为一种竞争，博弈必然会引发众多新的博弈规则的生成，以平衡或者约束博弈中出现的矛盾和冲突。而博弈规则实际上是一种制度安排，因此，博弈是推动制度和变迁的一个重要手段，社会变革期的冲突和矛盾会刺激博弈活动更广泛地生成，从而生成更多的新制度规范。

教育事业是国家强力介入的一个领域。学前教育作为基础教育，属于公益性事业，是国家政府必须作为的空间，这是政府的义务和责任。政府在教育中的利益追求，既要反映委托人的利益目标，又要反映政府集团自身的利益目标。那么政府在教育中的利益何在呢？

对于政府而言，来自于民众和社会的压力是政府关注教育的直接动力。由于教育是一种公益事业，教育本身并不像企业活动那样直接产生物质财富，因此政府不能从中直接获得其经济效益的支配权。可以说，在教育活动中政府更多地承担投资的责任。对于理性经济人的政府来说，因为教育的非直接增值性使它对教育利益支配权的欲望并不明显。在这种特殊的逻辑背景下，政府对教育的关注更多地来自民众的政治压力和世界竞争的压力，而不是完全来自内部的物质利益驱动。因为，从理性经济人角度而言，教育并不能给政府人提供直接的经济获利机会，由此，也就生成了政府在教育领域的特殊的博弈活动动力机制。

尽管在教育活动中，政府人作为社会代理角色所拥有的利益驱动力远比经济生产领域要小，但是根据公共选择理论，基于机会主义和道德冒险的寻租利益却是一个隐性的动机。尽管对教育利益的追求相比经济活动要小得多，但是在教育活动中所隐含的各种利益仍是大量存在的。对于国家来说，如果不提高政府人的道德自律能力，不重视法律对政府的约束，政府人一旦生成机会主义的动机，就会将本来用于保证教育福利的租金部分地转向给予他们更多回报的寻租者，自己作为供租者与寻租者分享从这些物品和服务中产生的额外好处。这是特别值得关注的一个问题。

应改变教育政策活动中"受益人缺席"的状态。教育活动中"受益人缺席"的状态往往限制教育政策的利益相关者表达其多样化的利益诉求，从而危害教育公平。为了使教育利益相关者自由表达利益诉求，除了重大教育决策实施教育行政听政制度和咨询制度外，应在各级教育决策系统中建立行政听政制度、监督制度、咨询制度，保证教师、家长、幼儿、社区人员等能够参与教育的公共管理，并对公共教育权力进行监督。

三、强制性制度变迁的必要性

我国教育投资制度存在着"路径依赖"，如果任其发展，将会直接影响到教育投资的多元化发展，不利于教育资源在总体上的合理利用，降低资源的利用效率，同时严重加剧教育的不公平性。因此，制度的变迁是必然，诱致性制度变迁已经不能解决深层次的问题了。在制度变迁过程中必须强调国家的主导。为解决学前教育投资体制的公平和效率问题，必须进行强制性制度变迁。作为经济和社会制度创新工程的一部分，只有在国家的主导下，才可能顺利实现。

立足于全社会的整体效率，主动的制度变迁显然是必要的，这是社会发展的必然行为。强制性制度变迁就是一种主动的制度变迁，其发动者是国家和政府。国家作为制度的主要提供者，它能较好地克服外部性问题和搭便车现象，因为制度本身就是公共物品，而政府是提供制度性公共物品的最佳主体。政府和国家本身拥有法定的强制力，其推行制度的速度和效率相对其他社会组织和个人要高。当诱致性制度变迁满足不了社会对制度的需要时，由国家实施的强制性制度变迁就可以弥补制度供给的不足。另外，作为公共物品的制度是有差异的，即制度是有层次性、差异性及其特殊性的，有些制度的供给及其变迁只能由国家来实施，如法律秩序、对弱势群体利益的保障等，即使这些制度变迁有巨大的外在利益，任何自发性团体也无法获得。

在建设和谐社会的大背景下，强制性制度变迁更有必要性。强制性制度变迁具有制度供给速度快、易于实现预期目标和节约权利博弈成本的优点。结合当前的形势分析，变迁的具体路径是：在制度变迁的初期以强制性变迁为主，即中央与国家行政及立法机关通过下达行政命令或者借助法律手段，有目的、有步骤地实施教育制度变迁。随着教育制度改革的进程，在宏观上形成规范的教育管理体系和法律体系后，教育制度变迁要适时转入以诱致性变迁为主的阶段，此后制度变迁的重点是规范微观教育主体的行为方式问题。

同我国一样，世界上任何一个国家的学前教育资源都是有限的，世界上几乎没有一个国家能够由政府全部包办学前教育。很多国家主张：在教育资源有限的条件下，应该通过进行弱势补偿来消除教育上的不公平，通过政策的制定与实施，挖掘和调配各种社会资源进入学前教育领域，同时将公共教育资源更多地向处境不利的儿童倾斜，以进行教育补偿。在我国为数不多的学前教育经费，是更多地投向弱势群体，还是为富裕起来的家庭建造更多的优质幼儿园？这是一种制度选择。这种为更多的弱势群体服务的制度不会自动生成，必须依靠政府的强制力量，也就是强制性制度变迁的必要性。如果是为了学前教育的长远效益，那么教育资源更多地分配给弱势群体是一个必然选择。弱势群体的素质问题不解决，人口整体素质和国民竞争能力的提高就难以实现，和谐社会的建立就是空中楼阁。如果各级政府关心的是社会的稳定，关注的是人人享有平等的教育权利，关注的是社会的弱势群体的利益，那么在思考教育投资时就会较多地去做"雪中送炭"的事情，这样做会使一些本来没有机会接受学前教育的幼儿获得受教育的机会，会使社会各界因为政策的调控而积极地将资源投入学前教育事业。当然，一些优质的幼儿园会因此失去一些资助，但是由于它们的优质，在市场经济的条件下，它们可以通过"优价"的方式解决经费问题。诚然，那些强势群体也会因此支付比较多的教育费用，但这不仅公平合理，而且支付者也应该是心甘情愿的。

　　总之，教育制度必须做出新的制度改革和安排，如建立可选择的教育制度、弱势补偿的制度、公立幼儿园和私立幼儿园之间的公平竞争制度、地区之间教育资源配置的均衡制度等来保证新的社会条件下的学前教育的公平。

第三节　实施幼小衔接课程政策

课程是学校教育的核心内容，是教育教学活动中传递价值的载体和依据之一。幼小衔接的课程政策在幼小衔接的教育实践中发挥着关键作用，因此构建我国幼小衔接课程政策显得十分必要。

一、幼小衔接课程政策目标

政策目标是指解决政策问题所要达到的结果。它决定了政策制定与实施所要达到的最终结果。[1] 幼小衔接课程创建的目的是引发一线教育工作人员、教育研究者、家长、相关教育行政部门等全社会对幼小衔接教育的关注，为保障幼小衔接课程的科学发展创造主客观条件，最终规范幼小衔接课程的混乱现状、指导幼小衔接教育有序发展是幼小衔接课程政策所要达到的最终目标。

（一）为幼小衔接课程发展创造条件

幼小衔接课程在自身未被规范、支持条件欠缺的幼小衔接教育内部艰难发展，很难获得与其他教育问题同等的发展机会，客观上也无法得到教育行政部门、幼儿园、小学以及社会各界的人力、财力、物力方面的发展必备资料的支持。幼小衔接课程政策的构建和实施，能够引导全社会给予幼小衔接课程必要的支持，帮助幼小衔接课程解决存在问题，扫清发展障碍，形成科学有序的幼小衔接课程发展体系，促进幼小衔接教育的发展，充分发挥幼小衔接课程应有的作用。

---

[1] 孙绵涛：《教育政策学》，145页，北京：中国人民大学出版社，2010。

（二）使幼小衔接课程有章可循

我国现实中幼小衔接课程存在着诸多方面的问题，如课程目标混乱、课程资源开发程度低、课程实施手段滞后等。从学校内部，到学校之间，到地域之间，这些问题都普遍存在。幼小衔接课程政策的构建能从根本上解决幼小衔接课程问题无章可循的局面，从政策角度规范整个幼小衔接课程体系，统一课程观念，确定课程目标，调整课程内容，促进课程资源开发，提供先进课程手段的运用，从而保障全国幼小衔接课程教育有计划、有目标，科学合理地有序实施。

（三）规范幼小衔接课程

教育行政部门需要规范幼小衔接课程混乱现状，指导幼小衔接教育有序发展。当前，绝大部分幼小衔接课程在混乱的幼小衔接培训中杂乱丛生，不仅影响幼儿从幼儿园到小学这一阶段甚至以后长期的学习发展，更严重威胁到整个幼小衔接教育的科学发展，因此，应通过幼小衔接课程政策的规定和实施规范混乱现实局面，使幼小衔接课程在科学的理论指导下科学、有序地发展。

二、幼小衔接课程政策结构

政策基本结构是幼小衔接课程政策构建的核心内容，其内容可以依据课程政策理念、对象、主体和内容展开。

（一）幼小衔接课程政策理念

课程理念的树立是幼小衔接课程政策制定的首要出发点。幼儿园教学是为下一阶段的小学教学乃至终身教育奠基。幼小衔接又是幼儿园教学的终结阶段，是小学教学的开始阶段，处于承上启下的地位，直接关系到儿童的继续发展。因此，幼小衔接课程政策的制定理念必须着眼于幼小衔接的准备与过渡，从促进儿童德、智、体、美全面发展的视角出发，着重从培养儿童的学习意识、学习习惯和学习能力等方面来具体规划课程政策内容，而不囿于具体知识教学。

（二）幼小衔接课程政策对象

幼小衔接课程政策的对象是整个幼儿园教育和小学低年级教育之间的课程各个方面的衔接。终身化教育思想认为，个体进入教育这样一个联系性活动中，是逐步适应一种"生存状态"的过程。这种"生存状态"的适应过程是需要长期不断发展、不断调整的过程。教育基本理论提到，儿童的身体发展规律、情绪发展、认知发展、社会性发展和语言发展的重要时期各不相同，但大体位于4—8岁，而4—8岁应该包含了从幼儿园到小学三年级的全部教育。也就是说，要促进4—8岁儿童的发展，仅仅衔接幼儿园大班到小学一年级的课程是不能达到促进幼儿连续发展的目的。因此，在分析国内研究和参考国外相关政策标准的基础上，笔者认为幼小衔接课程政策的"政策对象"不仅仅是幼儿园大班到小学一年级课程的衔接，而是整个幼儿园教育和小学低年级教育之间的课程各个方面的衔接。幼小衔接课程政策一方面包括整个幼儿园教育到小学低年级教育在内的两大部分体系的衔接，另一方面也包括整体中课程目标设定、课程内容、实施手段等课程各个方面的衔接。

（三）幼小衔接课程政策主体

幼小衔接课程政策的主体具体包括教育部、教育行政部门、各幼儿园和小学。教育部负责幼小衔接的政策。各级教育行政部根据本地区规划幼小衔接课程政策，制定幼小衔接课程政策的内容政策、实施政策、管理政策，确定幼小衔接课程门类，积极试行幼小衔接课程标准，扎实推进幼小衔接课程实施，规定幼儿园和小学教师定期培训交流制度，促进幼小衔接课程政策的实施；各级教育行政部门应依据国家幼小衔接课程政策，结合本地实际情况，制订适合本地域实施幼小衔接课程政策的具体计划，规划地方的幼小衔接课程政策，补充完善幼小衔接课程的具体内容，并规定有效持续的幼儿园教师和小学低年级教师的培训，定期组织这一阶段教师相互交流，互相学习；各幼儿园和小学在执行国家幼小衔接课程政策和地方幼小衔接课程政策的同时，鼓励根据学校具体情况，逐步开发特色鲜明、针对性明确的幼小衔接校本课程规定。幼儿园和小学根据政策精神具体执行幼小衔接课程的实施，完成各自负担的幼小衔接工作和任务。

（四）幼小衔接课程政策基本内容

我们知道，幼儿园教育与小学教育存在较大差异性，一方面，幼儿园教育与小学教的课程内容存在差异；另一方面，两者的教师的培养方式有较大不同。因此，幼小衔接课程政策的基本内容应包括：一是对课程内容结构的设置，可从语言领域、科学领域、艺术领域三个方面着手，并强调各领域之间的相互渗透，培养儿童感情、态度、能力、知识、技能等。二是对于幼儿园与小学之间，在政策中应指出设置专门负责幼小衔接的部门，匹配相应的工作人员，负责两者之间的沟通与交流，对幼小衔接事宜进行实时引导与监督。三是政策应强调对幼儿园和小学教师幼小衔接意识培养、能力提升、技能培训的具体措施，修正与完善幼儿园教师准入制度等，从而有利于幼小衔接课程政策的执行。四是政策应鼓励社会力量对幼小衔接的支持，提高社会关注度，为幼小衔接课程政策的实施创造良好的氛围。

三、幼小衔接课程政策执行和反馈

幼小衔接课程政策执行的关键是课程运行进入实质阶段；而反馈阶段是为幼小衔接政策运行纠偏的过程，为政策意图的达成奠定基础。

（一）政策执行

政策制定之后只有通过执行，才能体现政策自身的价值，发挥政策的效益。政策制定是政策执行的前提，政策执行是政策制定的目的和归宿。各地区教育行政部门和各类小学、幼儿园在执行幼小衔接课程政策前，应先组织专业教育研究小组对当地实际情况开展深入调查考察，创造性地拟定针对性强的具体的幼小衔接课程政策实施计划，提出目标明确的执行要求，制订具体执行措施。计划要切实可行，留有弹性，统筹安排。为保证计划的科学性，应先选取较小的范围进行典型实验，然后全面推广。同时教育行政部门和学校还应在幼小衔接课程政策执行过程中和执行后逐级进行专门全面的检查，从幼小衔接课程政策的各个方面，把幼小衔接课程政策目标和实施计划中的标准同执行结束后的客观具体事实、统计数据进行对比，检查幼小衔接课程工作进度和效果是否实现了预定衔接目标，同计划有无出入、原因是什么、有何经验等。对执行工作给予客观、公正的评价，肯定成绩，总结经验，为幼小衔接课程政策良性运行奠定基础。

（二）政策反馈

政策执行的另外一个重要组成部分就是政策的反馈。"在政策执行过程中，政策不断将其贯彻执行的具体情况通过各种渠道反应到制定和执行的政策部门，称之为政策的反馈。"[1] 对幼小衔接课程政策的反馈不仅应在政策执行之后，而应贯穿于政策执行的全过程，这样起到对幼小衔接课程政策的实施纠正、修改、完善的作用。反馈的信息必须基于深入调查的结果，摸透、看准幼小衔接课程政策执行中的问题，反映的问题必须具备真实性、普遍性。各个地区教育行政管理者要善于听取不同意见，小学和幼儿园也应根据实际情况定时向上级汇报幼小衔接课程政策实施中的成绩和不足，避免报喜不报忧的现象。此外，教育行政部门应建立清晰的责任制，明确规定反馈信息的途径方法、部门职责、人员职责等，以确保核实反馈信息的准确性，增强系统的责任感。幼小衔接课程管理系统应定期召开会议，将幼小衔接课程政策执行的实际结果进行通报和听证，反馈到幼小衔接课程政策的制定和执行部门，以便其不断掌握幼小衔接课程政策执行的情况，及时调整、补充和完善。

四、幼小衔接课程政策保障监督

幼小衔接课程政策的保障措施主要有经费支持和组织支持两个主要内容。

（一）政策保障

政策保障体现在两个方面：

其一是经费支持。任何政策的执行都需要充足的经费作为支持。幼小衔接课程政策要有效地实施，国家、教育行政部门必须给予足够

---

[1] 孙绵涛：《教育政策学》，185页，北京：中国人民大学出版社，2010。

的资源配置作为保障。幼小衔接课程工作小组是保证幼小衔接课程政策实施的服务性国家行政组织，国家、各级教育行政部门作为管理教育公共事务的机构，理应成为幼小衔接课程政策运行的经费主要承担者。同时，各个小学和幼儿园作为幼小衔接课程政策的主要承担者和专业团队，也可以通过各种渠道以其专业化的性质和优势为基础，以向教育行政部门报送优秀幼小衔接课程研究成果、优秀研究课题的方式获得更多的经费资助。

其二是组织支持。组织是幼小衔接课程政策执行开展的主要载体之一，国家组织幼小衔接课程方面专家研究者建立起幼小衔接工作组，全方位地领导、协调全国的幼小衔接课程政策的实施和执行。各级教育行政部门，特别是小学和幼儿园，都应组织幼小衔接课程方面的专业研究人员、管理人员、优秀教师和家长代表等建立各个层级的多方参与的民主的幼小衔接课程工作小组，配合执行、具体落实全国幼小衔接课程工作组的工作，确保幼小衔接课程政策执行的民主性、科学性。

（二）政策监督

政策监督表现在两个方面：

一方面是监督机制。严格的监督机制是保障政策执行的有力手段。要保障幼小衔接课程政策科学有效实施，教育行政以及其他相关部门拥有并且必须实施对幼小衔接课程政策落实进行监督的权利和义务。幼小衔接课程政策在实施过程中，各个学校应建立专门的幼小衔接课程工作小组，明确执行规章制度，规定相应职能部门的权利职责，从而构建起幼小衔接课程管理体系。这个体系应定期对幼小衔接课程政策的实施进行实时考察监督，及时发现幼小衔接课程政策执行中的种种抵制、违反、滥用现象，迅速采取有力的行政干预手段进行纠正，督促政策的有效执行。还应定期听取各小学和幼儿园幼小衔接课程工作汇报，并根据实践中幼小衔接课程政策实施的客观条件的变化对幼小衔接课程政策进行调整、完善或更新。对幼小衔接课程政策的监督不仅要发挥管理者与被管理者的上下级监督作用，更应发挥社区、家长等群体的密切关注和监督作用。

另一方面是问责制度。问责制度是强有力的监督措施之一。幼小衔接课程政策具有教育政策的执行效力。明确的问责制度是幼小衔接课程政策运行有效性的重要表现，要促进幼小衔接课程的良性发展，教育行政部门制定相关制度应明确规定各个职能部门、小学、幼儿园、相关工作人员的职责、义务，采用行政化管理方式，规定整个管理体系的工作职责，以增强管理者的责任感和使命感。同时，对于政策落实中抗拒执行、弄虚作假、形式化的行为，应按照执行法规进行行政或者法律处罚。

第四节　整合和优化社区学前教育

从社区街道、居委会、托幼园所、社区学前教育指导中心和家教经验交流等为平台整合和优化学前教育资源，是我国发展社区教育的一条实际发展道路。

一、以社区街道、居委会为中心的联动性教育资源的整合与优化

我国街道办事处具有上百项工作职能，承担着基层政府的职能，是我国政权组织的基础。在我国目前及今后相当长的一段时期内，街

道系统都将责无旁贷地成为社区教育的主导者，以社区街道、居委会为主导的联动性教育资源的整合与优化是当前及今后社区学前教育发展的主要路径。

街道或居委会作为所辖行政区域的社区教育组织者、实施者、监督者、协调者，以"优生、优育、优教三优工程"的社区服务及社区文化为抓手，动员和协调驻区各界参与社区学前教育，融合社区教育资源，围绕"三优工程"而开展各种文化、娱乐、服务活动。

如1997年8月某市行政区划调整后，新设立的A行政区有3个街道社区和21个区委会社区，公办园2所，民办、私立园15所，学前儿童数5801人，在园数5236人，入园率97.2%，专业幼儿教师362人。[1] 位于市区中心的某街道市区文化体育活动中心，辖区面积5平方公里，辖区内有社会单位119家，拥有著名的文化体育设施，多样化的教育资源。在街道党工委、办事处的齐抓共管下，走共驻共建、资源共享之路，与市妇幼保健院挂钩，实行对孕产妇的产前产后建档及跟踪管理，提高优生率，在全区率先推行妇女生殖保健的"三查"服务，建立婚育新风知识长廊，宣传优生优育的科学常识。依托辖区各文体单位设施——市侨乡体育中心、市图书馆、市青少年宫、健身中心等单位开展文体活动，形成社区文化网络，疏通"优教"的各条渠道；通过文明市民学校，幼儿园中的家长学校，社区托儿所，引导家长开展家庭文化、广场文化、校园文化、楼道文化、院落文化等多种形式的文化活动，既扩展了儿童的生活视野，充实了儿童的生活内容，又提高了家长的文化素养和育儿素养。

---

[1]《泉州市丰泽区教育局幼教科2002年统计》，转引自颜晓燕《社区学前教育资源整合与优化的探索》，福建师范大学2003届硕士学位论文。

　　这种模式的突出特点表现为："政府牵头、社会参与、双向服务"，带有较强的行政管理和统筹社区学前教育资源的色彩，易于街道办事处发挥主导作用。政府牵头，即由地方政府的派出机构——街道办事处或社区居委会为主导，将社区学前教育作为一项重要工作纳入工作目标体系中，在一定限度内调动社区各类教育资源，相关职能科室成立社区教育委员会按行政方式规划布局，统筹调配教育资源，布置检查，协调统一各项工作。社会参与，即动员驻区各界参与，发挥社会各界，尤其是幼教机构、青少年宫、儿童乐园、图书馆、博物馆等资源优势，积极开展普及优生、指导优育、宣传优教等活动。双向服务，即力求形成"共建、共管、共享"的格局，提高服务各界、服务儿童、服务家长的质量。

　　当前以党委、政府统筹领导大力建设的示范社区，在"齐抓共管、建立机制，加大投入、完善设施，以人为本、发挥优势，共驻共建、资源共享"等方面体现出积极作用，为发展社区学前教育创造了良好的社会环境，为社区学前教育资源的整合与优化提供了良好的条件，充分展现了行政机构的主导优势和工作实效。

二、以托幼园所为主体的活动型教育资源的整合与优化

　　托幼园所是实施学前教育的专门机构，对学前儿童进行科学的专门的保教工作，在社区学前教育中处于核心地位，发挥着示范、指导和辐射作用，理应成为社区学前教育的主体。以托幼园所为主体的活动型教育资源整合与优化是社区学前教育的主要发展范式。

　　这种模式是以托幼园所为社区学前教育的组织者、实施者和协调

者，利用自身办学资源和优势开展与社区共促共进、互惠互利的活动，即以托幼园所为主体实施社区学前教育资源的整合与优化，开展社区学前教育活动。

教育目标的整合——以托幼园所为主导，使托幼园所的教育目标与社区学前教育的目标相统一，因为两者的教育对象都是学前儿童，服务对象都是家庭，最终目标都是为儿童的一生发展奠定良好的基础，促进每位儿童健康成长。在托幼园所的教育目标中融合社区教育的要求，体现家长的教育需求，体现社区的本土文化，将引导幼儿认识社区、热爱社区的要求纳入教育目标中，托幼园所牵头组织的各项教育活动向社区儿童和家长开放，并积极争取家长的合作支持。

教育内容的整合——以托幼园所为组织者，积极利用社区资源扩展、充实教育内容，从社区丰富的教育资源中选取贴近儿童生活、适合儿童水平、富有教育意义、生动有趣的内容与托幼园所的教育内容合二为一，将之作为幼儿学习领域的主题或问题，形成学习的共同体，使幼儿既获取内容知识又获取方法知识，既获取科学知识又获取生活知识。

教育手段的整合——以托幼园所为实施者，将社区资源作为各领域的教育手段和途径，挖掘资源的教育价值，综合各种教育手段的优势，共同为实现教育目标服务。托幼园所既向社区开放教育设施，欢迎社区内的学前儿童和家长到园里参加活动，又适时地利用社区教育设施、物质环境资源、组织管理资源、文化和人力资源开展教育活动，扩展教育途径，丰富教育手段，体现资源共享，使幼儿在社区环境中积极地看、听、闻、触摸、活动、交往、交流、表达和表现，构建一体化的教育活动网络。

教育评价的整合——以托幼园所为协调者，将托幼园所的评价与社区的评价相结合，托幼园所需要社区的参与评价，它的教育质量应得到社区的承认和促进，社区教育管理者和家长是托幼园所教育评价工作的参与者，评价过程是各方共同参与、相互支持与合作的过程。托幼园所应主动邀请社区人员参与园内教育工作的评价。

这种模式要求托幼园所要充分发挥教育优势，应与社区密切联系，融为一体，逐步形成"幼儿园—社区早期教育一体化"的课程观，应自觉寻求与社区的整合，而不应孤立于社区文化之外，因此要强调托幼园所为社区所有、社区所治、社区所享。

托幼园所应成为萌发婴幼儿社区乡土观念的场所，教育课程中应渗透社区的要求，激发幼儿的社区乡土意识和乡土情感；托幼园所应成为社区婴幼儿与家长的生活中心，园内的图书阅览室、游戏场、户外活动设备和场地向社区散居婴幼儿及家长开放，欢迎他们参与幼儿园的教育活动，或参加园内大型聚会活动、开放日教育活动或跟班听课；托幼园所应成为社区婴幼儿与家长的文化中心，传播早期科学教育的中心，托幼园所要定期向社区内的婴幼儿与家长提供卫生保健，举办婴幼儿潜能培养、科学育儿等义务性的咨询与讲座，并主动了解婴幼儿的家庭情况，选派专业人员进行家庭教育指导，为社区内0-6岁未接受幼儿园教育的婴幼儿建立个人成长档案；托幼园所应建设一支高素质的教师专业队伍，教师是发挥幼儿园教育优势的关键性因素，也是推动社区学前教育发展的专业队和主力军，他们应该成为消除社区环境中的不良因素、帮助家长树立科学的儿童观和教育观、改善社区学前教育的环境、积极影响社区发展的中坚力量。

三、以社区学前教育指导中心为载体的综合型教育资源的整合与优化

社区学前教育指导中心是社区学前教育的实体，以此为载体整合与优化教育资源，将使街道更好地依托社区教育实体发挥主导作用，使社区学前教育更为高效、有效地运作，这种模式在今后将得到大力的推广。

这种模式是由独立设置或在社区学院内附设的"社区学前教育指导中心"作为社区学前教育的龙头机构，统合调配各类教育资源，通过理事会和文明市民总校以及学历教育、非学历教育、专题研究、教育咨询等手段面向社区学前教育行政管理者、教育工作者、教研员、家长、婴幼儿等进行文化性、职业性、专业性和启蒙性的社区学前教育。

此模式是由一种综合型的社区学前教育办学实体开展的活动。"社区学院"是近年来在北京、上海等地出现的并日益引起关注的新型教育形式，是教育系统内部成人高等教育体制改革和借鉴西方发达国家社区学院成功经验的产物，是一种区域性、多层次、开放式、综合性、大众化的集区域高教、成教、职教等为一体的新的大教育模式。附设于内的"社区学前教育指导中心"可以融学前教育、家庭教育的学历与非学历教育、职业资格证书与休闲文化教育、各界委托项目与居民自治教育、儿童教育、心理问题咨询、诊断辅导与专题科研等为一体，它将成为一种新型的社区学前教育办学实体。

这种模式一般采用角色分析策略和现有课程迁移策略来综合教育资源，开发"菜单式"课程和教育项目，以满足社区学前教育行政管理者、教育工作者、教研员、家长与儿童提高素质、陶冶情操的多样性需要。

角色分析策略也称任务分析策略，是通过文书分析、咨询、问卷、实际调研等方式收集资料，对社区学前教育各类对象的兴趣需求和必备素质进行角色分析，从而获得进行某种教育所具备的基本课程要素。现有课程迁移策略是将现有的以"知识—学科"为中心的课程改造为社区教育所必需的弹性组合课程，或根据托幼机构、各类家庭的意向重新组合课程的分析系统。

这种模式侧重于非学历教育、在职培训和实践技能指导，它有别于师范院校的学前教育专业，同时又需要充分利用师范院校学前教育专业的资源。这样的模式易于同区域内政府职能部门和驻区单位进行业务沟通，易于系统内资源重组，能够发挥成人高教办学优势和学前教育研究理事会的作用，是一种前途光明的新型社区学前教育发展范式。

目前大部分社区开展社区教育主要依靠当地的学校，缺乏社区的教育实体，没有专职的社区教育工作者，社区教育活动往往失去实体依托，这是造成社区教育随意性大、无计划、不成系统、难以满足广大学前儿童和家长教育需求的根本原因，也是造成教育资源零敲碎打、表浅利用的根本原因，而组建教育实体可以在一定程度上克服当前教育资源整合中所存在的消极因素。所以当务之急是组建社区的教育实体，在社区中成立社区学前教育中心或社区学前儿童发展中心，在中心里专门开辟和创建儿童玩具图书馆、视听图书馆、家长俱乐部、远距离早期教育中心、儿童博物馆、游戏场等多形式的教育实体。

同时，要注意通过教育实体真正担负起社区学前教育的指导者、组织者和推动者的责任，有效地履行社区学前教育管理职能，充分发挥宏观指导作用，发挥组织、协调、监督作用，将正规、非正规和正式、非正式的学前教育融为一体。

四、以地域为边界进行的网络型教育资源的整合与优化

社区学前教育是非单一办学主体的教育，它是广泛而灵活的学前教育，有多种活动组织和形式，除了以街道为中心、以托幼园所为主体、以社区学前教育指导中心为载体进行各种教育资源整合与优化，开展各项活动之外，以地域为边界进行的网络型教育资源的整合与优化是当今信息网络时代以及今后发展的一种重要模式。

这种模式是以不同地域为"网点"组建网络化办学实体——社区学前教育网络中心，在社区党政领导下，通过设立街道办事处、居委会分校，在全区内形成网络，统筹盘活教育资源，将教育触角伸到社区的每一个角落，开展社区全员、全程、全方位的学前教育立体化活动。

这种模式不仅将各区域的学前教育工作联成一体，统筹规划，形成管理网络，而且充分运用现代媒体技术，统合社区内的丰富教育资源，构建学前教育信息采编、传讯管理平台，教育理论、内容及经验等资源的共享平台，教育疑难和热点问题的咨询平台，家教平台，婴幼儿教育论坛等，还使社区资源借助媒体技术手段得到激活、展现、利用、互动和优化，便于展示社区各托幼机构的办学特色和教育状况，便于家园社区间的联系，便于人们点击相关平台，上网查询联络，及时了解情况，互通信息，满足各自需求，能真正达到资源共享、便捷高效的教育效果。

此模式要求形成管理网络，对社区学前教育的各项工作统筹管理和协调安排，盘活社区内的各项组织管理资源，纵向上将胎教、优生和婴幼儿教育结合一起，横向上将家庭、社区和托幼园所的教育资源整合一

起，同时紧密依托网络信息化平台，使各个教育网点分布合理，各项教育活动管理有序，各种教育形式连贯协调为多元立体的网络系统。

同时要形成信息资源网络，建设内容丰富的学前教育信息资源库，研究和制订适合学前儿童和家长的教育及学习发展规划，开发"模块式"的学前教育项目，实施远距离早期教育计划，突破时空界限，开阔教育思路，增强教育信息交流和互动的功能、资源开发和内容重组的功能，充分发挥各类教育资源的内在多质性价值，提供自主交互式的多层次、多类型、多样化的教育机会，以更好地为社区、幼教机构和社区教育工作者的教育需求服务。

五、以家教经验交流为特色的优势互补型教育资源的整合与优化

在社区学前教育中，家长是一支不可忽视的强大的教育力量，是重要的人力资源。整合与优化社区教育资源，发展社区学前教育需要家庭、幼儿园和社区的合作与配合，需要凝聚家长的力量，需要家长的积极参与，进行家教经验交流的优势互补型教育资源的整合与优化是社区学前教育的特色，也是开展社区学前教育的一种必要且行之有效的模式。

此模式是通过各种形式开展家教经验交流活动，发挥每位家长各自的专业所长和教育优势，融合家长的教育资源，促成家长与家长、家长与社区幼教工作者之间的相互交流、经验共享和优势互补，共同提高家教质量和育儿水平，促成家长、幼教机构以及社区之间的沟通交流、理解支持和平等合作，共同促进儿童的健康成长。

这种模式要凝聚家长的教育力量，体现家教经验共享。现今家长

很重视孩子的教育，家长参与幼儿教育是他们自身的需要，是自愿自主的行为，同时他们又具有自身的教育优势。他们了解孩子在家庭的情况，他们各自的专业所长是丰富的教育资源和信息来源，此外他们还可以向幼儿园提供各种材料或其他资助。通过家教经验交流的各种活动，能凝聚家长的教育力量，获取家长对社区学前教育的大力支持，并充分挖掘他们各自家教经验的宝贵价值，促进家长与家长、家长与社区幼教工作者之间共享经验，相互学习中共同提高教育效益。要发挥家长的教育作用，体现教育优势互补。通过各种形式的家教经验交流活动，能够更好地发挥家长参与社区学前教育的沟通桥梁作用、督导助教作用和民主管理作用，促进家长与社区幼教工作者之间教育优势的相互补充，达到家长教育资源的有效开发和利用。

《幼儿园教育指导纲要》指出："家庭是幼儿园重要的合作伙伴。应本着尊重、平等、合作的原则，争取家长的理解、支持和主动参与，并积极支持、帮助家长提高教育能力。"借鉴瑞吉欧学前教育机构的社区式管理模式中所提出的家长参与的经验，我们要充分认识到家长已不再是传统意义上的顾客或消费者，而是合作伙伴——家长是主动的，在很大程度上负责决策，并负责推行；家长的专业技能和知识应得到承认；家长能够提供服务，同样也能接受服务；家长与教育专家共同承担教育子女的责任。同时，要认识到家长能为幼儿教育主动承担一些义务，如主持每班个别进行的会议、小组会议、家长与教师个别的讨论、针对一个主题的会议、与专家会面、工作会议等等，参与组织实验活动，节日与庆祝活动和其他的一日游、野餐、远足、度假活动等。

因此，在社区学前教育中要通过各种形式和途径吸引家长参与，发挥家长的优势，凝聚他们的教育力量。如主办家园小报，创办家园之窗、家园联系手册或家园信息网，开展家长会、经验交流会、辩论会、家长学校讲座、咨询、家委会或家长联席会等活动，举行亲子活动，邻居互助活动或开放日活动。要吸引家长加盟教师队伍，利用家长的职业优势，邀请家长担任"客串教师""即时监督员"或"一日监督员"等角色，与教师形成优势互补，达到良好的教育效果。

当前随着我国城市社区的大力建设和学习型社会的积极创建，社区教育正从舞台的边缘迈向舞台的中心，作为其重要内容的社区学前教育，今后将以教育资源的整合与优化为发展的支撑，朝着以上五大类发展模式深入开展社区教育工作，相信未来的发展之路将更加广阔。

第五节　改革学前教师教育体系

幼儿教师是幼儿教育发展的基础，幼儿教师的质量直接影响着幼儿教育的质量。当前我国在提高幼儿教师教育的质量过程中，构建合理的学前教师教育培养体系和科学的师资认证体系是关键。

一、构建合理的学前教师教育体系

从目前来看，我国学前教师的职前教育、入职培训和在职进修始终处于一种分离状态。从职前教育来说，很多人仍然认为职前教育可以提供给幼儿教师毕生的知识。但是近些年来，随着时代的发展，这一观念已不能满足终身教育和幼儿教师专业化发展的需求。在入职培训方面，目前我国还没有为幼儿教师提供一种系统的幼儿教师入职培训体系。很多幼儿园都将试用期作为幼儿教师的入职培训。通常情况下，新任幼儿教师的试用期为三个月，试用期间的活动与职前教育并没有衔接。幼儿园不会根据职前教育阶段中新任幼儿教师的表现及优势为其安排试用期的培训计划，导致培训缺乏个性化和针对性，新任幼儿教师也很少得到经验丰富教师的指导。这种制度导致了很多新任幼儿教师在工作之初不能很好地适应，而只能靠个人摸索或是简单的模仿，这种做法是不能很好地适应幼儿教育工作的。在在职进修方面，我国幼儿教师的在职进修也是与职前教育相互脱离的。很多提供职前教育的幼儿教师教育机构并不能为幼儿教师提供在职进修。在很多中小城市，幼儿教师的在职进修也并未列入教育计划。在这种情况下，很多想要"充电"的幼儿教师无法得到相应的培训和学习，个人的业务能力没有得到相应的提高。在职进修一定程度的缺失，影响了幼儿教师自身的专业化水平。

职前教育、入职培训、在职进修相分离的幼儿教师教育阻碍了学前教师的专业化发展和教师队伍整体素质的提高，因此要对其进行必要的改革。根据国外教师教育改革的经验，我国需要建立一个三位一体的学前教师教育体系。

首先，建立完善的入职培训体制，为职前教育与在职进修之间搭建桥梁。入职培训在提高幼儿教师的专业水平和职业胜任力上有着重要的作用。为了建立一种完善的入职培训体制，我国可以考虑借鉴英国的做法，增加入职培训的时间总量。根据我国学前教育具体情况，为即将入职的学前教师提供尽早熟悉学前教育实践的机会，将入职前的实践活动的实习具体到每周有4课时的入幼儿园实习的活动。学前教师培养院校需要和早期教育机构建立良好合作关系，幼儿园为新任幼儿教师提供有经验的指导教师。入职培训应与职前教育紧密联系，并且指导教师熟悉实习教师的基本特点后，指导教师能够根据新任幼儿教师在职前教育阶段的表现和特点为其制订培训计划。培训结束后，幼儿园要对新任幼儿教师入职培训的表现进行评价，评价结果报相关教育部门审核（如地方教育局），审核通过后才能成为正式教师。

其次，完善幼儿教师在职进修制度，为幼儿教师的专业化发展创造条件。我国应为幼儿教师的在职进修提供法律保障，加大幼儿教师在职进修的经费投入，为幼儿教师提供多形式、多层次的在职进修活动或课程，并将幼儿教师的在职进修与其晋级和加薪相联系，从而推动幼儿教师参加在职进修活动的积极性。幼儿教师只有不断更新知识，才能跟上时代发展的步伐，才能成为自主发展的个体。

最后，注重职前教育、入职培训和在职进修在培训目标、培养方式和培训机构上的一致性。在培训目标上，三者都应以幼儿教师的专业化发展为最终目标，以幼儿教师的专业化发展为引导方向，从而实现培训目标上的一体化；在培养方式上，根据我国的具体实际，将职前教育、入职培训和在职进修与托幼机构紧密结合，为幼儿教师提供全面接触和实践学前教育的条件，不断提升幼儿教师的实践能力和专业水准，从而实现培养方式上的一体化；在培养机构上，幼儿教师教育机构不仅仅应承担职前教育任务，还应负责幼儿教师的入职培训和在职进修，为幼儿教师提供各种形式的在职进修课程，从而实现培训机构上的一体化。

幼儿教师教育的改革和发展是一个持续不断的过程。随着社会对学前教育要求的提高，在提升学前教育质量的时代背景下，应构建职前教育、入职培训和在职进修三位一体的幼儿教师教育体系，培养大量合格学前教育教师，不断提升幼儿教师的专业水平，为高质量的幼儿教育创造条件。

二、建立科学的师资认证体系

完善的幼儿教师资格认证制度在推动幼儿教师专业化发展方面起着重要的作用。幼儿教师资格认定制度应该包括鉴定制度、发放制度、教师教育机构认定制度，但是，我国师资培养体系相对封闭，培养学前教育师资的系科较为单一，学前教育专业的大专生或本科生一毕业即可申请得到相应的教师资格证。其他专业的学生只要通过教育学和心理学方面的考试及一定数量的教育实习或短期的学前教育专业培训也能得到相关的教师资格证。同时，我国的大学主要集中在省会等大城市，教师资格认证制度开放性不足，认证培训有单一、松散、简单化的倾向。

从幼儿教师资格认定方面来说，我国应提升幼儿教师资格认定的标准。我国在1989年颁布的《幼儿园管理条例》、1993年颁布的《教师法》和1995年颁布的《教师资格条例》中都指出，要取得幼儿教师资格，必须具备中等幼儿师范学校或是职业学校幼儿教育专业及其以上学历。近几年来，我国幼儿教育发展较快，中等职业院校或幼儿专科学校毕业的学生无法满足幼儿教育机构的需要。从目前来看，我国幼儿教师的学历普遍偏低。据2000年进行的一次调查显示："2000年全国幼儿教师总数为94.6万，其中本、专科学历以上的占11.8%，中师毕业生占45%，职高幼师专业毕业生占16.2%。"[1]

除了学历标准外，我国需要颁布幼儿教师专业标准。英国自20世纪80年代以来，颁布了多份关于幼儿教师资格标准的文件，通过这些

---

[1] 朱慕菊：《中国幼儿教育发展的回顾与展望》，教育部基础教育组织。《幼儿园教育指导纲要（试行）》，南京：江苏教育出版社，2002。

文件对幼儿教师是否合格进行评定。近些年来，幼儿教育的飞速发展也引起了国家对幼儿教师教育的重视。2010年，《国务院关于当前发展学前教育的若干意见》中指出，要健全幼儿教师资格准入制度，严把入口关。2012年，国务院颁布了《幼儿园教师专业标准（试行）》，这是教师实施教育教学行为的基本规范，是引领教师专业发展的基本准则，是教师培养、准入、培训、考核等工作的重要依据。

近几年来，我国学前教育正处于快速发展时期，学前教育出现了新情况，一些大城市幼儿园普遍提高了对幼儿教师的学历要求，很多新上任的幼儿教师必须具备学士学位，但是在一些中小城市和农村，高职、高专毕业生仍然是幼儿教师队伍的主要力量。尤其是在缓解"入园难、入园贵"的问题时，为了满足社会和家长的需要，发展合格托幼机构是解决问题的关键。我国可以试行弹性幼儿教师学历要求，关于这一点我们不必照搬美英的做法。而在学前师资认证制度方面，发达国家的做法则为我国当前学前教育的改革和发展提供了启示。

为了保证学前教育师资的基本水准，我国可以主要通过两种方式落实认证制度中对专业知识和能力的规定：一是规定大专院校在培养学前教育教师的过程中必须参照认证系统的标准；二是直接要求大专院校相关专业毕业生必须通过认证系统的考试及相应的实践能力考查。

认证资格制度最大的优势是既开放又有基本的标准。它允许高中学历人员通过相关的培训及考试取得助理教师一类的任职资格，从而进入学前教育行业。以美国为例，只要有高中学历，就可以到认证机构申请，修完规定数量的学前教育课程并取得合格成绩后，就可以拿到"儿童发展指导者"从业资格认证书。部分大学也可以提供相当于儿童发展协会的证书课程。也有一部分具有高中学历的人员，进行了一定的实践锻炼后就可以从业。[1] 这使学前教育师资来源比较广泛，同时又保证了从业人员的素质达到基本水准，还特别考虑到了学前教育专业的特点。这类证书考试注重对学习者实践能力的考查，常常将相关专业理论特别是心理学和教育学的理论整合在具体的工作和任务中来培训和考核。

---

[1] CAROL BRUNSON PHILLIPS.Essentials for child development associates working with young children[J]. Council for Professional Recognition, 1991,（1）.9-16.

附录

主要名词中英对照表

全美早期教育协会	National Association for the Education of Young Children, NAEYC
（美国）健康与人力服务部	Department of Health and Human Service, DHHS
（美国）教育部	Department of Education, DE
（美国）儿童保育发展基金	Child Care Development Fund, CCDF
儿童营养和妇女、儿童及幼儿特别食品补充项目	The Child Nutrition and the Special Supplemental Food Program for Women, Infants and Children, WIC
（美国）儿童保育中心	Child-Care Center
（美国）幼儿学校	Pre-School
（美国）保育学校	Nursery School

（美国）学前教育中心	Pre-School Center
（美国）幼儿园	Kindergarten
（美国）4岁班幼儿园	Pre-Kindergarten
（美国）日托中心	Day Care Center
（美国）家庭日托	Family Day Care
婴幼儿保育项目	Infant/Toddler Program
（英国）儿童、学校和家庭部	Department for Children, Schools and Families, DCSF
（英国）创新、大学和技能部	Department of Innovation, Universities and Skills, DIUS
（英国）地方教育管理机构	Local Education Authorities, LEA
（英国）儿童保育战略	National Childcare Strategy
每个儿童都重要：为了儿童而改变	Every Child Matters: Change for Children
早期基础阶段法定框架	Statutory Framework for the Early Years Foundation Stage
教育和技能部	Department for Education and Skills
佩里学前教育研究计划	Perry Preschool Program Study
（美国）开端计划	Head Start Program
（美国）追随到底计划	Project Follow Through
《不让一个儿童落后》	*No Child Left Behind Act*
2000年目标：美国教育法	Goals 2000: Educate America Act
《美国2000年教育战略》	*America 2000 : An Education Strategy*
美国科学研究院	The National Academy of Sciences
全美早期教育研究院	National Institute for Early Education Research, NIEER
（美国）0-5岁教育计划	Zero to Five Plan
（美国）家长教师协会	Parent Teacher Association, PTA

（美国）全国教师教育评估委员会　　　National Council for the Accreditation of Teacher Education, NCATE

（美国）儿童发展协会证书　　　the Child Development Associate, CDA

《费舍教育法》　　　*Fisher Act*

《巴特勒法案》　　　*Butler Act*

《普洛登报告》　　　*Plowden Report*

《教育白皮书》　　　*White Paper*

（英国）确保开端计划　　　Sure Start

（英国）每个孩子都重要　　　Every Child Matters

（英国）儿童保育十年战略　　　A Ten-year Strategy for Childcare

（英国）早期奠基阶段规划　　　Early Years Foundation Stage

（英国）国家儿童照料战略　　　The National Childcare Strategy

《新机遇：为了未来的机会均等》　　　*New Opportunities : Fair Chances for the Future*

《沃诺克报告》　　　*Warnock Report*

初等教育法　　　The Elementary Education Act

《特殊教育需求鉴定与评估实践章程》　　　*the Code of Practice on the Identification and Assessment of Special Educational Needs*

（英国）早期儿童优质服务中心计划　　　The Early Excellence Centers Pilot Program, EEC

1988年《教育改革法》　　　*Education Reform Act* 1988

1990年《罗姆伯德报告》　　　*The Rumbold Report* 1990

四年制教育学士学位　　　Bachelor of Education, Bed

《詹姆士报告》　　　*The James Report*

《教育：一个扩展的框架》　　　*Education: A Framework for Expansion*

（英国）研究生教育证书　　　Postgraduate Certificate in Education, PGCE

《罗宾斯报告》　　　　　　　　*The Robbins Report*

英国师资培训署　　　　　　　Teacher Training Agency, TTA

入职档案　　　　　　　　　　Career Entry Profile, CEP

教师资格身份　　　　　　　　Qualified Teacher Status, QTS

入职与发展档案　　　　　　　Career Entry and Development Profile, CEDP

英国教师教育资格认定委员会　The Council for The Accreditation of Teacher Education, CATE

确保开端国家评估委员会　　　The National Evaluation of Sure Star, NESS

后记

　　年近不惑，著书立说。当光标在后记之下闪动之时，书稿就要付梓了，但是此时心情却不能平静了，此时此刻才真正感受到完成一本专著的不易。在美国访学期间参观了幼儿园和学校，访谈了学前看护和教育机构的负责人，笔者认识到美国的早期看护、教育机构和我国的对应机构之间的差异较大，简单比较并盲目照搬、模仿美英的学前教育并不能从中受益，有时候甚至是有害的。因为这个问题背后的政治、经济和历史文化传统的大背景有较大不同，然而这些大背景却是学前教育政策活动产生和发展的基础。因此，我认为学前教育除了需要增加投入、尊重教育规律之外，更要尊重本国的历史和文化。一个国家的历史和文化也是学前教育发展的基本方向，学习国外先进做法需要尊重本国政治、经济和历史与文化传统。但有一点是确定的，教育有共性之处。看看和思考别国的教育及其运行，仍不失为一个直接且有效的方式。他山之石，可以攻玉。

　　感谢妻子对我写作和工作的支持，在我出国访学的一年时间里，既要工作还要照顾女儿。

322 / 为了儿童的利益：美英学前教育政策比较研究

感谢在家乡的父母对我工作和生活的理解、支持和爱护！特别是母亲在做了手术之后，还坚持来帮助我们照顾孩子。

感谢岳母和岳父，尤其是岳母，身体不好，但是从女儿出生以来，多半时间在帮助我们带孩子。

感谢我的研究生丁婷、王亚红、郑聪聪、吴怡辰、唐锋在写作过程中帮助我检索文献。

特别感谢浙江师范大学儿童文化研究院对本研究的经费资助！

最后，对这么多年来对关心帮助过我的领导、老师、朋友和同事一并致谢！

庄子曰："始生之物，其形必丑。"从事学前教育的研究，本人是一个新兵，本研究难免有不足之处，请多指教。

周小虎
2014年3月
于美国印第安纳大学布卢明顿校区

图书在版编目（CIP）数据

为了儿童的利益：美英学前教育政策比较研究 / 周小虎
著. —济南：山东教育出版社，2014

（儿童发展研究丛书 / 方卫平主编）

ISBN 978-7-5328-8413-1

Ⅰ.①为… Ⅱ.①周… Ⅲ.①学前教育—教育政策—对比
研究—美国、英国 Ⅳ.①G619.712 ②G619.561

中国版本图书馆CIP数据核字（2014）第075977号

本书受浙江师范大学儿童文化研究院儿童发展研究
重大课题（项目批准号：ET20080105）资助。

儿童发展研究丛书

方卫平　主编

为了儿童的利益：美英学前教育政策比较研究

周小虎　著

主　管：山东出版传媒股份有限公司

出版者：山东教育出版社

　　　　（济南市纬一路321号　邮编：250001）

电　话：（0531）82092664　传　真：（0531）82092625

网　址：http://www.sjs.com.cn

发行者：山东教育出版社

印　刷：山东德州新华印务有限责任公司

版　次：2015年1月第1版　2015年1月第1次印刷

规　格：710mm×1000mm　16开本

印　张：21印张

字　数：231千字

书　号：ISBN 978-7-5328-8413-1

定　价：48.00元